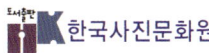

사계절 꽃 기르기 강좌

2022년 10월 17일 초판 인쇄 정가~38,000원
2022년 10월 27일 초판 발행

감수	김정운
편집겸 발행	조연조
대표사진 작가	김운기 조연조
편집 디자인	김형희 이정은
등록번호	5~491
등록	1984년 11월 20일
주소	서울 종로구 숭인동 1375번지
전화	02, 2266~4848 . 2277~8787
이메일	yyj 4848a@nate.com
인쇄	씨앤제이프린팅
대표	조계완
전화	031-944~5641 / fax 031-945~5640

판 권 소 유

사진 제공
김운기
충청일보 사진부장, 국장
한국사진작가협회 청주지부장 역임
충북대학교 석좌교수
청주시 문화상, 충청북도 문화상,
서울시 언론인상 수상

감수자
김정운
목포대학교 농학박사학위 취득
보성녹차연구소 육종재배연구실장
차 친환경재배등 다수
차나무 육종 및 재배등 다수

잘못된 책은 구입처에서 바꾸어 드립니다. 편저자의 허락없이 사진복제 불허

참고문헌
한국원예식물 / 화훼원예식물 / 원예백과 / 모아심기 / 용기에 기르기 / 원예도감

Contents

꽃 기르기 …………… 4	크레마티스………… 72	쇠비름꽃………… 136	옥잘리스 디페이 …… 197
꽃이란 ……………… 5	아키메네스………… 75	후쿠시아………… 142	시네리아…………… 198
꽃 기르기 이론 …… 8	수국………………… 76	백합……………… 145	쎈트포리아………… 200
국화 ……………… 19	베고니아…………… 80	코스모스………… 150	꽃 양배추………… 202
크리스마스 로즈 … 24	이소토마…………… 83	터키 도라지……… 154	컬던시스…………… 204
팬지/비올라 ……… 27	마가리트…………… 84	에키자캄………… 155	에리카……………… 206
카네이션…………… 30	히야신스…………… 86	지니어…………… 156	야로우……………… 208
이모르포테카……… 33	프리뮬러…………… 88	나팔꽃…………… 158	맨드라미…………… 210
크리샨 세맘 ……… 34	금어초……………… 92	에부치론………… 161	해바라기…………… 212
포피………………… 36	수선화……………… 94	칼라……………… 162	포추리카…………… 214
패랭이 꽃 ………… 38	버베나……………… 98	부게인 빌레아…… 164	미국부용…………… 215
금잔화……………… 40	하덴 벨기아 ……… 101	에볼불수………… 165	자란………………… 216
거베라……………… 42	패튜니아…………… 102	히비스카스……… 166	보리지……………… 217
가자니아…………… 44	리나리아…………… 106	콜리우스………… 168	칼미아……………… 218
스위트 아릿삼 …… 47	루크리아…………… 108	콤볼 부르스……… 169	모날다……………… 219
아네모네…………… 48	설활초……………… 109	서던크로스……… 170	솔채꽃……………… 220
캄파눌라…………… 50	로벨리아…………… 110	백로초…………… 172	털머위……………… 221
무스카리…………… 52	카르미아…………… 112	선텐카…………… 173	봉선화……………… 222
안개꽃……………… 53	석남화……………… 113	산다소니아……… 174	풀협죽도…………… 223
물망초……………… 54	아마릴리스………… 114	토레니아………… 176	에스터……………… 224
다이안시스………… 55	펠라고늄…………… 116	일일초…………… 178	채송화……………… 225
스토크……………… 56	헤리크리샴………… 118	들모란…………… 180	천일홍……………… 226
목립성 베고니아 … 58	히포키시스………… 119	만데비라………… 181	금계국……………… 227
크로커스…………… 60	샐비어……………… 120	란타나…………… 182	데이지……………… 228
우의 자스민 ……… 62	임파첸스…………… 124	카랑코에………… 184	듀란타……………… 230
캐롤라인 자스민 … 63	구근 베고니아 …… 128	씨크라맨………… 186	작약………………… 231
튤립………………… 64	메리골드…………… 130	포인세티아……… 191	글라디올스………… 232
이베리스…………… 67	라넌큘러스………… 133	유리옾데이지…… 194	꽃 모아심기 ……… 233~321
네모필러…………… 68	엔젤 트럼펫 ……… 134	아자레아………… 195	꽃 파종의 이론과 실제 … 322
아게라톰…………… 70	다알리아…………… 136	위성류 매화……… 196	

4계절 꽃 기르기 강좌 발간에 부쳐

누구나 자기가 좋아하는 꽃들을 화분이나 화단에 옮겨 심고 기르기한 것은 매우 바람직스러운 일일뿐더라 현관 앞이나 베란다 등 작은 공간에서도 즐길 수 있는 것이 꽃 기르기의 매력이라 할 수 있다.

본서에서는 꽃을 화단에 심기, 용기에 기르기, 모아심기, 이식하는 방법 그리고 완성된 뒤의 관리와 처리까지 5가지 과정과 일부 병해충 예방과 대책을 설명하고 있다.

거듭 꽃을 기르는 초심자나 전문 화원인들이 꼭 알아야 할 것들을 사진과 함께 우리나라 처음으로 자세히 설명하고 있다.

꽃을 기르는데 꼭 이렇게 저렇게 해야 한다는 법은 없다. 하지만 기본은 알아야 한다. 마치 바둑에 있어 정석이 있고 그것을 응용하는 것의 수가 헤아릴 수 없이 많이 있듯이 말이다.

특히 꽃, 다육식물, 난초, 그리고 관엽식물 등 현대인들에게 있어서 여가선용에 많은 도움이 되리라 믿어 의심치 않으며 감수를 해주신 김정운, 이종임 박사 그리고 사진을 제공해 주신 분들께 진심으로 고마움을 표하며 발간사를 갈음하는 바이다.

2002년 만추의 계절에, 발행인 조연조

꽃이란~현화식물顯花植物의 유성 생식기관, 형태와 색채가 매우 다양해 각각 그 특징이 있으며, 구조상으로는 필수 기관인 꽃술과 보조기관인 화피花被의 두 부분으로 이루어져 있다. 꽃술은 수술과 암술이 있는데 이를 모두 가진 것을 양성화兩性花, 하나만 가진 것을 단성화單性花라 한다. 화피는 꽃의 내부를 보호하고, 그리고 벌이나 나비를 꾀는 것으로 꽃받침과 꽃부리로 구분된다.

대부분 화밀花蜜과 화분花粉 그리고 방향芳香이 있다. 또한 꽃은 수분방법受粉方法에 따라 충매화蟲媒花 풍매화風媒花 등으로 나뉜다. 그러나 일반적으로는 관상 가치가 있어 아름다움과 정서적 위안을 주는 식물을 말하기도 한다. 양치식물의 포자胞子 수 소철의 화수 또는 기타 나자식물裸子植物의 화수도 원시형의 꽃으로 보고 있다.

그러나 일반사람들은 목련이나 진달래 같이 화려한 것만을 꽃이라 하며, 버드나무나 참나무류와 같이 화려한 색깔이 나타나지 않는 것은 꽃인줄 모르고 있다.

개설~지구상이 있는 식물의 종種은 30만종 내외로 보고 있으며, 꽃으로 취급되는 종은 약 8천여종이라 보지만 온실의 화훼까지 합치만 수만종이 이른다. 또한 한 종당 품종수가 매우 많아 장미 한종에서 발표된 품종수만 해도 1만5천여 종류가 된다. 우리나라에서 자생하는 자생식물은 170과 897속 2,898종 7아종 929변종 301품종 등 4,135종류가 있으며, 이가운데 꽃으로 이용할 가치가 있는 것은 약 500여 종으로 추정하고 있다.

화훼의 역사~우리나라의 꽃 재배에 관한 첫 기록으로〈동사각목〉백제 진사왕 때인 390년에 궁실에 연못을 파고 산을 만들어 여러 종류의 꽃을 심었다는 기록이 있으며, 〈삼국사기〉에는 신라 문무왕때인 674년 경주에 안압지를 만들고 궁정에 꽃을 심었다는 기록이 전해시고 있다.

꽃은 개화 시기에 따라서 봄꽃, 여름꽃, 가을꽃, 겨울꽃, 재식시기에 따라서 춘식春植, 추식秋植, 이용면에 따라서 꽃꽂이용, 화분용, 화단용, 정원용 등 재배 장소에 따라서 노지꽃, 온실꽃, 원산지에 따라서 열대, 한대, 온대 등으로 분류하며, 원예학적으로는 재배의 특성과 이용면을 고려해 일년초, 숙근초宿根草, 구근류, 화목류, 관엽식물, 식충식물, 다육식물, 수생식물, 고산식물, 등으로 분류한다.

젊어서도, 늙어서도 꼬부라진 할미꽃

엔젤 트럼펠 〈천사나팔〉

매화는 고구려 대무신왕 24년에 매화를 길렀다는 사실이 〈삼국사기〉에 있고 고려에서는 문종 이전에 재배 되었으며 충숙왕 때 중국에서 도입된 기록이 있다.

조선 시대에는 세종 때 강희안이 양화소록에서 그 당시 많은 꽃을 길렀음을 기록하고 있다. 국화는 백제 때 많이 길렀는데, 일본에도 보낸 기록이 있다.

백국白菊은 삼국 이전부터 중국에서 들여온 황국黃菊과 더불어 재배 되었다. 고려 때는 내원서內遠署를 두어 궁궐의 꽃을 관리하게 하였고 조선 시대에도 상림원上林園을 두어 궁궐내 꽃과 과일을 맡아 보게 하였으며 그밖에 백성들이 국화 화분을 궁궐에 진상한 기록도 있다.

월계화月季花 : 〈사계화라고 하며 봄가을에 걸쳐 꽃이 피는 장미 종류〉는 8세기경 발해가 중국에서 수입해 재배했고 고려 예종 때도 중국 송나라에서 수 입 하였다. 작약은 고려 충렬왕 때 원예종이 중국에서 도입 되었으며 동백은 우리나라 남해안에 자생해 동백 기름을 짜기도 하고 관상용으로 널리 심어졌는데, 이태백李太白이 쓴 시에 신라에 동백이 많았다고 쓰여 있다.

무궁화는 중국 지리서인 산해경에 "한국에는 많은 무궁화가 있는데 아침에 피었다 저녁에 진다"고 하였으며 다른 기록에는 단군이 개국했을 때 무궁화가 많이 재배 되었다고 하였다.

이수광의 "지봉유설"에도 우리나라에 무궁화가 전국에 많았음을 적고 있다. 고려와 조선시대에는 무궁화가 널리 국민들의 사랑을 받아 재배된 기록이 있다.

석류와 치자나무는 10세기 전후인 고려 때 도입 재배 되었다. 15~16세기경 조선시대널리 일반화된 꽃으로 "양화록"에 수록 되어 있는 것은 배롱나무, 개나리, 정향나무, 철쭉류, 단풍나무, 복사꽃, 살구꽃, 옥매화, 해당화, 벚나무, 혜란, 봉선화, 해바라기, 접시꽃, 파초, 맨드라미, 금잔화, 장미, 종려, 소철, 옥잠화, 석죽 등이다.

그뒤 18~19세기에는 중국에서 백목련, 자목련이 도입 재배 되었다. 따라서 우리나라 꽃은 자생종과 비슷한 기후에서 자라던 중국의 꽃들이 수입되어 많이 재배되는 현실이다. 고려 중기에서 조선 초기까지 궁정 원예를 비롯하여 귀족과 문인들간의 재배 및 교류가 있었고 이는 19세기까지 계속 되었다.

조선 말엽 개화기에는 서양의 선교사들에 의해 도입이 되었고 경술국치 뒤에는 일본에서 많은 꽃들이 들어왔다. 한편 미군정시대에는 미국에서도 도입되었다.

*정에 약한 여인은, 떠나는 계절에 산책을 나와 헬리오트로프의 쪼코 향기를 맡으며 시간 가는줄 모르고 있다.

꽃을 기르기전 먼저 이것만은 알아 두자!!

꽃을 기르기는데는 종류가 다양하다. 펜지나 코스모스와 같은 풀류나, 장미나 벚꽃 등의 꽃나무, 로즈마리나 라벤다 등의 허브류, 란과 관엽식물과 다육식물에 이르기까지 수없이 많이 있다.

이들 식물들은 그 성질에 따라 몇 가지 종류로 나눌 수 있다. 각기 기르기 하고자 하는 특성들이 어떤 것인가를 알아 두는 것이 꽃 기르기에 많은 도움이 되는 정석이라 할 수 있다.

제라륨은 꽃의 종류도 다양하고 꽃색이 풍부해 4철 꽃을 피워준다.

꽃은 매년 피는 것과 1~2년, 피고지는 것이 있다.

다년초는 한번 심으면 매년 꽃을 즐길 수 있다. 그리고 종류에 따라서 수명이 다르다. 국화나 4계절 피는 베고니와 같이해마다 제철이 되면 꽃이 피는 종류를 다년초 또는 숙근초라하고 꽃이 핀 후 꽃이나 잎이 말라도 뿌리는 땅속에 그대로 살아 있어 이듬해에 다시 줄기가 돋아나서 잎이 나오고 꽃이 핀다.그러므로 다년초를 구입한 경우에는 꽃이 지고 나서도 관리를 잘해주면 해마다 꽃을 즐길 수가 있다.

1~2년초는 해마다 종묘를 구입해야 한다.

코스모스는 1년초이므로 다음 해에는 새로운 씨나 종묘를 구입해야 한다.

팬지나 코스모스는 씨앗을 뿌리고 나서 그해 꽃이 피고나서 꽃이 시들어 버리는 것을 1년초라하고, 씨를 뿌리는 계절에 따라서 가을 파종 1년초, 봄 파종 1년초라고 하는 것으로 분류된다. 씨앗을 뿌리고 나서 1년 이상 2년 이내에 꽃이 피고 지는 것을 2년초라고 한다. 이 1년초나 2년초의 경우는 다음 해에도 꽃을 즐기고 싶으면 새로이 가을에 씨앗을 채집하고 봄에 종묘를 구입해 심어야 한다.

꽃은 오래 피는 것과 금방 피었다가 지는 것도 있다.

팬지나 임파체인지와 같이 약 반년동안 꽃이 피는 것이 있는가 하면, 물망초나 자양화 같이 1~2개월 피었다가 지는 것도 있다. 개화 기간은 종류에 따라 다르므로 기간이 긴가 짧은가를 알고나서 기르면 좋다. 제라륨은 4계절 피는, 베고니아 등과 같이 1년 내내 피는 꽃을 4철 꽃이라고 한다. 그리고 이것들의 대표적인 꽃은 제라륨, 베고니아, 페추니아, 마리골드, 임파첸스 등이다.

꽃은 더위와 추위에 강한 것과 약한 것이 있다.

꽃은 더위와 추위에 강하고 약한 것이 있다.

꽃은 종류에 따라서 더위와 추위에 적응력이 다르다. 더위에 강한 꽃을 내서성이 강하다 한다. 내서성이 강한 꽃의 대부분은 열대 지방이 원산지이다. 반대로 추위에 강한 것을 내한성이 강하다고 하며, 저온에서도 견딜 수 있다. 그러므로 노지에서 월동이 가능하다.

내한성이 강한 것은 주로 한랭지나 고랭지가 원산지인 꽃이다. 내서성이나 내한성이냐에 따라서 꽃을 기르는 적절한 장소가 정해진다. 더위에 약한 꽃이라면 여름에는 차광을 해서 더위를 피한다. 추위에 약한 꽃이라면 겨울에는 하우스에서 관리해야 한다.

수선화는 가을에 구근을 심으면 그 이듬해 봄에 꽃이 핀다.

꽃은 씨앗과 구근으로 기른다.

나팔꽃이나 코스모스 등은 씨앗으로 기르고, 튜울립이나 히야신스 등은 구근으로 기른다. 씨앗으로 기르는 꽃은 파종 후 물과 비료를 주고 이것들이 자라는 시간은 꽤 걸린다. 이에 비해 구근으로 기르는 꽃은 시간이 많이 걸리지 않는다.

이유는 구근 속에는 발아와 개화에 필요한 양분이 어느정도 저장되어져 있기 때문이다. 초보자는 구근부터 시작하는 것이 바람직 하다. 구근은 심는 시기에 따라서 여름과 가을로 구분된다.

포트에서 이만큼 키우기는 의외로 어렵다.

많이 기르고 싶으면 씨앗으로, 조금은 종묘로 한다.

많은 꽃은 씨앗으로 키울 수 있지만, 초보자는 꽃이 봉오리져 있는 포트묘로 시작하는 것이 좋다. 이유는 씨앗으로 기르는 것은 시간과 노력이 필요하다. 시판중인 씨앗 봉지에는 화분 하나에 심기에는 씨앗을 심고 너무 많이 남는다.

화단에는 많은 씨앗을 뿌리는 것은 좋다. 그러나 베란다나 좁은 공간에서 기르려면 포트 묘를 화분에 옮겨 심어야 한다. 이렇게 꽃을 기르다 보면 취미와 노하우가 붙어 기르기가 즐거울 것이다.

사계절꽃기르기 | 9

종묘를 고를 때의 주의할 점

꽃을 기른다는 것은 대단이 바람직한 일이다. 좋은 종묘를 고르고 배수가 잘 되는 흙에 이식하고 햇빛과 통풍이 잘되는 곳에서 퇴비와 비료를 주고 관리를 잘 해주면 그 답례로 꽃은 아름답게 피워준다. 꽃을 기르기에 앞서 좋은 종묘를 고르는법과 관리 그리고 기르기에 대한 설명을 한다.

줄기가 굵고 봉오리가 있는 종묘를 고라야 한다.

튼튼한 종묘를 고른다.

꽃에는 각각 개화 시기가 있고, 일반적으로 조금 이르게 점포 앞에 내 놓는다. 종묘가 다량으로 출하될 때 구입하는 것이 꽃색이나 품종을 자기가 원하는 것을 선택할 수 있다. 꽃이 조금 피는듯한 꽃봉오리가 있는것이 꽃색도 확인 할 수 있고 곷도 일찍 피어준다.

그리고 필히 주의 할 점은 잎이 말랐거나 벌레가 있는 것은 피하고 또한 줄기가 야위어 있고 긴 것, 그리고 전체적으로 균형이 잡혀 있자 않은 종묘는 피해야 한다.

종묘의 크기를 생각해서 이식한다.

포트의 묘를 구입하면 빨리 화분이나 플랜터 등에 이식을 해야 한다. 포트에서 종묘를 꺼내보면 뿌리들이 꽉차 있는 경우가 많은데 이것은 갈아 심어야 한다는 신호이다. 뿌리와 뿌리 주위의 흙보다 큰 용기에 이식을 해 주어야 한다. 그래야 뿌리가 흙속으로 뻗을 수가 있고 포기가 성장할 수 있다.

포트 묘는 통상 3호〈구경 9cm〉가 팔리고 있는 것이 많으므로 이보다 약간 큰 4~5호분〈구경 12~15cm〉으로 분갈이겸 옮겨 심으면 좋다.

제라륨의 개화된 포트 묘

화분에 심어진 것이라면 그대로 기르기 한다.

플라스틱제의 심어져 있는 개화한 포기는 그대로 햇빛이 잘 드는 장소에서 기르면서 꽃을 즐기는 것도 한 방법이다. 단 화분 밑 바닥을 보고 뿌리가 밖으로 나와 있으면 2호 정도 큰 화분으로 옮겨 심어 주어야 잘 자란다.

화분 밑으로 뿌리가 나와 있으면 분갈이를 해준다.

따뜻한 온실속에 있던 것은 실내 밝은 창가에서 그른다.

캐모마일 등은 햇빛이 많아야 잘 핀다.

행잉바스켓은 통풍이 잘되는 곳에 둔다.

꽃을 기르는 장소의 선택

꽃을 구입해 올 때에는 꽃이 예쁘게 피어 있었는데, 집에 가지고 와 얼마 있지 않아 꽃이 피지않고 시들어 버리는 경험을 한 경우가 더러 있을 것이다. 그리고 꽃이 피느냐 피지 않느냐 또 오래 피느냐 그렇지 않느냐는 차이는 기르는 환경에 따라 크게 좌우된다.

예를 들면 꽃 가게에서는 따뜻한 실내에 있다가 갑자기 찬바람이 부는 추운 곳으로 이동해 추위를 견디지 못하고 시들어 버리는 경우가 있다. 이것은 꽃을 빨리 피우기 위해 적절한 온도속에 있다가 갑자기 춥고 건조한 곳으로 옮겼기 때문에 온도의 변화를 적응치 못하기 때문이다.

그러므로 꽃을 구입할 때는 종전과 같은 환경에서 점점 적응해 가도록 해야 한다. 원래 식물들은 환경의 변화에 순응해 가도록 되어 있어 서서히 적응해 가면 잘 자란다.

꽃은 양지바른 곳에서 풍성하게 핀다.

꽃이 피기 위해서는 태양빛이라는 에너지가 필요하다. 그러므로 화분에 심거나 노지에 심거나 할 때 양지바른 곳이 꽃이 풍성하게 핀다. 단 란 같은 식물은 제외한다. 가능하면 하루종일 햇빛이 잘 들면 바람직 하지만, 그렇지 못하더라도 반나절 정도의 햇빛이 있어야 잘 자란다.

만일 부득이 실내에서 꽃을 기르는 경우에는 밝은 창가에 두고 좋은 날 때때로 밖의 햇빛을 쪼이게 해 줄 필요가 있다.

통풍이 잘되는 곳에서 기른다.

식물이 건전하게 자라기 위해서는 바람도 필요하다. 이것이 통풍이다. 식물이 태양빛으로 광합성을 한다는 것은 잘 알려진 사실이다. 이대 바람도 필요하다. 광합성 때 바람에 의해서 이산화탄소가 운반되고 산소도 방출된다. 이러므로 바람이 없으면 광합성이 잘 안된다. 단 베란다에서는 바람이 너무 쎄면 화분이 넘어질 수 있으니 주의가 필요하다.

1~2년 초 기르는 법

　　1~2년 초는 씨앗으로 기르는 것이 일반적이다. 파종 시기가 되면 화원 등의 가게 앞에 진열해 놓는 곳 외에 온라인상으로도 종묘를 구입할 수 있다.

1. 파종을 한다.
　　파종의 시기는 거의 벚꽃이 필 무렵 봄 파종과 야간에 20도 이하일 때 가을 파종으로 나뉜다.
　　손끝으로 잡을 수 있는 씨앗은 점 파종으로 종묘를 만든다. 잡기 어려운 작은 씨앗은 육묘상자, 피트판에 흩부리기 또는 줄을 따라 씨앗을 뿌리고 싹이나면 속아 내면서 생장을 촉진한다.
2. 화분에 올리기〈이식〉
　　드문드문 줄을 따라 뿌린 후에 본 잎이 여러개 나오면 1포기씩 3호 포트에 심어서 종묘를 만든다. 한 번에 큰 화분이나 노지에 옮겨 심어도, 뿌리가 단단히 뻗지 않는다. 노지로 이식해도 잘 자라지 않으므로 포트에 자랄 때까지 포트 재배가 바람직 하다.
3. 옮겨심기〈정식〉
　　포트에서 뽑아내면 뿌리가 마르지 않도록 빨리 심는다. 개화시의 크기를 생각해 포기 사이를 생각해 포기 사이를 예측해 심고, 포트에 묻은 흙과 옮겨 심은 장소의 흙이 섞이게해 심고 물을 듬뿍주고 누른다.
4. 채종〈씨앗받기〉꽃이 끝난 후에는 꽃 껍질을 따주고 병충해가 붙지 않도록 한다. 씨앗을 받고자 할 때에는 그대로 두고 마른 꽃을 잘라내어 그늘에 말려서 씨앗을 받는다.

대립의 파종〈포트에 점 파종〉

1. 3호 정도의 포트에 적옥토 소립을 버미큐라이트와 피트모스에 용토를 넣고 깊이 1cm의 구멍을 판다.

2. 씨앗을 2~3알 판 구멍에 넣고 좌우에서 흙을 모은다. 위에서 부드럽게 물주기를 하든가 저면 급수를 해서 흙을 적신다.

3. 반 그늘에서 마르지 않도록 물을주고 발아하면 햇빛을 쪼이고 물 주기를 한다.

4. 생육이 좋은 한 그루만 남기고 솎아준다. 물주기 대신 액비를 주고 싹 따기를 해 이식하기 까지 크기가 되도록 기른다.

대립의 파종 ~파종 용토에,

1. 피트모스를 건조해 압축한 지피세분에 물을 묻혀서 충분하게 흡수시키고 중앙에 구멍을 판다.

2. 판 구멍에 씨앗을 수알 넣는다. 잔 씨앗을 뿌릴 때는 꺽은 종이를 이용하면 뿌리기가 쉽다.

3. 복토가 필요한 씨앗은 구멍 주위의 용토를 모으던가 피트모스에 흙을 부려서 가볍게 눌러둔다.

4. 발아까지는 마르지 않도록 깊은 용기〈지피 저면급수트레이〉에 넣어서 물을 채워둔다.

5. 지피세분은 초기 생장에 필요한 비료분을 포함하고 있기 때문에 보통은 시비 불요. 임시 지주를 세워준다.

6. 흰 뿌리가 보이기 시작하면 이식 장소나 화분에 심는다. 복수의 종묘가 나와 있는 것은 1포기로 한다.

7. 이식이 끝나면 화분 가장 자리에 원비로서 완효성 비료를 주고 물을 듬뿍 준다.

8. 지주를 다시 세우고 덩굴을 유인한다. 라벨을 세우고 작업완료. 뿌리를 상하지 않게 작업을 할 수 있는 것이 큰 특징이다.

위와 같이 뿌리를 만지지 말고 포트채로 이식되는 것이 지피포트, 본 잎이 나오면 심는다.

잔 씨앗을 뿌린다.   1. 일반적인 화분에 드문드문 씨앗 뿌리기

1. 평평한화분에 파종 용토를 넣고 씨앗을 얹고 꺾은 종이의 가장 자리를 두드려 씨앗을 골고루 뿌린다.

2. 복토가 필요한 씨앗은 흔들면서 얕게 흙을 뿌린다. 호광성인 씨앗이라면 이 작업은 필요하지 않다.

3. 손으로 누르면 씨앗이 달라붙어 버리므로 화분흙의 표면에 종이를 얹고 위에서 누른다..,진압.

4. 그 위에 흙과 씨앗을 밀착 시키기 위해 용기에 물을 채워서 화분을 가라 앉힌다. 이렇게 되면 씨앗이 흘러나가지 않는다.

5. 발아가 되어가면 물을 주고 밀생한 곳은 핀셋으로 속아내서 햇빛을 받으며 기른다.

6. 화분에 꽉 차가면 화분의 흙마다 빼내고 정성스럽게 흙을 풀어 주면서 종묘를 한 포기씩 나눈다.

7. 새 잎과 여러개의 본 잎이 나와 있는 상태의 종묘, 새 잎의 축이 핀 부분까지 묻히도록 화분올림을 한다.

8. 3~4호 포트에 화분 올림을 하고 화단으로 옮겨 심을 정도의 크기 10cm이상이 되기까지 기른다.

9. 포트를 가볍게 눌러서 종묘를 뽑아내고 화분 밑 네트를 빼내어 화분이나 화분에 옮겨 심는다.

10. 6호 이상의 화분에 옮겨 심으려면 화분에 흙을 넣고 중앙에 심고 비료와 물을 준다.

11. 화분이 적으면 큰 화분으로 바꿔 심는다. 뿌리는 헐지말고 화분 중앙에 심는다.

12. 흙이 뿌리에 밀착도록 젓가랄으로 쑤셔서 공간을 없엔다. 물을 충분히 준다.

잔 씨앗을 심는다. 2. 피트판에 드문드문 뿌리기

1. 피트모스를 압축한 것이 피트판이다. 귀퉁이를 조금 뜯어 트레이에 넣어서 흡수 시키고 씨앗을 드문드문 뿌린다.

5. 미세한 작업은 핀셋 등을 이용 구멍의 중앙부에 옮겨 심고 작업이 끝나면 종묘 전체에 물을 충분히 준다.

2. 심은 싹들이 혼잡해지면 용토를 풀어 지도록 해 종묘를 꺼내어 정성스럽게 풀어서 종묘를 조금씩 나누어 간다.

6. 본 잎이 나오고 뿌리가 골고루 퍼지면 용기의 바닥을 누르도록 해 흙을 허물지 않고 끄집어 내서 화분으로 옮긴다.

3. 가능한 뿌리를 쥐어 뜯지 않도록 조심하고 종묘를 최종적으로 1개씩으로 한다. 이렇게 하면 많은 종묘를 만들 수 있다.

7. 3호 포트에 이식 용토로 심는다. 부드럽게 물을 주고 라벨을 세워 제 각각의 재배 방법으로 심어 표시한다.

4. 관리하기 쉬운 육모 트레이에 용토를 넣고 종묘를 심는다.

8. 모아심기의 화단으로 옮겨 심을 때에는 개화 전후까지 포트에서 기르는 것이 좋다.

종묘를 옮겨 심는다. 1. 큰 용기에

1. 적옥토 중립, 깻묵과 골분 1을 그리고 50g, 적옥토 소립 7:부엽토 2:쇠똥 1로 용토를 만든다.

2. 밑구멍이 있는 것은 화분 바닥에 네트를 깔고 적옥토의 중립위에 비료와 용토를 섞어서 2~3cm간격으로 종묘를 넣고 심는다.

3. 포트의 종묘를 임시로 넣어서 배치를 결정하면, 한포기씩 떼어내어 심어서 고정시킨다.

4. 심고난 다음 용기 밑구멍에서 물이 흘러 나올 때까지 물을 주고 원비로 비료를 준다. 가볍게 섞어서 주어도 좋다.

종묘를 옮겨 심는다. 2. 화단에

1. 심을 용기에 놓아보고 장소가 결정되면 완효성 비료를 뿌리고 이식 삽으로 심을 구멍을 판다.

2. 화분 뿌리의 1,5배를 맞춰서 파고, 포트에서 떼어내어 구멍에 넣는다. 그리고 판 흙을 모종 주위에 넣고 눌러 준다.

3. 화분 뿌리의 높이를 주위와 같이 하고 뿌리의 가장자리 주위를 손바닥으로 단단이 누르고 잘 밀착 시킨다.

4. 화단의 안쪽에서 마찬가지로 1묘씩 심어나간다. 포트에서 모를 떼어낸 것은 옮겨 심기 직전에 한다.

종묘의 좋고 나쁜 것을 선별한다.

1. 좋은 종묘는 뿌리가 포트안의 전체에 뻗어 있다. 검게 썩은 뿌리가 없고 하얀 가는 뿌리가 많은 것이 좋다

2. 뿌리가 빽빽이 깔려 있는 것은 밑바닥 쪽의 뿌리를 가볍게 찢든가 해 화분 뿌리를 갈라 놓는다.

3. 이 정도로 뿌리를 풀어 놓으면 옮겨 심을 장소에 새 뿌리가 뻗기 쉽고 일찍 생장이 시작되기 때문에 좋다.

1. 포트에서 떼어 내도 흰 뿌리가 대부분 보이지 않는 것은 그다지 생육 상태가 좋지 못한 종묘이다.

2. 밑 바닥에 손을 넣어보면 안에 숭숭 뻗은 뿌리의 상태가 나쁘면 지상부도 흔들려 좋지 않다.

꽃 껍질을 따준다.

1. 작은꽃이 많이 피는 멜랑포지움 등은 꽃껍질을 부지런히 따간다. 꽃껍질의 밑을 잡고 잡아당길 것.

2. 꽃대가 단단해 따기 어려운 것은 원예 가위로 자른다. 이때 다른 줄기를 다치지 않도록 주의 한다.

3. 화수를 놔 두는 것은 화수가 대체로 피고난 후부터 꽃대를 자른다. 밑에서 뻗는 일도 있다.

4. 꽃 껍질은 꽃대 부분에서 위를 딴다. 보기좋게 정리하고 병해충을 관리 한다.

5. 꽃 껍질만을 따도 씨앗이 생겨서 포기가 약해져 버리기 때문에 그다지 별 의미가 없다.

사계절꽃 기르기 | 17

씨앗을 받는다. - 크리스마스로즈 -

심는 장소의 조건에 알맞은 종류의 숙근초를 옮겨 심으면, 환경에 잘 적응해 잘 자라고 거의 손을 보지 않아도 잘 자란다.

1. 종묘를 심는다.

구입하기 쉬운 식물은 꽃이 피었거나 피기 전의 상태의 포트 묘이다. 화분에 담아진채로 판매되고 있다. 내한성이 낮은 것이 아니면 봄부터 생장기에 대비해 가을에 이식 한다. 계절이 지나고 좋은 종묘가 있으면, 화분에 붙어 있는 흙을 부수지 말고 그대로 뿌리가 상하지 않도록 심는다.

2. 적심, 꽃 껍질 따주기

볼륨감을 내기 위해서는 물주기 등의 평상시의 관리에 더해, 일단 줄기를 잘라서 가지 수를 늘리는 〈적심〉을 한다. 그리고 꽃이 핀 뒤 씨앗이 생기면, 포기가 피곤해 생장이 더딘 것과 병해충의 발병 원인이 되기 때문에 꽃껍질을 따주어야 한다. 이것은 1~2년초와 같지만, 재배 기간이 길기 때문에 보다 중요한 작업이라 할 수 있다

3. 옮겨심기, 포기 나누기

식물을 몇년인가 기르다 보면, 일단 파내서 포기를 나누고 새싹이 많은 부분을 새로이 옮겨 심는다. 포기를 새롭게 하기위해 하는 이것을 〈포기갱신〉이라고 한다. 포기 나누기 외에 삽목으로도 새로운 포기를 만들 수 있다.

4. 채종, 파종

꽃이 진 후에는 씨앗이 터져 흘러 떨어지지 전에 채집해서 파종으로 새로운 재배를 할 수 있다. 이것도 자라면 포기의 갱신이 된다. 품종이 다른 꽃을 교배시켜서 새로운 품종을 만들기도 한다.

1. 식물은 때가되면 2. 익어서 씨앗을 잉태한다. 3. 결실하면 씨앗이 터지므로 종이나로 싸주고 채집해서 잘 보관한다.

세이나이트

국화 菊花 종류가 많고 가을을 대표하는 꽃의 대명사

학명 : *Chrysanthemum moriolim*
떡잎식물 초롱꽃목 국화과의 여러해살이 풀

원산지 : 중국
분포지역 : 세계각국 서식장소:산과 들
종류 : 다년초
기후 : 양지
심기 : 4~5월

거름 : 5~9월
키 : 1m
꽃 개화기 : 9~10월 분갈이 6~7월
관리~5월 삽목~5월 적심~6~8월

계통 및 품종의 여러가지

한국의 소국小菊이 유럽이나 미국으로 건너가 개량된 서양국화가 많이 출하되고 있다. 주요 품종은 자연에 반구 상태로되어 꽃이 포기를 덮을듯이 피는 쿠션맘, 화분에 심기용으로 개량된 포트맘, 요다맘, 무풍차, 소국, 풍차국, 세이나이트 등이고 꽃색이 풍부해 꽃꽂이용인 스프레이 국화 등

요다맘 베이스터

소 국

풍차국

* **이 식**~6~7월이 되면 시판중인 화초용 배양토에 유기 배합 비료를 섞어 주고, 5호분 화분에 1포기씩 이식한다. 액비를 주고 기르며, 1~2회 적심하여 가지를 늘린다.
* **기르기 포인트**~국화는 햇빛을 대단히 좋아한다. 화분의 꽃을 구입 했을 때는 필히 양지에서 기른다.

요다맘

포트맘

무풍차

기르기와 관리

1. 가을에 출하되는 화분을 구입할 때는 일반적으로 꽃봉오리가 많은 것을 골라서 기르기 한다
2. 햇빛이 잘 드는 장소에서 기르고, 꽃이 만개가 되면 반 그늘로 옮겨서 관리한다.
3. 흙의 표면이 마르면 물을 듬뿍주고 꽃 껍질은 부지런히 따 준다.
4. 생육 중에는 웃거름으로 월 1~2회 정도 액비를 준다.
5. 〈사진1〉 꽃이 전부 끝나면 뿌리 밑동 부근에서 잘라서 되 심고 고형 비료를 주면 봄에 새싹이 뻗어간 다. 〈사진2〉봄에서 가을에 걸쳐서 새로운 포기가 생장 하는데, 지상 15~20cm에서 줄기의 앞 끝을 따 주면 곁에서 싹이 나와서 꽃의 수가 많아진다.

사진1

사진2

꽃이 지고나면

동지 싹~다음해에 꽃을 즐기려면, 꽃이 지면 뿌리 밑동까지 되 잘라서 처마 밑 등의 서리를 맞지 않도록 두고 월동시켜 뿌리 밑동에서 나오는 동지 싹을 소중하게 기른다.

삽목~건강하게 자란 동지싹을 5월에 잘라서 버미큐라이트 등의 삽목판에 꽂는다.

적심~5월에 삽목한 것은 6~8월에 2회 적심한다. 9월에 접어 들어서의 적심은 꽃눈을 따버릴 수 있으니 8월 하순까지는 끝마친다. 적심 후에는 튼튼한 곁가지가 나오도록 액비를 준다

검은 곰팡이 병
*흑갈색이 가루를 뿜는다

증상 : 잎 뒤에 갈색의 작은 반점이 발생, 차츰 퍼져서 곰팡이와 같은 흑갈색의 가루를 뿜고 잎이 추해진다.

"원인" 곰팡이 "대책" 발병한 포기는 뽑아내서 그것을 근처에 두지말고 처분한다. 발병 초기에 약제를 살포해 구제한다.

"발생하기 쉬운 부위" 잎, 새싹 "사용약제" 엠다이수화제 등

흰가루병
*통풍이 잘되게해 예방한다

증상 : 처음은 잎과 새싹에 흰 반점과 같이 발생, 그리고 전체에 흰 가루를 뿌린 것 같이 곰팡이가 발생하고, 식물이 약해진다.

원인 : 곰팡이 대책 : 병든 곳은 제거한다. 질소 과다로 걸리기 쉬우므로 질소 비료를 삼가하고 통풍이 잘되게 한다.

발생부위 : 잎, 새싹, 줄기, 가지 사용약제 : 모리스탄, 카리그린 등

흰 곰팡이 병
*밀집된 부분을 잘라서 통풍이 잘되게 한다.

증상 : 잎 뒷면에 작은 반점이 생기고 그리고 하얗게 솟아올라 혹 모양이 된다. 잎 전체에 다수 발생 만지면 가루가 묻는다.

원인 : 곰팡이 대책 : 병든 잎을 따서서 처분 하고 발병 초기에 약제를 살포한다. 발생하기 쉬운 부위 : 잎 새싹 사용

갈색 곰팡이 병
*질소 비료를 삼가하고 카리 비료를 많이 준다.

증상 : 잎에 갈색의 반점이 다수 발생한다. 잎 뒷면에 병반부는, 약간 부풀어오른 것 같이 된다. 만지면 가루가 손에 묻는다. 원인 : 곰팡이 발생하기 쉬운 부위 : 잎, 새싹

사용 약제 : 만네브다이센M수화제, 엠다이파 수화제 등

화고병

* 밀식을 피해 통풍이 잘 되도록 한다.
증상 : 대, 중 종류의 꽃 송이의 앞 끝에서 갈색의 병반이 발생 해 마른다.
원인 : 곰팡이
대책 : 통풍이 잘 되도록 한다. 병든 부위는 잘라내 처분한다.
발생하기 쉬운 부위 : 잎, 꽃봉오리

위조병

* 한 장소에서 연작을 하지 않는다.
증상 : 포기 전체가 힘이 없어지고 끝내는 마른다.
원인 : 곰팡이
대책 : 발병한 포기는 즉시 뽑아내 처분한다.
발병하기 쉬운 부위 : 식물 전체에,

잎고 선충병

* 아랫 잎에서 위의 잎으로 피해가 커진다.
증상 : 선충의 기생으로 엽맥에 둘러 쌓인 부분이 황색으로 변한다.
원인 : 곰팡이
대책 : 발병한 포기와 그 주위는 뽑아내어 처분하다. 흙속에 살충제를 섞는다
발생하기 쉬운 부위 : 잎, 새싹

국수 하늘소

* 성충을 발견하는대로 잡아 없엔다.
피해 : 5~7월에 새싹 끝을 환상으로 상처를 내고 줄기의 내부에 산란이되어 부화한 유충이 줄기 잎을 먹어 치운다.
대책 : 피해를 입은 부분은 잘라내어 처분한다.
발생하기 쉬운 부위 : 잎, 새싹

그림 그리기 나방벌레

* 나방 벌레를 조기에 대처한다

피해 : 몸 길이 2mm정도의 유충이 잎속에 들어가서 식해, 피해 입은 곳은 흰 선이 생긴다.

대책 : 피해를 입은 잎을 따내고 약제를 조기에 사용하면 효과적이다.

발생하기 쉬운 부위 ; 잎, 새싹.

사용 약제 : 올트란 입제, 아팜 유제 등

메뚜기

*주위의 풀숲을 없에고 침이블 방제한다.

피해 : 성충과 유충이 잎과 줄기 꽃과 꽃봉오리를 먹는다.

대책 : 발견하는데로 잡아 없엔다. 유충이 부화하는 5~6월 경에 약제를 살포하면 방제에 효과적이다.

발생하기 쉬운 부위 : 꽃, 꽃 봉오리 잎 새싹, 줄기, 가지.

사용 약제 : 스미치온 유제, 마라톤유 등

솜 진디

* 황색, 유인 테이프로 유인해 잡아 없엔다.

피해 : 시커먼 해충이 새싹과 잎 뒤에 군생해 흡즙한다.

대책 : 발견하는 대로 종이를 펴 놓은 위에 솔로 털어낸다. 그리고 황색 테이프로 유인해 잡아 없엔다.

큰 담배벌레

* 벌레를 잘 찾아서 발견한 대로 포살 한다.

피해 : 꽃속에 숨어 들어가 꽃순과 꽃잎을 식해한다.

대책 : 피해를 입은 곳을 발견하면 꽃속에 숨어 있는 해충을 찾아서 포살 한다.

발생하기 쉬운 부위 : 꽃, 꽃봉오리, 잎, 새싹.

사용 약제 : 어팜유제 등

잘 정돈된 정원과 용기에 기르기에 적합한 화초
크리스마스 로즈

학명~*Heelleborus niger*
쌍떡잎식물 미나리아제비목 미나리아제과의 다년초

봄부터 가을은 반 그늘, 겨울은 양지바른 곳
이식 분갈이~10월 포기 나누기로 이 시기가 적기
관리:11~12월 낡는 잎 따주기

계통과 품종의 여러가지
거의 대부분의 잎이 뿌리 가까운 쪽에서 나타나는 것으로 니젤, 오리엔탈계의 교배종 등이 있다. 특히 가든 하이브리드는 꽃 모양과 색이 풍부한 천연의 꽃도 있다. 또한 다수의 꽃을 맺는, 리비더스, 패치다스 등

크리스마스로즈 용기에 심기

가든 하이브리드 핑크계

가든 하이브리드 핑크계

* 크리스마스로즈는 혹한에서도 튼튼
  사이에서 아래로 향한 얼굴을 내미는 꽃은 풍정이 있고 늠늠함을 느끼게 한다. 단 여름의 더위는 싫어한다. 알맞게 내음성이 있기 때문에 자칫하면 그늘이 지기쉬운 정원에서도 기르기 할 수 있다.

* 10월 경부터 꽃집 등에서 매출되는 2년생 포트의 종묘를 구입해 기르면 된다. 원예 종은 개성에 따라서 꽃의 색과 모양의 변이가 대단이 크므로 1월부터 3월경에 걸쳐서 구입하는 개화된 포기는 꽃을 확인하고 구입해야 한다. 포트 묘를 구입할 때는 가급적 잎이 상하지 않은 것을 고른다.

  화분을 손에 잡았을 때 크게 흔들리지 않고 단단히 뿌리가 뻗은 것을 고른다.

크리스마스로즈 용기에 심기

하이브리드 천연피기〈겹꽃〉

가든 하이브리드 백색 계

하이브리드 보라색 계

하이브리드 1품종

숙근초 크리스마스로즈

용기에 심은 겹꽃 1품종

시크로필스, 아트롤벤스

오리엔타리스

보라색 크리스마스

관리 및 기르기

1. 배수가 잘되는 비옥한 흙에 밑거름을 충분이 주고 이식해 반그늘에서 기른다. 더위에 약하므로 여름의 뙤약빛은 절대 쪼여서는 안된다. 또한 노지에 심는 경우는 생장이 느리기 때문에, 5~6년간은 심은채로 그대로 두어도 된다. 화분에 심는 경우는 깊은 화분에 심어야 한다.
2. 가물지 않으면 물주기는 필요 없으나 화분에는 흙이 마르면 물을 준다.
3. 꽃 껍질은 열매가 열리기 전 본래의 부분에서 따낸다〈사진1〉 10월에 새싹이 보이면 흉하게 된 부분은 자른다.또한 가을에서 봄까지 웃거름으로 2주일에 1회씩 액비를 준다.
4. 여름에는 휴면하기 때문에 웃거름은 멈추고 고온 다습을 방지하기 위해 포기 밑동에 부엽토를 깔아주면 바람직 하다.

사진1

증식법~5~6년이 지나면, 꽃이 진후 포기 나누기로 증식한다〈사진2〉

흑반세균병

* 가위 등은 소독해 사용한다
증상 : 잎 등의 일부가 흑색으로 변하고 틀어진다.
대책 : 발생한 포기는 뽑아내고 흙은 소독을 한다.
원인 : 세균
발생하기 쉬운부위 : 잎, 새싹, 줄기, 가지.

입마름 선충병

* 같은 장소에서 연작을 하지 않는다.
증상 : 극히 작은 지렁이 같은 벌레가 기생하여 식해, 흡즙을 해 입을 마르게 한다.
대책 : 피해를 입은 제거해 처분한다.
발생하기 쉬운 부위 : 잎, 새싹, 줄기, 가지.

회색 곰팡이병

* 장마철에 조심한다.
증상 : 포기 밑동에 회색 곰팡이가 발생 한다.
대책 : 통풍이 잘되게 해 예방한다.
원인 : 곰팡이
발생하기 쉬운 부위 : 잎, 새싹
사용약제 : 게터수화제, 포리베리 수화제

비올라 용기에 심기

팬지 샤론

바올라 조카

가을부터 봄까지 꽃이 핀다
팬지/비올라

학명 : *Violatricolorvar hhortensis*
쌍떡잎식물 측막태좌목 제비꽃과의 한해살이 풀 또는 두해살이 풀 신품종이 잇달아 탄생하고, 가을부터 묘에 손질을 할 수 있다. 그리고 기르기 쉽고 꽃을 즐기는 시기가 길다.

개화기 : 1~5월 10월 중순~12월
이식, 분갈이 : 3월 10월 중순~11월
관리 : 꽃껍질 따주기, 마른잎 정르는 1~5월 중순
파종 : 10월 중순~12월 꽃껍질 따주기, 마른잎 정리

화단이나 용기에, 이른 봄부터 화려하게 기르기를 할 수 있다. 요즘에는 꽃이 빨리 피는 품종도 출하되고 있다. 늦 가을부터 겨울의 꽃으로 각광을 받는 꽃이기도 하다.

관리의 요령~ 무엇보다도 중요한 것은 햇빛이 잘 드는 일이다. 햇빛이 나브면 웃자라기도 하고 꽃맺음과 꽃색이 나빠진다. 추위에 강하고 심한 서리를 맞지 않는 한 쉽게 마르는 일은 없다.
물주기~ 가을부터 겨울에 걸쳐서 화분 표면의 흙이 마르면 오전중의 따듯할 때 물을 듬뿍 준다. 3월부터는 건조가 심해지므로 날시가 좋을 때에는 1일 1회 정도 준다. 가급적 물이 꽃에 닿지 않도록 한다.
비료~ 이식 할 때 용토에 완효성 비료를 섞어서 주고, 봄이되어 왕성하게 꽃이 피기 시작하면 액비를 10일에 한번씩 준다.

이것이 포인트
1. 종묘를 이식 할 때에는 용토에 부식토를 넉넉이 주고 뿌리를 충분이 뻗도록 할 것.
2. 매일 꽃껍질을 따 주고 추비를 잊지 말 것.
3. 봄이 되면 액비를 10일에 한번씩 액비를 준다.
4. 병해충 즉 진디를 방제한다.

팬지/비올라 ~ 기르는 법

1. 잎 색이 좋고 줄기가 튼튼한 종묘를 골라야 한다. 배수가 잘되는 흙에 밑거름을 주고 이식을 한다. 그리고 햇빛이 잘 드는 장소에서 기른다. 종묘를 이식할 때에 뿌리와 그 주위의 흙을 가위로 잘라내고 흙은 조금 털어낸다.〈사진2〉
2. 흙의 표면이 마르면 물을 듬뿍 주고 물이 마르지 않도록 한다.
3. 웃거름으로 화분에 심는 경우라면 월 2~3회의 액비를 주고 노지에 심는 경우는 월 1회정도 고형 비료를 준다.
4. 꽃 껍질은 부지런이 따 주면 꽃을 오래 관상 할 수가 있다. 〈사진1〉

증식법~파종으로 증식한다〈사진2〉9월경에 배수가 잘되고 물기가 있는 흙에 조파〈줄을 따라 씨를 뿌림〉하고 발아까지 그늘에 둔다. 그리고 5일 후 양지로 옮긴다. 본 잎이 5~6잎이 되면 화분에 옮겨 심는다.

팬지/비올라 행잉바스켓

팬지 자색계

매자 골딩아이

사진1

사진2

팬지/비올라 병, 해충

흰 가루병
*질소 비료를 삼가고 통풍이 잘되게 한다.
증상 : 처음에는 작은 반점과 같이, 드디어 전체에 가루를 뿌린 것 같은 곰팡이가 발생한다. 피해가 커지면 포기 전체가 약해진다. :
대책 : 질소 과다, 일조량 부ㄱ 등으로 웃자란 포기에 발생하기 쉽다.
발생하기 쉬운 부위 : 잎, 새싹, 줄기와 가지.
사용 약제 : 카리그린, 모레스탄, 수화제 등.

화초병
*발생하고 나서의 치료는 곤란하다.
증상 : 줄기와 잎에 부스럼 딱지 모양의 백색의 반점이 발생하고 주위에 녹색 테두리가 있는 돌기물이 나온다.
대책 : 발생한 포기는 뽑아내어 처분한다. 좋은 흙에 옮겨 심고 비료 과다가 되거나 부족하지 않도록 적절하게 주고 기른다.
발생하기 쉬운 부위 : 잎, 새싹, 줄기와 가지.

흑점병
*뿌리 밑둥을 과습하게 않도록 한다.
증상 : 잎 표면에 흑 색원인의 반점이 발생하고 잎이 떨어진다. 반점 주의는 황변하지 않는다.
발생하기 쉬운 부위 : 잎, 새싹.
사용 약제 : 나코닐 1000, 톱진M수화제, 만네다이브센M 수화제 등

입고병
*청결한 용토에 옮겨 심는다.
증상 : 지금까지 순조롭게 자라고 건강했던 포기가 아랫 잎부터 황화해 시들고 말라 버린다. 병의 진행이 매우 빠르다. 흙속의 균이 상처자리 등에서 식물로 침입하는 것으로 발생한다.
대책 : 발병한 포기는 뽑아내어 처분한다. 미숙한 퇴비도 병의 원인이 되므로 완숙 퇴비를 사용해 흙 만들기를 한다. 흙은 살균 하든가 완숙 퇴비를 넣어 유해균을 늘린다.
발생하기 쉬운 부위 : 그루 전체 약제 : 리드밀 수화제

용기에 심은 카네이션 "아모래"

어버이 날에 선물로 인기가 있는 꽃
카네이션

학명 : *Dicathus hybrida Hort*
별명 : 화란 패랭이 꽃
과명 : 패랭이꽃과
분류 : 상록 다년초 반내한성
개화기 : 4~5월
심는장소 : 1~3월 중순 실내 3월 중순~7월 중순 양지 7월
　　　　　~9월 반 그늘 9월 중순~12월
이식, 분갈이~9월 중순
관리~9월 중순 마른 잎 잘라주기

*매년 부모님께 감사한 마음을 담아 바치는 카네이션은 봄을 대표하는 꽃이다. 원예 품종이된 처음에는 꽃꽂이용으로 출하 되었으나 최근에는 화분에 심기에 인기를 끌고 있다.

실패하지 않는 관리요령

4월경에 포트묘를 구입한다. 포기가 커서 사이로 뻗지 않은 것, 꽃봉오리가 많이 피어 있는 것을 고른다. 꽃이 피어 있는 포트를 구입하면 양지에 두고 관리한다. 물을 줄 때에는 꽃에 물이 닿지 않도록 준다.

또 개화 중에는 비료를 주지 않는다. 다 핀 꽃껍질은 꽃대마다 아래의 잎이 붙어 있는 곳으로부터 잘라준다. 초봄에 포트묘를 구입한 때는 유기질을 포함한 배수가 잘되는 용토에 석회를 소량 섞어서 얕게 심는다. 추비는 액비 등을 가끔 준다.

꽃이 끝나면

오래된 잎 등을 정리하고 서늘한 장소에 두고 관리한다. 포기가 커져 화분 가득하게 된 경우에는 9월에 전체를 잘라서 새 용토로 분갈이를 해 준다. 이때 원비로는 유기 배합 비료를 준다.

*이것이 포인트
1. 물을줄 때는는 꽃에 닿지 않도록 주의 한다.
2. 추비로는 액비 등을 가끔 준다.

카네이션 꽃 종류

이소펜드니스

다화성 카텐카비

소네트

카소 스카렛

브리티 딸기

쿨핑초

로망

카네이션

*기르기와 관리

1. 노지에 심는 경우에는 카네이션은 산성을 싫어하기 때문에 이식하기 전에 고토석회를 주고 땅을 갈아준다. 화분에 심는 경우에는 시판중인 배양토를 사용한다.

2. 고온다습에 약하므로 이식 후에는 비를 직접 맞지 않도록 하고 물도 포기에 직접 뿌리지 말고 포기 밑동에 살짝 준다. 잎과 색이 좋지 않을 때는 액비를 주도록 한다.

3. 3월 초순에 나온 새 싹은 2~3마디를 남기고 따주면 가지가 늘어서 포기가 커지고 꽃수도 많아진다. 비교적 병충해가 발생하기 쉬우므로 주의해 방제해야 한다.

4. 다 핀 꽃은 일찍 따준다〈사진1〉 꽃을 방치해 두면 병의 원인이 된다. 꽃이 모두 끝나면 화초 키의 절반 정도를 잘라서 되 심는다〈사진2〉

화분에 심는 경우는 잘라서 되심기를 하면 원 화분을 깨뜨리지 않도록 하고 한층 더 큰 분으로 바꾸어 심는다.

*증식법~삽목으로 증식한다. 곁의 싹을 7~8cm자르고 1시간 정도 물올리기 위해 50cm정도로 자른다. 이것을 이식 꽃이로 한다〈사진3〉

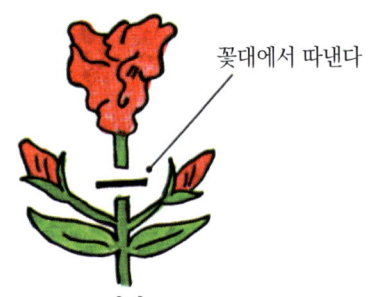

사진1

사진2

사진3

햇빛을 받고 빛나는 대형의 국화 모양의 꽃
디모르포데카

학명 : *Dimorpotheca sinuata DC*
원산지 : 남아프리카
과명 : 국화과 1년초 또는 다년초, 반 내한성
이식 : 4월 초순, 분갈이

과거에 디몰포테카로 부르던 다채로운 꽃색을 가진 다년초 종류는 현제 오스테오프펠맘속으로 분류되고, 황색 오렌지의 광택이 있는 꽃을 피우는 1년초 타입의 디몰포테카와 나누어지고 있다.

그러나 일반적으로는 이 양자를 구별하지 않고 어느쪽도 디모르포테카의 이름으로 유통되고 있다. 4~5월에 걸쳐서 잇달아 꽃이 핀다.

이른 봄부터 출하된다. 뿌리 밑동이 튼튼해 흔들리지 않고 잎, 색도 짙어서 꽃봉오리가 많은 것을 골라야 한다. 화분에 심어진채로 구입해 기르는 것도 바람직 하다.

*기르는 법
1. 노지에 심는경우는 흙의 산성을 싫어하기 때문에 이식 전에 고토석회를 주고땅을 갈아둔다
2. 심는 간격은 20~30cm간격으로 심는다.
3. 생육 중에는 1회, 개화 중에는 월 1회 웃거름으로 액비를 준다.
4. 가을에 파종으로 증식한다.

디모르포테카는 배수가 잘드는 토양과 양지를 좋아한다. 햇빛이 닿지 않으면 꽃이 피지 않는다. 또한 화분 흙의 과습을 싫어 하므로 건조하게 관리한다.

다년초 타입은 장마가 개인 후에는 석양을 피해 여름 나기를 시킨다. 반 내한성이므로 겨울에는 얼지 않도록 방한 하지만, 따뜻한 곳에서는 월동이 가능하다

봄부터 여름까지 풍성하게 피어 주는 꽃.

크리샨세맘

종류~국화과 1년초
종묘 구입 3~5월
화초 키~10~20cm
이식 11~2월
꽃 피는 시기~3~6월
꽃색~백색, 황색
관상~화분심기, 화단, 모아심기
증식법~파종/9~10월

*파종과 이식의 적기는 가을로, 월동 후 봄이 되고나서 꽃이 핀다. 봄에 꽃봉오리가 달린 종묘를 구입하면, 이식 후 즉시 꽃을 즐길 수가 있다. 그리고 여름이 가면 꽃도 시든다.

〈황금의 꽃〉이란 의미를 가진 크리샨세맘은, 태양 아래서 손바닥을 활짝 편 것 같이 꽃이피어 황금의 꽃술을 드러 내 보이는 귀여운 꽃이다. 흰색의 노스플과 노란색의 물티코레가 유명해서 구입하면 좋다.

작은 하얀꽃이 최고인 크리샨세맘, 노스플〈다르게는 팔드삼〉이라고 한다.

기르는 법

씨앗은 발아가 잘 안되므로 초보자는 봄에 포트묘를 구입해 이식하면 바람직하다. 이식 화분은 4호 화분 이상, 노지에 심는 경우라면 포기와 포기 사이를 15~20cm 간격으로 벌린다. 배수가 나쁘면 뿌리가 부패하기 쉬우므로 배양토에 부엽토를 섞어서 배수가 잘 되도록 한다.

밑거름에 완효성 비료를 소량 흙에 섞는다. 이식 후의 햇빛이 잘 되는 곳에서 기르며, 표면이 마르면 물을 듬뿍 준다. 겨울에는 액비를 10일에 한번씩 준다. 봄에 꽃이 피면 꽃껍질을 따준다. 개화 중에도 액비를 준다. 날씨가 따뜻해 지면 병해충이 발생하기 쉬우므로, 만일 병해충이 발생하면 올트란입제를 뿌려서 방제를 한다.

짙은 황색의 크리샴세맘, 물티코래, 추위에 약하므로 겨울에는 방한 한다.

크리샨세맘 꽃관리

크리샨세맘은 꽃대를 부지런히 따주면 꽃수도 불어나고 꽃을 오래도록 관상하며 즐길 수 있다.

물티카우레다　　　　　화륜 국화

크라라나티스, 용기에 모아심기를 해 즐길 수 있다.

사진1 꽃대를 자른다

사진2 1/3정도 자른다

사진3 씨앗으로 파종한다

화단에 기르면서 꽃의 화려함을 즐길 수 있다.

포피

학명 : *papaver rhoeas L.*
원산지 : 유럽
별명 : 꽃 양귀비, 개양귀비
종류 : 양귀비과 1년초
화초 키 : 4~6월
개화기 : 4~6월
종묘의 구입시기 10~4월
꽃색 : 적색, 핑크, 백색, 황색, 오렌지
관상 : 화단, 꽃꽂이.
이식 : 10~3월

가을에 파종을 하면 월동 후 다음 해 봄에 꽃이 개화하고 여름에 시든다. 떨어진 씨앗에서도 자연 발아하기도 한다. 가을에 종묘를 구입한 경우에는 이식에 약하므로 종묘가 작을 때에 이식한다.

흔들 흔들거리는 긴 줄기 끝에 부드러운 꽃을 피우는 포피는 꽃 양귀비라고도 한다. 적, 황, 백, 오렌지색 등 색색이 무리지어 피고, 바람에 흔들거리는 모습은 마치 낙원과도 같다. 품종은 개양귀비 1년초, 아이슬란드 포피 1년초, 오리엔탈 포피 다년초 등이 인기가 있는 품종이다.

1. 화단에 군식〈한 무리씩 심는다〉하면 꽃이 훌륭하게 피며 관상할 수 있다.

2. 포피의 꽃봉오리는 매우 재미 있다. 봉오리 가운데서 꽃이 터져나와 아름답게 화단을 장식한다.

3. 캘리포니아 포피라고 일컬어지는 것은 화룡초花龍草의 동류이다.

포피 꽃 기르기

포피는 씨앗으로도 간단하게 기를 수 있다. 햇빛과 배수가 잘 되는 곳에서는 잘 자란다. 작은 씨앗은 발아가 잘되고 화단에는 직접 씨를 뿌려도 된다. 직근성이어서 뿌리가 곧게 뻗으므로 흙을 잘 갈고 부엽토 등을 섞어서 배수가 잘되게 해야 된다.

다소 건조한 흙을 좋아하고 물주기는 파종 전후면 된다. 잎이 4~5잎이 되면 작은 종묘를 없에고 종묘와 종묘의 사이를 10~20cm로 한다. 추위에 강하므로 방한은 필요 없다. 이식 할 때는 완효성 비료를 소량주고 흙의 표면이 마르면 화분일 경우는 물을 듬뿍 준다.

포피 꽃 관리

1. 포피의 씨앗은 발아하기 쉬우므로 화단에 직접 뿌려도 바람직스럽다. 뿌리가 직근성이기 때문에 노지에 심는 경우라면 흙을 잘 갈아서 부엽토를 섞어서 배수가 잘되게 한다. 화분에 심는 경우라면 깊은 화분을 이용 한다.
2. 밑거름으로 완효성 비료〈마그팬K〉를 충분히 주고 이식을 한다. 물은 노지의 경우에는 파종 직후에만 듬뿍 준다. 포기 사이는 10~20cm 떼어서 이식한다. 종묘의 경우는 작은 종묘를 선별해 구입하고 배수가 잘되는 흙에 밑거름〈마그패k〉을 주고 깊은 화분에 심는다.
3. 이와 같이 햇빛과 통풍이 잘 되는 장소에서 기른다. 추위에는 강하므로 겨울에 방한은 필요치 않다.
4. 다 핀 꽃은 꽃 껍질을 따준다. 생육이 왕성한 포피에는 웃거름을 줄 필요는 없다.

꽃을 4계절, 관상할 수 있다
패랭이 꽃

학명 : *Dianthus chinensis L.*
과명 ; 패랭이꽃과 1년초 또는 다년초
화초 키 : 10~20cm
개화기 : 3~7월 9~11월
종묘 구입시기 : 대체로 1년 내내
이식 : 4~5월, 9~10월
꽃색 : 적색, 핑크색, 백색. 다채롭다
관상 및 심기 : 화분과 화단 심기, 모아심기
증식법 ; 삽목, 3~5월, 9~10월
파종 : 3~5월 9~10월

종묘는 대체로 1년 내내 출하되고 있으므로 언제든지 옮겨 심을 수 있으나 봄과 가을이 적기이다. 여름의 더위에 약하므로 꽃이 끝난 후에는 솎아 준다. 한 여름과 겨울 이외에는 꽃을 오래 즐길 수 있다. 파종과 삽목 그리고 모두 봄 가을이 최적기이다. 가을의 7가지 꽃의 하나로서도 유명한 패랭이 꽃은 1년성인 것과 다년성인 것으로 품종도 풍부하고 꽃색도 다채롭다. 카네이션도 패랭이꽃과의 동류이다. 튼튼하고 기르기 쉬워 화분이나 화단에 심어서 관상할 수 있는 누구나 기르기 쉬운 꽃이다.

패랭이 꽃 기르기

패랭이 꽃은 대단이 튼튼해 기르기 웝다. 단 고온다습은 피한다. 4계절 피는 다년초의 품종을 고르면 매년 한 여름 외에는 1년 내내 꽃을 즐길 수가 있다.
흙의 배수와 햇빛과 통풍이 좋으면 기르기에 알맞다. 화분이면 물주기는 지나치지 않도록 하며, 약간 건조하게, 노지라면 이식 할 때 외는 줄 필요가 없다.

흙의 산성에 약하므로 옮겨 심기 전에 고토석회를 뿌려둔다. 꽃색이 다른 품종을 섞어 심어보면 좋다. 꽃은 계속 피므로 꽃 껍질은 부지런히 따 주어야 한다. 그리고 개화 기간이 길기 때문에 액비는 10일에 1회 정도 준다.
더위에 약간 약하므로 여름에 줄기를 반절정도 잘라서 포기를 편케 해주면 가을에 또다시 적기이다. 잘라낸 가지를 삽목으로 간단이 증식 시킬 수 있고, 그 시기는 봄과 가을이 적기이다.

적색, 핑크색, 백색 등 꽃 색이 매우 다채롭다.

신기 하게도 두 가지 색을 가진 품종도 있다.

꽃 껍질을 따주면 꽃을 오래 관상할 수 있다.

패랭이 꽃 관리

1. 노지에 심는 경우는 흙의 산성을 싫어하기 때문에 이식하기 전에 고토 석회를 주고 땅을 잘 갈아 놓는다. 화분에 심는 경우에는 시판중인 배양 토를 사용 하여야 한다.
2. 배수가 잘되는 흙에 밑거름으로 완효성 비료〈마그팬k〉를 넣고 이식한다. 그리고 통풍이 잘되는 장소에 두고 기른다. 흙이 마른 듯 하면 물을 듬뿍준다.
3. 꽃이 피는 기간이 매우 길기 때문에 웃거름으로 액비를 10일에 한번 준다. 추위에는 비교적 강하지만, 장마철의 고온다습에는 약하므로 꽃이 뭉크러지 않도록 꽃 껍질을 따 주어야 한다.〈사진1〉
4. 꽃이 모두 진 여름에 화초 키의 반절 정도를 잘라서 되 심으면 가을에 다시 꽃을 즐길 수 있다〈사진2〉.

패랭이 꽃   텔스타   후지패랭이 꽃

사계절꽃 기르기 | 39

황색, 오렌지색의 꽃이 아름답다.
금잔화〈칼렌둘라〉

학명 : *Calendula officinalis* L.
과명 : 국화과 1년초.
개화기 : 12~5월 화초키 ~30~50cm
종묘의 구입시기 : 11~4월
이식 : 12~3월
꽃색 : 황색, 오렌지색.
관상, 심기 : 화분과 화단, 모아심기
증식법 : 씨앗으로 파종, 9~10월

가을에 씨앗을 뿌리면 그대로 월동 했다가 다음해 이른 봄부터 꽃을 피운다. 꽃봉오리가 달린 종묘를 구입하면 이른 봄부터 초여름까지 꽃을 즐길 수 있다. 6월에 씨앗이 생기고 시든다.

황색과 오렌지색의 꽃이피는 금잔화는 포트마리골드라는 이름으로 허브로도 알려져 있다. 하나하나의 꽃이 보기좋아서 화단에 심으면 보기에 좋다. 품종은 많이 있으나 키가 작은 왜성종으로 꽃수가 많은 다화성의 품종이 좋다.

금잔화 꽃 기르기

봄에 꽃봉오리가 있는 종묘를 구입해 심던가 가을에 씨앗을 파종한다. 종묘를 구입키 어려우면 씨앗으로 기르기 한다. 화단에 씨앗을 직접 뿌려서 키우며 겨울을 지나 봄에 이식을 하면 좋다.

금잔화는 산성을 싫어하기 때문에 이식전 고토석회를 뿌리고 산성을 중화해 둔다. 그리고 완효성 비료를 밑거름으로 준다. 햇빛과 배수가 잘되면 잘자라고 화분에 심는 경우라면 흙의 표면이 마르면 물을 듬뿜 주어야 한다. 노지에 심으면 파종이나 이식 전후 이외에는 물을 줄 필요가 없고 자연에 맡기면 된다.

추운 곳에서는 겨울의 노지에 심을 때는 서리막이를 해주고 화분에 심는 경우는 실내로 들여놔 동해를 입지 않도록 해야 한다. 초봄에 진디가 생기는 일이 있으므로 올트란 입제를 포기 밑동에 뿌려서 예방을 해준다.

하나의 꽃이 시들면 마디를 남기고 자르면 곁에서 다시 새 눈이 나와서 꽃이 핀다. 이렇게 하면 초 여름까지 꽃을 오래 즐길 수 있다.

금잔화꽃 관리

1. 노지에 심는 경우는 금잔화는 산성의 흙을 싫어 하므로 이식하기 전 고토 석회를 주고 땅을 잘 갈아준다. 화분에 심는 경우는 시판중인 배양토를 사용 한다.
2. 플렌트라면 4~8, 노지에 심는 경우면 20cm간격으로 옮겨 심는다. 그 후 햇빛과 배수가 잘되는 장소에서 기른다.
3. 화분에 심는 경우라면 흙의 표면이 마르면 물을 주고, 노지에 심는 경우는 심을 때 주는 것으로 충분하고 그 다음부터는 자연적인 비에 맡기면 된다. 웃거름은 개화중에 액비를 주면 된다.
4. 꽃이 끝나고 꽃대가 시들면 꽃껍질을 따준다. 그러면 꽃이 계속 피워서 기르기 한 사람에게 즐거움을 준다.

*파종은 씨앗으로 한다.

꽃이 큰 대륜계의 품종은 꽃이 볼만하다.

화단에 심을 때는 포기 사이의 간격을 20~30cm로 떼어 준다.

꽃이 지면 마디 부분을 잘라준다.

겨울에 피는 품종 : 겨울은 실내에 들어 놓아야 한다

잘라준다

꽃꽂이를 해도 화려한 꽃
거베라

학명 : *Gerbera hybrida Hort*
원산지 : 트란스 지방 원예종은 원예 교배종
과명 : 국화과, 다년초
화초키 : 30~80cm 개화기 : 4~10월
종묘 구입시기 : 대체로 1년 내내
이식 : 3~5월, 9~10월
꽃색 : 적색, 핑크, 황색, 오렌지, 백색
관상, 심기 : 화단, 꽃꽂이, 화분.
증식법 : 포기 나누기, 3월, 파종~5월
꽃말 : 신비, 풀리지 않는 수수께끼
심기 : 밭흙, 부엽토, 모래를 4:4:2비율 혼합

종묘는 한 겨울 외에는 구할 수 있다. 봄과 가을이 이식의 적기이다. 추위에 약하므로 겨울은 월동이 필요하다. 다년초이므로 2년의 3월에 1회 분갈이를 해 주어야 한다. 분갈이 할 때에는 포기 나누기로 한다. 파종은 5월, 3개월 후 꽃이 핀다.

민들레와 같은 귀여운 꽃이 피는 거베라는 꽃꽂이로 인기가 있다. 화단과 화분에서 길러도 좋다. 다년초로 화기가 길기 때문에 매년 장기간 꽃을 즐길 수 있다. 꽃색이 파스텔칼라인 것 같이 풍부하다.

거베라 기르는 법

거베라는 손질만 잘해 주면 화분 기르기로도 몇 년이라도 즐길 수 있다. 그리고 포기 나누기로 간단하게 늘릴 수 있다. 꽃봉오리가 달린 것을 화분에 심어 햇빛이 잘 드는 곳에서 기르며, 포기가 커지면 봄에 포기 나누기와 분갈이를 한다.

거베라는 산성을 싫어 하므로 분갈이시는 시판중인 용토를 사용하고, 노지에는 고토석회를 섞는다.

심을 때는 가급적 얕게 심고 배수가 잘되게 해준다. 생육 중에는 화분의 경우는 표면이 마른듯 하면 물을 듬뿍 준다. 시들은 아랫쪽 잎들은 서둘러 제거하고 포기 밑동에 햇빛이 잘 들도록 해 주어야 꽃 맺음이 좋다.

월 2~3회 액비를 주고 꽃이 진 후에는 줄기가 달린 뿌리에서 잘라준다. 포기 나누기로 간단하게 늘릴 수 있다.

민들레와 같은 귀여운 꽃을 오래 관상할 수 있다.

꽃꽂이를 할 때에는 꽃꽂이 연명제延命劑를 사용하면 꽃이 오래 즐길 수 있다.

잎이 너무 무성하면 솎아내 통풍이 잘되도록 한다

거베라 관리

1. 노지에 심는 경우는 15cm간격으로 심고 화분에 심는 경우는 배수가 잘되는 흙에 밑거름으로 완효성 비료〈마그팬k〉를 섞어서 얕게 심는다. 이때 종묘가 심어진 포트보다 큰 화분에 옮겨 심어야 한다.
2. 햇빛과 통풍이 잘 되는 곳에서 기르고 다소 건조 상태에서 기른다. 그리고 흙이 마른듯 하면 물을 준다. 개화 기간이 길기 때문에 월 2~3회 액비로 웃거름을 준다. 봄과 가을에 분갈이를 할 때에는 고형 비료를 주면 좋다.
3. 꽃이 끝난면 그 꽃의 줄기가 달린 뿌리에서 자르고 햇빛이 잘 들도록 한다. 그리고 잎이 너무 무성 할때에도 잎을 솎아내어 통풍이 잘되게 해주면 남은 꽃의 화색이 좋아진다.〈사진1〉

증식법

옮겨 심을 때에는 포기 나누기를 해서 증식을 한다. 무리하지 않게 손으로 2~3포기로 나눈다. 이 때 큰 잎을 제거하고 얕게 심는다.〈사진2〉

오렌지 거베라

핑크 거베라

백화종

꽃잎에 있는 훈장과 같은 무늬가 특이하다
가자니아

학명 : *Gazania longisccapa DC.*
원산지 : 남아프리카의 나탈
과명 : 국화과 다년초, 화초키 : 20~30cm
개화기 : 4~10월
종묘구입 시기 : 2~5월, 10월~11월
이식 : 4~5월
꽃색 : 적색, 핑크, 황색, 오렌지, 백색.
관상과 심기 : 화분과 화단, 모아심기
증식법 : 삽목, 9~11월, 파종 3~5월

이식은 봄에, 여름 나기와 겨울 나기가 잘되면, 다년초로서 매년 봄부터 가을까지 꽃을 즐길 수 있다. 화분갈이를 할 때에는 포기 나무기를 하던가 가을에 삽목을 해 늘릴 수 있다. 파종은 봄과 가을에 한다.

선명한꽃 색의 가자니아는 꽃 잎의 가장 자리에 훈장과 같은 무늬가 있는 것도 있다. 일명 훈장 국화라고도 부른다. 화분과 화단심기 그리고 모아심기, 컨터이너와 정원에서도 기르기 한다. 꽃은 개인날의 한낮에만 피지, 그렇지 않을 때는 피지 않는다.

가자니아는 튼튼한 다년초이지만, 추위와 더위에 약하므로 여름은 서늘한 반그늘에, 겨울에는 밝은 실내로 옮긴다. 이 때문에 노지에 심으면 여름 나기가 어렵기 때문에 화분에 심어 기르는 것이 바람직 하다. 햇빛과 배수 통풍이 잘되게 하고 조금 건조한 상태로 기른다. 화분은 물이 마른듯 하면 물을 듬뿍 준다. 노지는 이식 때 주고 다음은 자연에 맡겨도 된다.

개화 기간이 길기 때문에 월 1~2회 액비를 주고 꽃 껍질이나 시든 잎은 서둘러 정리한다. 삽목과 포기 나누기로 늘린다. 1~2년 기른 포기는 봄에 분갈이를 한다. 분갈이를 할 때에는 포기 나누기나 삽목으로 해서 월동을 시키고 포기를 갱신해 주면 된다.

행잉 바스켓에 모아심기로 장식이 된다

꽃은 개인날의 아침에 피엇다가 저녁에는 다물어 버린다. 흐른날에는 피지 않는다.

꽃이 시들면 줄기가 달린 뿌리에서부터 자른다.

가자니아 관리

1. 완효성〈마그팬k〉를 밑거름으로 배수가 잘되는 흙에 이식한다.

2. 이식한 후에는 햇빛과 통풍이 잘되는 장소에서 기른다. 노지에 심는 경우면 심을 때 듬뿍 주고나면 물주기는 필요없고 자연에 맡긴다. 화분의 경우는 표면의 흙이 마른듯 하면 물을 준다. 개화 기간이 길기 때문에 웃거름으로 월 2~3회 액비를 준다.〈사진1〉

3. 추위에는 약하지만, 겨울에 서리를 맞지 않도록 해 주면, 1년 내내 옥외에서 관리하며 기르기 할 수 있다.

4. 1~2년 길러서 크게 자라면 봄에 갈아 심기를 한다.

증식법~가을에 삽목을 하고〈사진2〉, 겨울에는 실내에서 관리하고 포기를 갱신해 준다.

사진1

사진2

실버카펫

가자니아 병, 증상

연부병
*배수와 통풍을 좋게 한다.
증상 : 부정형의 병반이 발생하고 썩는다.
대책 : 과습이 되지 않도록 한다.
발생하기 쉬운 부위 : 잎, 새싹
원인 : 곰팡이 사용 약제 : 오소사이드 수화제, 다코닐 1000, 원예볼드 등

얇은 껍질 물매미
*화분을 직접 지면에 놓지 말 것.
피해 : 야간에 먹을 접착액의 흔적을 남긴다.
대책 ; 야간의 활동중에 잡아 없엔다. 화분 바닥 등의 숨기쉬운 장소를 없엔다.
발생하기 쉬운부위 : 꽃, 꽃봉오리, 새싹
사용 약제 : 그린베이트립제 등

풍뎅이 유충
*부엽토와 퇴비는 완숙된 것을 사용한다.
피해 : 흙속에서 뿌리를 먹는다.
대책 : 옮겨심기 전의 흙 만들기 할 때 발견해 없엔다.
발생하기 쉬운 부위 : 뿌리

잎 잠복 파리
*발견하면 조기에 대처한다.
피해 : 유충이 잎속을 식해, 피해를 입은 곳은 흰줄이 된다.
대책 : 발생하면 잎을 따고 약제는 조기에 살포한다.
발생하기 쉬운 부위 : 잎, 새싹
사용 약제 : 아팍유제 등

달콤한 향기 때문에 스위트 아릿삼이라 한다.
스위트 아릿삼

과명 : 유채과, 1년초 화초 키 : 10~30cm
개화기 : 3~6월, 10~1월
종묘구입 시기 : 10~4월
이식 : 10~3월
꽃색 : 백색, 핑크색, 보라색
심기 : 화분심기, 화단심기, 모아심기
증식법 : 파종 3~5월, 9~11월

이식은 봄과 가을에 한다. 가을에 종묘를 이식 하면, 봄부터 여름까지 꽃을 즐길 수 있다. 여름에 씨앗이 생기기 전에 솎아주면 가을까지 계속 꽃을 피게 할 수 있다. 파종은 봄과 가을에 한다.

아릿삼의 원산지는 지중해 연안으로 흙의 산성을 싫어하고 햇빛과 배수가 잘 되면 잘 자란다. 화단과 화분 심기는 배수가 잘되면 잘 자란다. 단 화단은 심기전 고토석회를 흙에 섞어준다.

아릿삼은 뿌리가 곧게 뻗는 직근성이므로 이식 할때에는 뿌리와 뿌리 둘레의 흙이 흩으러지지 않도록 해야한다. 햇빛이 잘 들고 배수가 잘되면 잘 자란다. 비료는 액비를 월 1회를 준다.

꽃에서 달콤한 향기가 나므로 스위트아릿삼이라 부른다. 작은 꽃이 모여 마치 공모양으로 핀다. 아릿삼은 화분과 플렌터, 화단의 가장 자리 등에 심어서 관상할 수 있다. 화기가 길기 때문에 모아심기가 인기가 있다.

꽃은 밀집해서 피기 때문에 한개의 꽃봉오리가 다 피고 나면 줄기 마디를 잘라 준다. 봄부터 여름에 걸쳐서 진디가 발생하기 쉽기 때문에 서둘러 올트란입제를 뿌려서 예방한다.

고온다습에 약하기 때문에 화단에서는 여름나기가 곤란 하지만, 화분 심기는 서늘한 반 그늘에서 기른다. 여름에 줄기를 반절 정도 되 자르면 가을에 다시 풍성한 꽃을 관상할 수 있다.

펜지 등의 화려한 꽃을 모아심기를 하면,
주역인 펜지가 돋보이게 된다.

핑크나 보라색의 꽃색의 품종을 같이
심어도 볼만하다.

큰 용기에 3~4포기씩 나누어 심어도
청초한 아름다움을 볼 수 있다.

우아한 꽃은 꽃꽂이로도 즐길 수 있다
아네모네

학명 : *Anemone coronaria L.*
과명 : 미나리아제비과 가을에 심는 구근
원산지 : 지중해 연안. 화초키 : 20~50cm
구근의 구입 시기 : 9~10월
이식 : 10~11월
관상, 심기 : 화분과 화단심기, 모아심기
꽃색 : 적색, 핑크색, 백색, 청색

가을에 구근을 이식하고 월동을 하고 다음 해 봄 꽃이 핀다. 꽃이 져도 그대로 두었다가 6월에 구근을 파내어 건조 보관해 두면, 가을에 다시 심을 수 있다.

"아네모네"란 희랍어로 〈바람〉이란 뜻이다. 화분이나 화단에서 기르기 한다. 하나의 구근에서 1~2개 밖에 피지 않기 때문에 모아서 심는 것이 좋다. 구근이 상하지 않도록 주의한다.

아네모네 기르기

가을에 구근을 구입해 구근의 뾰족한 곳을 아래로 향하게 해 심는다. 시판중인 구근은 건조 수축되어 있으므로 딱딱해 구근의 위 아래를 구별키 어려우면 가로로 눕혀서 심는다. 그리고 햇빛과 배수가 잘되는 곳에서 기른다.

화분 심기는 5호 화분에 3~4구를 얕게 심는다. 흙의 산성을 싫어 하므로 노지에 심으려면 심기전 고토석회를 섞어 흙을 중화 시켜야 한다. 포기와 포기 사이는 10~15cm 떼고 위에 흙을 2~3cm덮는다.

물주기는 노지에 심을 경우 심을 때만 주고, 화분에 심는 경우는 흙 표면이 마르면 물을 듬뿍 준다. 밑거름으로는 완효성 비료를 소량주고, 심는 후에는 월 1~2회 액비를 준다.

꽃이 시들면 줄기채 잘라준다. 그리고 6월에 잎이 누렇게 마르면 구근을 파내어 건조 보관 한다.

발아하는 아네모네, 구근의 위, 아래를 구분하지 못할 때는 흙에 묻어서 구별한다

아네모네의 구근을 건조시켜 말린상태로 시중에서 팔리고 있다. 뾰쪽한 곳이 아래다

꽃이 시들면, 서둘러 줄기 채 잘라낸다. 씨앗이 달리지 않게 하기위해 꽃따기를 한다.

아네모네 관리

1. 이식 전 구근은 말라 있으므로 물에 담궈 싹을 틔우고 나서 이식 한다. 이 작업을 〈싹내기〉라고 한다. 싹내기는 9~10월 경에 한다.〈사진1〉

2. 노지에 심는 경우는 흙의 산성을 싫어하기 대문에 심기전 고토석회를 흙에 뿌리고 갈아준다. 화분에 심는 경우는 시판중인 배양토를 사용한다. 밑거름으로 완효성 비료 〈마그팬k〉를 준다. 화분에 심는 경우는 5호분, 〈직경150cm〉으로 깊이 1~2cm정도로 얕게 노지에 심는 경우는 3~4cm간격으로 2`3구근을 심는다.,사진2〉플랜트의 경우는 10cm간격으로 심는다〈사진3〉

3. 햇빛이 잘 드는 장소에서 기른다. 노지에 심는 경우라면 물주기는 필요 없다. 화분에 심는 경우는 흙이 마르면 물을 듬뿍 준다. 그리고 월 1~2회 액비로 물을 듬뿍 준다. 물 줄 때 잎이 상하면 꽃이 잘 피지 않으니 주의 한다.

증식법

꽃이 끝난 후 줄기를 잘라준다. 고온다습에는 자칫 구근이 썩기 쉬우므로 6월에 잎들이 누렇게 되면 구근을 파낸다. 파낸 구근을 말려 건조 시킨다. 10~11월경에 분구해 이식한다.〈사진4〉

범종의 모양과 같은 아름다운 꽃
캄파눌라〈프라길리스〉

학명 : *Campanula madum L.*
원산지 : 북부 온대, 지중해 연안
종류 : 초롱꽃과 1~2년초 〈벨 플라워다년초〉
화초 키 : 40~100cm 개화기 : 4~6월
종묘 구입시기 : 3~6월 10~11월
이식 : 3~6월, 10~11월
꽃색 : 청색 보라색 핑크색 백색
관상 심기 : 화분과 화단 심기, 꽃꽂이
증식법 : 파종 4~5월〈캄파눌라, 미디엄〉
　　　　포기 나누기 9~10월〈벨 플라워〉

2년초 또는 다년초 캄파눌라 미디엄은 봄에 꽃봉오리가 달린 종묘를 심는다. 가을에 포트묘를 심어 월동을 시키면 봄에 꽃이 피고 여름에 시든다. 파종은 봄에 한다.

다년초인 벨 플라워는 봄에 꽃봉리가 있는 종묘를 이식하고 여름을 나면, 가을에 삽목이나 포기 나누기로 증식, 매년 봄에 꽃이 핀다.

범종과 같은 캄파눌라는 종류가 많고 대표적인 것은 2년초인 캄파눌라 미디엄과 다년초인 벨 플라워이다. 두 종류 모두 봄에 꽃이 핀다. 화분과 화단 심기로 기르며, 기르는 방법은 각기 다르므로 주의 할 일이다.

캄파눌라 미디엄은 씨앗으로 심으면 꽃이 이듬 해 피므로, 봄에 꽃봉오리가 있는 묘를 구입해 심으면 여름까지 꽃을 즐길 수 있다. 벨 플라워는 봄에 화분 심기나 꽃봉오리가 있는 종묘를 이식하고 개화 기간에는 꽃겁질을 따주고 반 그늘에서 기른다.

씨앗이 생기지 않으므로 삽목이나 포기 나누기로 증식 시킨다. 화분에 심을 때에는 삽목이나 포기 나누기로 갱신을 한다. 캄파눌라 벨 플라워는 햇빛 배수가 잘되야 잘 자란다. 이식 전에는 고토석회를 뿌려 땅의 산성을 중화해야 한다.

이식 후는 흙이 마른듯 하면 물을 듬뿍준다. 추위에는 강하므로 월동은 따로 필요치 않다.

범종을 닮은 캄파눌라

다년초인 벨 플라워이다. 꽃이 진 후에는 꽃 껍질을 따 주고 반 그늘에서 여름을 난다.

캄파눌라 관리

캄파눌라 관리

1. 노지에 심는 경우는 흙이 산성을 싫어하기 때문에, 이식하기 전에 고토석회를 뿌리고 땅을 간다. 화분에 심는 경우는 시판중인 배양토를 사용해야 한다.

2. 노지에 심는 경우는 20cm간격으로 옮겨 심고, 화분에 심는 경우는 6~7호 이상의 큰 화분을 사용 하여야 한다.

3. 캄파눌라 미디엄은 키가 자라면 지주를 세워 받쳐준다.〈사진1〉

4. 흙의 표면이 마르면 물을 듬뿍 주고 1주일에 액비를 1회 준다.

5. 꽃이 지고나면 잘라서 되심는다〈사진2〉

증식법

캄파눌라는 씨앗이 생기지 않으므로 삽목과 포기 나누기로 한다. 추위에는 비교적 강하다. 고온다습에는 약하므로 여름에는 가능한 통풍이 잘되는 옥외의 반 그늘에서 기르기 한다.

2년초인 캄파눌라 미디엄은 키가 1m이상 자란다. 지주를 세워서 받쳐주면 좋다. 화단과 꽃꽂이 용.

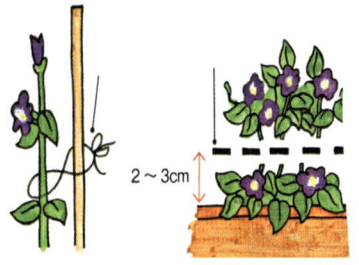

〈8〉자로 묶는다. 2~3cm잘라준다. 꽃이 지고 나면 잘라서 되심는다..

컵&소서   준벨    캄파눌라 미디엄

줄기 끝에 작은 꽃이 송이 모양으로 피는

무스카리

학명 : *Muscari ameniacum*
가을에 심는 백합과의 구근식물
정원, 화분과 수경 재배로 즐길 수 있고, 모아심기에도 인기가 있다.
분포지역 : 지중해 지방, 서남 아시아
백합과 무스카리속 종류 구근
구근 : 4~10cm 꽃대 : 10~30cm
기후 : 양지 심기 : 6~10월 개화 ; 3~4월
재배 포인트 : 수년에 한번 파낸다.

줄기 끝에 많이 꽃이 피는 무스카리는 마치 포도송이와 같다. 가을에 구근을 심으면 다음 해 봄부터 꽃을 즐길 수 있다. 화분과 화단에 심으면 볼품이 있다. 한번 심어 놓으면 거의 손 볼일이 없다. 표면이 마른듯 하면 물을 듬뿍 준다. 심은채로 그대로 두어도 봄에 꽃이 피지만, 잎이 자라서 보기 싫게 되므로 꽃이 진 후에는 꽃 껍질을 따주고 액비를 준다. 그리고 구근을 파내어 건조 보관하면 된다.

관리

1. 10~11월에 구근을 이식하면 다음 해 봄부터 매년 꽃을 즐길 수 있다. 모아서 이식하면 꽃이 피었을 때 대단히 아름답기 때문에, 빽빽하게 심으면 좋다.
2. 화분에 심는 경우는 5호분에 5~7구를 심는다.
3. 잎이 말라도 꽃대는 살아 있으므로 꽃대의 밑에서 꽃 껍질을 따준다.〈사진1〉

사진1 잘라준다

한 포기에서 작은 꽃이 후드러지게 핀다
안개꽃

학명 : Gypsophila elegans Bicb
원산지 : 우크라이나, 코카서스, 이란 북부
과명 : 패랭이과 1년초 또는 다년초
키 : 30~120cm, 개화기 : 4~7월
이식 : 3~4월 10~11월 꽃색 : 백색, 핑크색
관상 심기 : 화분과 화단 꽃꽂이 모아심기
증식법 : 파종 9~10월

1년초는 가을에 씨앗을 뿌리면 다음 해 봄 꽃이 피고 여름에 시든다. 숙근초는 내한성이기 때문에 심어 놓은채 그대로 두어도 초여름에 꽃이 핀다. 숙근초의 종묘 심기는 봄이나 가을에, 봄에 심는 것은 바로 꽃이 피고, 가을에 심는 것은 다음 해 봄부터 가을까지 관상 할 수 있다.

꽃꽂이의 재료로서 인기가 있는 안개꽃은 화단에 심으면 작은 꽃이 많이 피어 주위의 꽃들을 돋보이게 한다. 1년초와 숙근초의 품종이 있는데, 안개꽃인 경우는 1년초 품종을 말하고, 숙근초 품종은 숙근 안개꽃이라고 한다.

화단에 다른 꽃과 심어도 훌륭하다.

노지에 심는 경우는 포기가 크므로 포기와 포기 사이를 30~40cm 떼어 놓는다.

겨울의 숙근초이다. 낡은 가지 밑에 녹색의 새싹이 나오고 있다. 봄이오면 다시 줄기나 잎이 자라서 초여름에 꽃이 핀다.

물망초 나를 잊지말고 기억해 주세요

학명 : *Myosotis olpestris F. W. schmidt*
유럽 아시아 과명~지치과 다년초
화초키 : 10~30cm 이식~3~4월
종묘구입 시기 : 2~4월
관상 심기 : 화분과 화단심기 꽃꽂이
꽃색 : 청색, 보라색, 백색
증식법 : 파종 9~10월

*파란색과 보라색의 작은 꽃이 많이 피는 물망초는 대단히 튼튼해 한번 심으면 이름 그대로 매년 봄에 핀다. 파종은 가을이 적기이지만, 봄에 꽃봉오리가 있는 것이 좋다. 햇빛과 배수 물기가 있으면 되고, 비료는 소량으로 주면 된다. 꽃이 지면 꽃 껍질을 따 준다.〈사진1〉

관리와 기르기

1. 뿌리가 민감 하므로 작은 종묘일 때에 밑거름으로 완효성 비료〈마그팬k〉를 주고 이식을 한다.

2. 이식 후 월 2~3회 웃거름으로 액비를 주지만, 너무 많이 주면 꽃 맺음이 좋지않다.

3. 물은 너무 많이 주지 않고 건조하면 적당히 주어야 한다.

물망초는 추위에 보편적 강하고, 더위에는 약하므로 여름은 반 그늘로 옮겨서 관리한다.
꽃 껍질을 부지런히 따주면 오랫동안 꽃을 즐길 수 있다〈사진1〉

중국이 원산인 패랭이 꽃계의 원예품종
다이안시스

학명 : *Dianthus chinensis L.*
과명 : 패랭이꽃과 가을 파종 1~2년초
꽃키 : 10~20cm 개화기 : 4~5월
파종 : 9월

중국이 원산지인 패랭이꽃계의 원예 품종이다. 이 외에도 2년초인 미국이 원산지인 미녀 패랭이 꽃〈수염패랭이 꽃〉과 일본이 원산인 바닷가 패랭이 꽃이 있다.

*재배요령

양지에서 기른다. 그리고 배수가 잘되고 약간의 사질토를 좋아한다. 고온다습에는 약하므로 건조한 상태로 기른다. 화분에 심을 때는 통풍이 잘되고 비를 맞지 않도록 관리한다.

"델스타, 파플피코니"

"비조니데시코, 〈왜성종〉

*관리

꽃이 끝난 후에 다시 잘라주면 꽃이 재차 피기 시작한다. 포기는 비교적 크게 자라기 때문에 밀식은 피해야 한다. 씨앗은 펜지와 같은 요령으로 뿌리면 된다.

비료는 원비를 주면 되지, 추비는 줄 필요가 없다. 특히 많은 비료를 주어서는 꽃 피는데 지장을 줄 뿐 아나라 꽃이 뭉크러질 수가 있다.

병해충은 입고병이 있다. 예방 약을 살포하는 외에 과습을 싫어하기 때문에 물주기는 삼가해야 한다.

스토크를 용기에 심은 것

풍만한 볼륨과 향기 그윽한 꽃

스토크

학명 : *Matthiola incana* ⟨L⟩R. Br
과명 : 유채과 가을 파종 1년초
개화기 : 2월 중순~4월 양지를 좋아한다
이식, 분갈이 : 9월 중순, 10월 극조생종

초봄에 포트 종묘가 출하되는 일이 있으나, 보통은 씨앗으로 기른다. 화분 재배에는 주로 왜성종인 "키스미" "피그미" 등을 심는다.

*형태상의 특징

남유럽이 원산인 1년초로 감미로운 향기가 특이하다. 가지가 나누어 지는 것과 나누어지지 않는 것이 있는 외에 화분 재배용의 왜성종이 있다. 스토크는 저온이 아니면 꽃이 피지 않기 때문에 지금까지는 봄에 피는 것만이 있었는데 현재는 저온에서도 개화하는 "피그미" "리틀잼" 품종이 있어 가을도 꽃을 즐길 수 있다.

*실패하지 않는 관리요령

보통은 8월 상순에 씨앗을 뿌린다. 씨앗을 뿌리면 홑꽃과 겹꽃이 반반으로 나온다. 겹꽃을 피게 하고 싶을 때에는 자엽의 모양이 타원형인 것을 남기고 솎아낸다. 10월 화분으로 옮긴다.

액스포네비블

액스포 핑크

스토크 기르는 법

1. 종묘가 민감해 상처받기 쉬우므로 종묘가 어릴적에 배수가 잘되는 흙에 심는다.
2. 햇빛이 잘 드는 장소에서 기르고 물은 표면이 마른듯 하면 듬뿍 준다.
3. 웃거름으로 월 1~2회 액비를 준다. 스토크는 곁눈이 잘 나오는 분지계의 1본립계가 있고 분제계는 꽃이 다 끝나면 중심의 줄기를 잘라주면 꽃이 계속핀다
4. 추위에는 강하고 서리도 여러번 맞치지 않으면 괜찮지만, 영하가 되지 않도록 한다.

증식법~가을 파종으로 증식한다

상들리에와 같은 꽃송이가 매력적
목립〈木立〉성 베고니아

학명 : *Begonia*
과명 : 추해당과
분류 : 상록 다년초, 비 내한성
개화기 : 4월 중순~10월 중순
이식, 분갈이 : 3월 중순~4월

*위로 뻗어 올라가는 줄기가 상들리에 같은 호화로운 꽃송이가 달린다. 품종에 따라서 잎의 색채나 모양도 변화에 다양하고 꽃이 피지않는 시기에도 관엽식물로 충분이 즐길 수 있다.

목립성 베고니아 행잉바스켓

계통, 품종의 여러가지

줄기가 단단하고 마디 부분이 시죽과 같이 되는 타입과 줄기가 부드러워 가지가 잘 나누어지는 슬라브 타입, 줄기가 굵은 다육질 타입, 가는 덩굴 상태인 덩굴성 타입으로 나뉜다.

4계절 따라 피는 것과 한철만 피는 것이 있다. 흔히 많이 재배되고 있는 품종은 "가리비", "미세스 하시모도", "오렌지루부라", "로라엔젤바트" 등이 있다.

사는 법, 고르는 법
꽃이 핀 포트를 구입할 때에는 아랫 잎이 떨어지지 않고 붙어 있고 줄기가 굵어 마디 사이가 가득 차 있는 포기를 고른다.

실패하지 않는 관리요령

옮겨심기~3월 하순~4월 상순 및 6월 중순~7월 중순 9월 중순~하순이 옮겨심기의 적기이다. 부식질이 풍부한 비옥한 배양토에 심는다. 키가 커지는 타입은 뿌리도 깊게 뻗으므로 안이 깊은 화분을 이용한다.

심는장소~늦서리의 염려가 없는 4월 하순부터 야외에서 관리 된다. 단 장마철에는 테라스나 처마 밑에 둔다. 7~8월은 한랭사 등으로 차광해줌과 동시에 통풍이 잘되게 해준다. 관리를 잘하면 9월 말까지 꽃이 핀다.

물주기~5~6월, 9~10월은 매일 1회, 7~8월은 조석으로 2회의 물을 준다. 공기가 건조하면 낙화의 원인이 되므로 화분의 주위에 분무기로 물을 살포한해 공중 습도를 유지토록 한다.

리치몬덴시스

화이트 상들리에

오렌지 루부라

비료~5월에 깻묵에 골분을 소량더해 고형비료로 만들어 화분 가장 자리에놓는다. 추비로 4~10월에 1회 속효성의 액비를준다.

병해충~흰가루병이나 회색 곰팡이 병에는 디코닐 살균제를 살포한다. 또한 날개 진드기가 발생하면 켈센유제 등의 살 진드기제로 구제한다.

꽃이 끝나면~온도가 5도 이상이면 월동할 수 있으나 10도 이하에는 개화하지 않는다. 15도 이하의 온도는 개화한다. 저온으로 월동 중에는 물주기는 주 1회 정도로 주는데 공중 습도가 부족하면 잎이 떨어지므로 분무기로 물을 뿌려준다.

1. 늦서리 염려가 없는 4월부터는 노지에서 관리한다.
2. 건조하면 낙화의 염려가 있으므로 분무기로 물을 뿌려 준다.

구근으로 손쉽게 기를 수 있는 꽃
크로커스

학명 : *Crocus vernus L.*
원산지 : 중부 유럽 원산종의 원예 품종
과명 : 붓꽃과 분류 : 가을 파종 구근
이식, 분갈이 : 9월 중순~10월
개화기 : 2월 중순~4월 손질 : 6월 파내기

*봄을 기다리기라도 한 듯이 맨 먼저 꽃이 피는 작은 구근의 대표적인 식물이다. 봄과 가을 그리고 겨울에 피는 종자 등이 있으나 일반적으로 유통되고 있는 것은 봄에 피는 종자이다.

크로커스 베르누스 행잉바스켓 옐로우

볼 모양으로 심은 크로커스

*사는 법, 고르는 법, 즐기는 법
구근을 잘 살펴보고, 견고하며 외피가 망가지지 않는 것을 고른다. 용기 재배나 네트 재배 등으로 관상한다. 그리고 잔디 밭에 섞어 심어도 잘 어울린다.

*실패하지 않는 관리요령
9월 하순~10월에 배수가 잘되는 사질토나 적옥토와 배양토에 이식한다. 5호 화분에 5~6구근을 보일 정도로 얕게 심는다. 충분히 물을 주고 발아를 기다린다. 그 후에는 분의 표면이 마르면 물을 준다. 비료는 발아 후 액비를 월 2회 정도로 준다.

하이드로 하이드로 컬쳐

* 꽃이 지고나면,

크로커스는 꽃이 지고난 다음 고형 비료를 주고 구근의 충실을 도모 한다. 잎이 노랗게 변하면 구근을 파내어 그늘에서 건조 시킨다. 그리고 구근에서 헌 잎이나 뿌리를 떼어 내고 나서 서늘한 곳에서 가을까지 보관 한다.

* 꽃 기르기에 이것이 포인트

1. 가을에 이식을 하고 화분을 실내로 들여 놓는 경우에는 12월까지 밖에서 기르다가 날씨가 추워지면 실내로 들여놔 관리를 한다.
2. 꽃이 끝난 다음에는 꽃대마다 꽃을 따내고 고형 비료를준다.

*기르는 법

1. 화분에 심는 경우는 4호 분에 구근 2~3개 정도를 2~3cm의 길이로 심고〈사진1〉 노지에 심는 경우에는 5cm정도의 깊이로 심는 것이 원칙이다.
2. 햇빛과 배수가 잘되면 심은채로 그대로 놔 두어도 염려할 것이 없다. 흙의 표면이 마르면 물을 듬뿍 준다. 개화기는 월 1`2회 액비준다.

꽃이 끝나면 꽃 껍질을 부지런히 따준다.

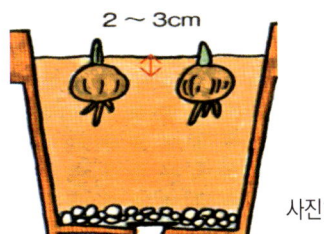

사진1

달콤한 향기와 작은 꽃이 많이 달린다
우의 자스민

과명 : 물푸레나무과
분류 : 상록 덩굴성 목본 반 내한성
심는시기와 장소 : 1~2월 실내 3~11월 양지
이식, 분갈이 : 5월 개화기 : 3~5월 중순
손질 : 5월 정지, 전정

*중국 남부가 원산인 상록 덩굴성 목본이다. 봄부터 초여름에 향기가 좋은 순백의 작은 꽃이 1개에 3~40송이가 무리지어 핀다.

*사는 법, 고르는 법, 즐기는 법
원래의 화기는 봄부터 초 여름까지이지만, 화원에서 1월 중순 경부터 개화된 포트묘가 출하되고 있다. 덩굴이 굵고 마디 사이가 튼튼하고 꽃봉오리가 많은 것을 고른다. 일반적으로 둥글게 만들어 관상 하지만 남부 지방에서는 정원에 심고 펜스나 벽걸이로 유인해서 관상한다

*실패하지 않는 관리요령
햇빛이 잘 드는 장소에 둔다. 겨울에 촉성 재배한 것을 살 때는 추운 곳에서는 햇빛이 잘 드는 창가에 두고 봄까지 관리 한다.물주기는 화분의 표면이 마른 듯 하면 즉시 물을 듬뿍 준다. 비료는 봄과 늦 가을에 2회 완효성 비료를 준다.

우의 자스민 용기에 심기

*꽃이 끝나면
꽃이 끝난 후에 뻗은 덩굴은 반 절 정도 잘라준다. 북부 지방의 겨울은 최저온도 5도 이상을 유지하는 실내에 둔다. 가능한 햇빛을 쪼이고 화분의 흙을 보면서 물주기는 주의 하면서 월동을 한다.

우의 자스민

캐롤라이나 자스민 용기에 심기

진한 향기를 풍기는 꽃
캐롤라이나 자스민

과명 : 마틴과 분류 : 상록 덩굴성 목본
심는 장소와 시기 : 1~3월 실내 4~11월 중순
이식, 분갈이 : 3월 중순~4월 초순
손질 : 5월 하순~6월 초순 정지, 전정

*미국의 캐로나이나주 주변에 분포한 상록 덩굴성 목본으로 꽃이 재스민과 같은 독특한 향기가 나는데서 자스민이라는 이름이 지어져 있는데, 물푸레나무과의 자스민과는 관계가 없다. 봄에 잎이 달린 뿌리에서 선황색의 나팔 모양의 꽃이 계속 핀다.

*사는 법, 고르는 법, 즐기는 법

줄기가 굵고 마디 사이가 알차고 잎의 크기가 가지런한 것을 고른다. 일반적으로 화분 심기에서 둥근 테를 만들게 되는데 남부 지방에서는 정원에 심고 벽걸이로 유인해서 관상 할 수 있다.

*실패하지 않는 관리요령

햇빛이 잘 드는 장소에서 관리한다. 겨울에 촉성 재배한 것을 살 때에는 봄까지 햇빛이 잘 드는 실내 창가 등에 두어야 한다.

물 주기는 화분의 흙 표면이 마르면 물을 듬뿍 준다. 비료는 생육기의 5~9월 사이에 월 1회 치비를 해준다.

*꽃이 끝나면

왕성하게 덩굴이 뻗기 때문에 꽃이 진 후의 5월 하순~6월 상순 경에 길게 뻗은 덩굴을 잘라준다. 겨울 남부지방에서는 실외에서 월동을 시키지만, 북쪽 지방에서는 실내에 두고 물주기는 줄인다.

*이것이 포인트~5월 하순~6월 상순 경에 잘라준다.
 추운 곳에서는 실내에 두고 관리를 해야 한다.

봄의 대표적인 구근의 꽃
튤울립

학명 : *Tulipa majus L.*
과명 : 백합과
원산지 : 중앙, 동부 아시아, 유럽, 북미, 일본
개화기 : 3~5월 키 : 20~30cm
구근의 구입시기 : 8~10월
꽃색 : 적색, 핑크, 백색, 황색, 보라색
심기 : 화분과 화단, 꽃꽂이, 모아심기
증식법 : 6월에 분구

*가을에 구근을 옮겨 심고 월동을 하면,
다음 해 봄에 꽃이 핀다. 꽃이 끝나도 심은채로 놓아두고 있다가 6월에 분구한 구근을 파내서 건조시켜 보관해 두면, 가을에 다시 심을 수 있다. 겨울에 마르지 않도록 주의 한다.

*봄의 화단을 선명하고 존재감 있게 장식하는 튤울립은 꽃의 색이나 모양이 갖가지이다. 품종은 수천종이 된다고 한다. 초보자라도 간단히 기르기 할 수 있다.

그리고 기르기와 관리가 쉬운 화초이다. 화단을 다채롭게 장식 해주어 꽃기르기의 즐거움은 무한하다.

*기르는 법

8~10월에 종묘상에서 판매하는 구근을 구입해서 심는다. 꽃만 피게 하려면 12월 전까지는 심기가 가능 하지만, 꽃이 끝난 후에 구근을 얻고 싶으면 11월까지 이식한다. 햇빛과 배수가 잘 되면 누구라도 꽃을 피게 할 수 있다.

화분에 심는 경우는 5호 분에 3~4구를 구근이 흙에서 살짝 보일 정도로 얕게 심는다. 화단에는 2~3cm의 깊이에 흙을 잘 갈고 구근을 심고나서 구근의 2배 정도의 두께로 흙을 덮는다.

구근이 양분을 저장하고 있기 때문에 밑거름은 줄 필요가 없다. 너무 건조하면 꽃이 잘 피지 않으므로 흙의 표면이 마른 듯 하면 물을 듬뿍 주고 겨울이라도 물이 마르지 않도록 물 관리를 해야 한다.

추위를 겪지 않으면 꽃순이 자라지 않으므로 화분에 심은 것이라면 실외에서 기른다. 꽃봉오리가 나오고 나서 꽃이 지기까지 인산과 칼리가 많은 액비를 1~2회 준다. 꽃이 시들면 꽃이 달린 부분에서 자르고 잎과 줄기는 남긴다. 6월 경에 잎이 누렇게 되면 파내서 통풍이 잘되는 그늘에서 1주일 정도 건조 시키어 가을까지 보관 한다.

구근 부패병
*비료는 균형있게 준다
증상~뿌리와 구근이 갈색이 되고 부패, 그리고 줄기와 잎이 황화된다
원인~곰팡이
대책~병이 발병한 포기는 뽑아 처분한다. 그리고 구근은 파내서 살균한다.
발생하기 쉬운부위~뿌리
약제~톱진 수화제 포리옥신 수화제

모자이크 병
*병을 매개하는 해충을 접근을 못하게 한다.
증상~잎과 꽃이 모자이크 모양이 되고 개화하지 않는다.
원인~바이러스
대책~발병한 포기는처분한다.
발생부위~꽃과 봉오리 잎 싹
사용약제~올트란제 등

튜울립 병, 해충

엽고병
*통풍이 잘되도록 한다
증상~잎에 반점이 생기고 차츰 확대되어 잎이 말라 떨어진다
원인~곰팡이
대책~발병한 잎은 제거한다. 그리고 밀식을 하지 않고 통풍이 잘되게 한다
발생 하기 쉬운 부위~잎, 새싹

회색 곰팡이 병
*배수가 잘 되도록해 과습하지 않도록 한다
증상~대반점이 발생하고 그 부분이 녹아서 회갈색의 곰팡이가 발생한다
원인~곰팡이
대책~건배수와 통풍이 잘되게 하고 적절한 환경에서 길러 포기가 약하지 않도록 한다
발생부위~꽃, 봉오리, 잎, 새싹 줄기

솜진디
*부드럽고 새로운 잎에서 발생한다
피해~거무스럼한 색을 한 진디가 잎에 군생하여 흡즙한다
대책~발견 하는데로 솔로 털어 없엔다. 노란 테잎으로 유인 포획.
발생부위~꽃, 봉오리, 잎, 새싹.
사용약제~올트란제 모스피린제

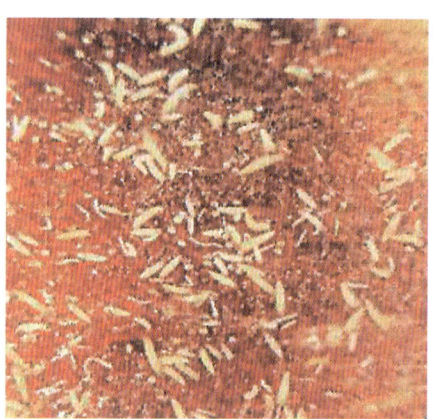

튜울립 진드기
*해충이 없는 구근을 심는다
피해~대단히 작은 진드기가 흡즙을 한다. 꽃잎이 색이 들지 않고 기형이 된다
대책~건전한 구근을 심는다. 피해를 입은 포기는 뽑아 처분한다
발생하기 쉬운 부위~식물 전체

튼튼하고 기르기 쉬운
이베리스

과명 : 유채과
분류 : 가을파종 1년초 또는 다년초
심는장소 : 양지, 3~6월 중순
이식, 분갈이 : 3월~중순
손질 : 9월 중순~10월 파종

센팔바이렌스

운베라타

운배라타 "레드 플래시"

*유럽의 지중해 연안지방이나 북아프리카에 자생하는 1년초 또는 다년초 이지만, 내한성이고 튼튼해 기르기 쉬운 꽃이다. 키는 20~40cm이고 꽃대 끝에 지름 1cm정도의 작은 꽃이 맺기 때문에 화단이나 화분에 심으면 크게 돋보인다. 많이 재배되고 있는 꽃으로 백화인 아마라 빨강과 보라색 꽃인운베라타, 백화로 다년초인 센펠비렌스〈도키와 나즈나〉등이 있다.

*사는 법, 고르는 법, 즐기는 법

이른 봄에 포트묘가 판매 된다. 이식을 싫어 하므로 일찍 화분속 뿌리가 흩으러지지 않도록 해 배수가 잘되는 용토에 옮겨 심는다. 건조한 기후를 좋아하는 식물이므로 이식 후에 장마 비를 맞지않는 남향쪽 처마 밑이나 베란다 등에 둔다. 물주기는 마른 상태로 두고 표면의 흙이 마른다음 물을 듬뿍 준다.

노지에 파종으로 즐기는 경우는 가을에 씨앗을 뿌리고 본 잎이 보이기 시작하면 적옥토 6 : 부엽토 3 : 훈탄1의 용토로 3호 포트에 이식하고 얼지않는 곳에 두고 월동을 시킨다. 3월에 같은 화분의 용토에 정식한다.

이것이 포인트~시비는 질소 과다가 되지 않도록 주의 한다. 그리고 건조한 기후를 좋아하는 식물이므로 비를 맞지 않는 상태로 관리 한다.

밝은 하늘색의 꽃이 매력 만점인,
네모필러

과명 : 잎 미나리과 분류 : 가을 파종 1년초
심는 장소와 시기 : 3월, 중순~5월 양지
이식, 분갈이 : 3월 중순 개화기 : 3월 중순~5월
손질 : 3월 중순~5월 꽃 껍질 따주기
　　　9월 중순~10월 중순 파종

*대표적인 씨앗으로서 포기 가득히 밝은 하늘색의 꽃을 맺게 하는 것이 멘지시 품종이다. 영국명은 베이비 불루 아이즈〈아기의 파란 눈동자〉라는 이름이 붙여 있다. 그밖에 흰색 꽃잎의 끝에 선명한 보라색의 반점이 들어 있는 마크라타가 있다.

*사는 법, 고르는 법, 즐기는 법
이른 봄부터 포트 종묘나 화분에 담아진 꽃이 출하된다. 꽃이 비실비실 하지않고 잎 색도 짙고 줄기가 굵고 튼튼한 포기를 고른다. 포기 밑동이 흔들리는 것이나 아랫 잎이 누렇게 되어 있는 것은 피한다. 화분 심기나 행잉 바스켓 등에 심어서 관상하는 것 외에 화단 심기도 한다.

*실패하지 않는 관리요령
화분 꽃의 경우는 햇빛이 잘 닿는곳에 두고 흙의 표면이 마르면 물을 준다. 포트의 묘를 구입하면 이식을 싫어하는 식물이므로 화분 속의 뿌리가 흐트러지지 않도록 적옥토와 부엽토를 섞어 심는다. 개화 중에는 꽃 껍질을 따주고 액비를 주어 관리 한다

네모필러 행잉바스켓 심기

멘지시 불루

마크라타

멘지시 디스코이다리스

마크라타

사진1

*기르기

1. 네모필러는 뿌리가 똑바로 뻗는 직근성이므로 종묘가 작을 때에 상처가 생기지 않도록 심어야 한다. 노지에 심는 경우는 20~25cm의 간격으로 심는다〈사진1〉
2. 밑거름으로는 완효성 비료〈마그팬k〉를 주고 이식한다. 그리고 햇빛과 통풍이 잘 되는 장소에서 기른다.
3. 이식한 후에는 2개월에 1회 정도 웃거름으로 고형 비료를 준다. 물은 흙의 표면이 마른 듯 하면 듬뿍 주지만, 보편적으로 건조하게 기른다. 너무 자란 줄기를 솎아 내면서 기르기 하면 꽃을 오래도록 관상할 수 있다.

마큐라타   화이브 포트   패니블랙

실과 같은 꽃순이 모여서 피는
아게라툼

학명 : *Ageratum houstonianum Mill*
과명 : 국화과 분류 : 봄 파종 1년초
심는장소 : 양지 4~10워
이식, 분갈이 : 5월 중순~6월
개화기 : 5월 `중순~10월
손질 : 3월 중순~4월
별명 : 뻐꾸기, 엉겅퀴

"F1" 아즈레 팔"

〈봄~초여름〉

실과 같이 가는 꽃순이 모여서 피는 부드러운 이미지의 꽃이다. 꽃 색은 청보라, 보라, 분홍, 흰색 등, 꽃은 봄부터 가을까지 연속해 계속 핀다. 화분심기 용으로 키 20cm정도의 왜성 종, 키 50~60cm의 고성 종 등이 있다.

*사는 법, 고르는 법, 즐기는 법

봄에 꽃이 핀 종묘를 구입하면 편리 하다. 종묘는 포기가 건강하고 튼튼한 것을 고른다. 3월 하순`4월에 씨앗을 구입해 기를 수도 있다. 큰 용기 등에 군식하면 더욱 더 돋보인다.

*실패하지 않는 관리요령

화분 꽃을 구입하게 되면 가능한 한 햇빛이 잘드는 곳에 두고 화분의 흙이 마른듯 하면 물을 준다. 개화기에도 액비를 2~3회 액비를 준다.

*씨앗으로부터 먼저 기른다.

3월 하순~4월에 파종을 한다. 본 잎이 2~3잎이 되면 화분과 용기에 이식한다. 아무 흙에서나 잘 자라지만, 배수와 물기가 있는 용토가 제일 좋다.

*이것이 포인트

1. 3월 하순~4월에 씨앗을 구입해 씨앗으로부터 기르기 할 수 있다.
2. 가능한 한 햇빛이 잘 닿는 곳이 꽃 맺음이 좋다.
3. 개화 중에도 액비를 준다.

화이트 하와이

오 산

*아게라툼 관리

1. 밑거름으로 완효성 비료〈마그팬k〉를 주고 포기 사이를 넓게 해주고 배수가 잘되는 흙에 심는다.
2. 흙의 표면이 마르면 물을 듬뿍 준다. 5월과 9월 상순까지는 웃거름으로 질소분이 적은 고형 비료를 2개월 1회 포기 사이에 준다.
3. 다 핀 꽃은 즉시 따준다〈사진1〉고온다습을 피하기 위해 7월경에 15cm정도 잘라서 삽목한다〈사진2〉한 여름에는 시원한 장소에서 관리 한다. 가을에 다시 꽃이 핀다.

*병 증상

포기 부패증상~배수가 잘 되는 흙에 옮겨 심는다.
원인 : 곰팡이
증상 : 흙의 균이 원인으로 포기 밑동이 부패한 것 같이 마른다.
대책 : 전년에 심은 장소는 피하고 퇴비 등을 넣고 심는다.
사용약제 : 발병한 곳을 처분한다.

세련된 분위기의 덩굴성 꽃
클레마티스

학명 : *Clematis hybrida Hort*
과명 : 미나리아재비 과
원산지 : 전 세계, 온대지방
분류 : 낙엽, 상록, 덩굴성 목본
이식, 분갈이 : 2~3월
개화기 : 5월~7월 중순

*형태상의 특징
덩굴 장미와 나란히 벽면을 장식하는 대표적인 화목花木이다.
정원에는 트레리스나 아치, 팬스 등, 큰 용기에 심어 즐긴다.

멀티블류

몬테나 "루벤스"

*계통, 품종의 여러가지
중국이 원산지인 라누기노사를 바탕으로 새 품종을 만들어낸 라누기노사계, 영국에서 만들어 낸 자크마니계, 겹꽃으로 피는 풀로리다계, 남유럽이 원산인 비치세라에서 만들어 낸 소륜의 비치세라계, 미국이 원산인 자생종에서 만들어 낸 택센시스계 등 수많은 종류가 있으며, 놀라울 정도로 많은 품종이 있다.

라누기노사계, 자크마니계, 비치세라계는 4계절 피는 품종이다.

*종묘 사는 법, 고르는 법
어린 종묘일 때는 약하므로 초심자는 1년생 종묘 보다는 2년생 종묘를 구하는 편이 좋다. 지상부에 전년의 가지가 있는 것이 2년생이다.

포트에 화분 구멍에 뿌리가 튼튼하게 나와 있는 것을 고른다.

*실패하지 않는 관리요령
옮겨 심기~휴면 중의 2~3월이 옮겨 심기의 적기이다. 부식질이 풍부한 비옥한 배양토에 심는다. 돌연 지상부가 마르는 입고병에 대비해 흙속에 2~3마디를 묻어두는 〈휴면에 싹을 준비〉것이 요령.

영

용구

필

*물 주기~화분 표면의 흙이 마른듯 하면 물을 준다. 동절기 휴면중인 포기도 마찬가지 이다.

*비료~3~10월 중순까지 주 1회 규정된 농도의 액비와 물을 준다.

*병해충~새 싹이 자라기 시작할 무렵에는 야도충이나 괄대충의 식해에 주의를 한다. 여름부터 가을에 걸쳐서 날개 진드기나 배추벌레 진디 등이 발생하면 진드기 살충제나 스미치온 등을 살포해 구제한다. 흰가루병에는 벤레트 등의 살균제를 월 1회 살포해 예방에 힘쓴다.

*꽃이 끝나면

계통에 따라서 꽃 맺는 법이 다르므로 전정 만들기도 거기에 맞출 필요가 있다. 새 가지에서 꽃이 피는 재크마니계나 비치세라계는 꽃이 끝난 후 굳은 결심으로 전정을 한다. 파텐스계나 몬타나계 등 전년에 자란 덩굴의 마디마디에 꽃이 맺은 타입은 꽃이 끝난 후에 줄기 끝의 꽃이 달린 부분을 자르는 정도의 약한 전정에 머문다. 라누기노사계 콜로리다계 등 신, 구 양 가지에 피는 타입은 어디를 잘라도 염려할 것이 없다.

*이것이 기르기 포인트

1. 계통에 따라서 개화의 습성이 다르므로 그 품종에 맞는 정확한 전정을 한다.
2. 심을 때에는 입고병에 대비해 흙속에 2~3마디를 묻고 휴면 싹을 준비해 둔다.
3. 휴면 중에도 표면이 마르지 않도록 물관리를 한다.

백견병~같은 장소에서 계속 기르지 않는다. 포기의 주위에 곰팡이가 생겨 마른다.

진디~초봄에 많이 발생한다. 발견하는대로 종위 위에 털어서 살처분 한다. 올트란제, 모스피린제.

*클레마티스 관리

1. 노지에 심는 경우에는 흙의 산성을 싫어하기 때문에, 이식하기 전에 고토석회를 주고 잘 간다. 화분에 심는 경우는 시판중인 배양토를 사용하면 바람직 하다.
2. 밑거름으로 완효성 비료〈마그팬k〉를 주고 이식한다.
3. 양지를 좋아 하지만, 더위에 약하므로 한여름에는 직사 광선을 피해 관리 한다.
4. 흙의 건조를 싫어 하므로 표면이 마르면 물을 준다. 물주기를 겸해서 묽은 액비를 준다.
5. 클레마티스는 뿌리가 약하므로 네모의 테를 만들어 관리해야 한다.〈사진1〉
6. 10월과 3월에는 웃거름으로 고형 비료를 뿌리 밑동에 준다. 봄에 꽃이 피는 품종의 경우, 겨울에 약하게 전정 하지만, 4계절 꽃이 피는 품종의 경우에는 꽃이 끝난 후에는 약하게 전정을 하고 비료를 주면 다시 개화 한다. 이것을 반복하고 가을에 반정도를 잘 라낸다.〈사진2〉

*증식법

삽목으로 증식 한다〈사진3〉
덩굴이 자라면 꽃수도 증가 한다. 성장과 기르는 장소에 맞추어 전정을 하고 능숙하게 관리 하면 아름다운 꽃이 풍성하게 피어준다.

사진1 사진2 사진3

아키메네스

반 그늘에서도 즐길 수 있는 꽃
아키메네스

과명 : 바위 담배과 분류 : 봄 파종 구근
심는 장소 : 1~3월과 11~12월 실내의
얼지 않은 곳, 4~11월 중순 실내의 창가
관리 : 5월 중순 적심 10월 중순~11월
중순 물주기를 줄이고 과습이 안되게 한다.

아키메네스

*형태상의 특징
초봄부터 가을까지 잇달아 꽃을 피우는 소구근 꽃이다. 더위와 추위에 약하고 과습하면 상하므로 화분에 심어 실내에 둔다. 주된 원종은 그란디프로라, 붉은보라 대륜. 칸디다 〈백화소륜〉등이 있고 그외 많은 품종이 있다.

*사는 법, 고르는 법
초여름부터 화원 앞을 장식한다. 줄기가 굵고 포기 전체가 튼튼한 것을 고른다. 상하거나 누렇게 된 잎은 피한다. 화분과 행잉바스켓 등으로 한다.

*실패하지 않는 관리요령
반 그늘을 좋아한다. 햇빛이 닿는 창가에 두고 흙의 표면이 마르면 물을 준다. 잎에 물방울이 튀면 변색이 된다. 봄과 가을에 묽은 액비를 월1회 준다.

*꽃이 끝나면,
가을이 되어 서리가 내리기 전에 물이 부족 하도록 하고 화분 그대로 실내에서 월동하고, 4월에 적옥토4, 부엽토4, 강모래2로 분갈이를 해 준다. 그리고 10cm정도 싹이 자라면 적심하고 가지 수를 늘린다.

아키메네스

흐렸다 개었다 하는 하늘에 어울리는 꽃
수국〈하이드랜드〉

학명 : *Hydrangeamacrophylla for otaksa*
과명 : 범의귀과 분류 : 낙엽, 관엽, 저목
심는 장소 : 1월~중순 찬바람이 없는 곳 6~9월 통풍이 잘되는
  반 그늘 9월 중순~11월
이식, 분갈이~3월 중순~4월 7월~중순
개화기 : 6~7월
관리 : 3월

*계통, 품종의 여러가지
화분에 심기의 주 종은 서양에서 개량되어동양으로 들어온 하이랜지아란 품종인데, 근년에는 산 수국이나 꽃받침 수국계의 품좀종이 인기다.

러브유 키스

하이드랜지아

시로케사키

*사는 법, 고르는 법
매년 3~4월이 되면 촉성 재배된 화분 심기의 품종이 팔리고 있다.
가급적 잎의 광택이 좋고 줄기가 굵고 튼튼한 포기를 고른다. 물부족이 쉬운 화목이기 때문에 물주기를 게을리 말아야 한다.

*실패하지 않는 관리요령
봄 가을에는 양지에, 여름은 반 그늘 통풍이 잘되는 곳에 둔다.겨울에는 찬바람을 맞으면 가지 끝의 싹을 상하게 할 수 있으므로 주의한다. 대형의 잎이 물을 많이 소모 하므로 날씨가 좋을 때는 물을 잘 주어야 한다.

*꽃이 끝나면
꽃은 대단히 오래 간다. 너무 오래피면 포기가 약해 지므로 꽃이 갈색으로 변해가면 잘라내서 전정하고 분갈이를 해 준다.

꽃받침 수국

수국과 단발고사리모아심기 행잉바스켓

떡갈나무 잎 수국 "하모니"

"프라우 요시코"

*비료~ 꽃이 끝나면 화학비료를 5호 화분에 1스푼정도 준다. 그리고 하이포넥스 등의 액비를 9월까지 월 3~4회 준다. 그 후 휴면기에는 주지 않지만, 3월이 지나면 실외로 내 놓고 액비를 주기 시작한다.

*전정~ 꽃눈은 가지 끝에 나오고 다음의 봄에 이곳에서 자란 새 가지 끝에 꽃이 생기므로 방치해 두면 사이가 밀식돼 버린다. 꽃이 끝나면 즉시 가지의 첫 부분 2마디를 남기는 정도로 하고 짧게 잘라 준다.

*분갈이~ 포기가 화분 가득히 찬 것은 꽃 뒤의 한 바퀴 큰 화분으로 분갈이를 한다. 용토는 적옥토 7에, 적화계의 품종이면 부엽토 3을 보탠 것을, 청화계의 품종이면 산도 조정의 피트모스3을 섞은 약 산성의 용토에 심으면 아름다운 꽃을 즐길 수 있다.

삽목로 종묘를 늘린다. 하이랜지아나 수국이나 수국을 삽목으로 간단히 종묘를 늘린다. 장마철에는 삽목 꽃이가 잘 안되므로 초심자는 휴면 가지를 꽂는다.

*이것이 포인트~ 화분이 마르지 않도록 주기를 한다. 꽃이 끝나면 즉시 가지의 첫 부분 2마디를 남기고 짧게 잘라 준다.

피치공주　　　　　다복

하이랜드지아

*관리와 기르기

1. 밑거름을 주고 이식한다. 노지에 심는 경우는 퇴비 등의 유기 비료를 주고 화분에 심는 경우는 완효성화학 비료가 바람직하다.
2. 양지나 반그늘도 되지만, 노지에 심는 경우는 가능한 햇빛이 잘 드는 곳이 적합하다.
3. 수국은 물을 좋아 하므로 물부족이 되면 듬뿍 준다.
4. 노지에 심는 경우면 1년에 1회, 3월에는 웃거름으로 액비를 주고 화분에 심는 경우면 10월에 액비를 준다.
5. 꽃이 끝나면, 포기 밑동에서 잎을 2~4잎 남기고 자른다. 〈사진1〉 꽃눈은 9~10월에 생기므로 그 이후에 전정해 버리면 꽃눈을 자르는 결과가 되므로 반드시 꽃이 다 핀 후에 바로 전정해 주어야 한다. 이 작업을 하므로 다음해에 꽃 맺음이 좋아진다.

*증식법

전정 할 때, 나오는 잎을 이용해 삽목으로 증식을 한다.〈사진2〉

〈7변화〉의 이름과 같이 꽃이 피어 있는 동안에 점점 꽃색이 변해 간다. 산성토,피트모스 섞음〉에서는 푸른 기가 강하고 약 알칼리성〈석회를 섞음〉에서는 붉어지는 성질을 가지고 있다.

포기 밑동에서 2~3잎 남기고 자른다.
〈사진1〉

잎 중간을 잘라낸다. 이것을 삽목으로 이용한다.〈사진2〉

수국 병 증상

*모자이크 병
병을 매개하는 진디를 접근치 못하게 한다
증상 : 잎에 농염한 모자이크 모양을 나타내고, 잎이 기형이 된 일도 있다.
대책 : 발생하면 방제는 어렵다. 매개하는 진디를 접근하지 못하도록 해 예방한다.
　　　발생한 포기는 처분한다.
원인 : 바이러스　발생하기 쉬운 부위 : 잎, 새싹
사용약제 : 올트란제 등〈진디방제〉

*탄저병
병이 발생한 부분을 잘라내어 처분한다
증상 : 주위가 암갈색이고 안쪽이 회갈색의 반점이 다수 발생 한다.
대책 : 통풍이 잘되게 하고 순이 번식하기 때문에 전정한 가지를 방치하지 말 것.
약제 살포는 발명 초기에 한다.
원인 : 바이러스
대책 : 통풍이 잘되게 관리한다. 사용약제 : 톱신약제

*회색곰팡이 병
적절한 환경에서 관리하고 튼튼하게 기른다.
증상 : 발병 초기에 물이 밴 것 같이 되고 이윽고 부패하고 회색 곰팡이가 핀다.
대책 : 통풍이 잘되게 관리 한다. 꽃껍질이 마른 부분은 다서 없엔다.
발생하기 쉬운부위 : 꽃봉오리 전체
사용약제 : 게티 수화제 폴리베린 폴리옥션 등

*거미 진드기
적당히 비료를 주고 예방 약제는 연용하지 않는다.
피해 : 잎 뒤에 군생하여 흡즙한다. 잎이 긇힌 것 같이 된다.
대책 : 씻어내는 것 같이 잎 뒤에 물을 쎄게 뿌린다.
발병하기 쉬운 부위 : 잎, 새싹
사용 약제 : 점군액제 등

꽃이 1년 내내 풍상하게 핀다.

베고니아〈셈파플로렌스〉

학명 : *Begonia tubeross*
과명 : 1년초 베고니아과
분류 : 1년초 봄 파종
심는장소 : 1~3월 햇빛이 잘 닿는 양지
이식, 분갈이 : 4월 중순, 5월 9월 중순
관리 및 손질 : 4~5월 파종 7월 중순
개화기 : 4~11월 중순

*형태상의 특징

베고니아는 화분과 화단에 가장 인기가 잇고, 대중들에게 널리 보급되고 있는 꽃이다. 10도 이상의 온도면, 1년 내내 계속 꽃이 핀다. 그래서 4계절 피는 베고니아라고 부른다. 원래는 다년생의 성질을 갖고 있지만, 한국의 기후에서는 실외에서 월동이 무리이므로, 일반적으로 봄 파종인 것을 1년초이다.

*계통, 품종의 여러가지

녹엽계와 동엽계가 있고, 얼룩이 있는 잎도 있다. 꽃색은 적색 짙은 분홍 흰색 홀꽃 외에 겹꽃도 있다.고 품종도 있으나 지금은 대부분 튼튼하고 기르기 쉬운 1대 교배종이다.

*사는 법 고르는 법

개화중의 포기로 꽃색이나 포기의 모습을 확인하고 구입 한다. 포기는 마디 사이가 단단하고 전체적으로 볼 때 울창한 것이 좋고 무성한 잎이나 줄기가 병에 걸리지 않은 것을 선택한다.

베고니아 셈파플로렌스 행잉 바스킷 메달기

*실패하지 않는 관리요령

설치장소~ 20도 전후의 온도와 햇빛이 있으면 1년 내내 생장하고 잇달아 꽃을 피게 한다. 봄이나 가을에는 가능 한 직사광선이 잘 닿는 곳에 둔다. 단여름의 더울 때에는 포기가 무르게 되지 않도록 통풍이 잘되는 반 그늘이나 오후의 강한 햇빛을 차단할 수 있는 곳에 둔다. 월동을 시키려면 실내의 햇빛이 닿는 장소의 온도가 최저 5도 이상이 유지 되도록 한다.

물주기~ 화분의 흙이 마른듯 하면 물을 듬뿍 준다. 과습이 되면 잎이나 줄기가 물러서 부패가 되므로 물을 너무 많이 주는 것은 삼가해야 한다. 특히 월동 중에는 화분의 흙이 희게 마르면 하루쯤 지나서 물을 주도록 한다.

비료~ 비료가 부족하면 꽃 맺음이 나빠진다. 그러므로 3~10월의 생장기에는 1000배의 액비를 주 1회, 물주기를 한다.

베고니아 "위스키"

긴 통에 심은 베고니아 "셈파로렌스"

관리~꽃 껍질이나 마른 잎은 부지런히 제거한다. 그것을 그대로 방치해 두면 보기가 흉할 뿐만이 아니라 병해충의 근원이 된다.

*꽃이 끝나면
셈파프로렌스의 꽃은 줄기 끝의 엽액에 맺는다. 꽃이 핀 엽액에는 새 싹이 나오지 않으므로 계속 꽃이 피면은 줄기만 뻗고 점점 틈새로 뻗는 모양이 된다. 이와 같이 된 포기는 포기 전체의 3/1정도를 잘라서 새싹을 만들어 포기를 다시 만들기를 도모한다.

*이것이 포인트
1. 오래 계속 피므로 추비를 해 준다.
2. 부지런히 꽃 껍질을 따 주고 포기가 피로하지 않도록 한다.
3. 여름 동안에는 차광을 하고 통풍이 잘 되는 서늘한 장소에서 관리한다.
4. 겨울철에는 실내에서 최저 5도 이상을 유지한다.

베고니아 "F스지"

베고니아 병, 증상

*경부병
증상 : 밑동에 가까운 부패한 것 같이 마른다.
대책 : 연작을 않는다. 통풍이 잘되게 한다.
발생하기 쉬운 부위 : 줄기와 가지

*회색 곰팡이병
증상 : 작은 반점이 발생한다. 녹은 것 같이 썩고 회색 곰팡이가 발생.
대책 : 병반이 생긴 부분은 즉시 따내어 처분한다. 통풍이 잘되게 한다.
발생 부위 : 꽃봉오리 잎 새싹 줄기

흰 가루병
피해 : 질소 비료를 삼가하고 가리 비료를 많이 준다.
증상 : 잎과 줄기에 흰가루를 뿌린 섯 처럼 곰팡이가 생긴다.
대책 : 통풍이 잘되게 한다. 병든 것은 제거 처분한다.

베고니아 해 충

*큰 담배 나방벌레
피해 : 잎과 꽃속에 숨어 들어가 꽃잎과 꽃의 중심을 식해 한다.
대책 : 피해를 발견하면 해충을 찾아서 포살 한다.
발생부위 : 꽃 꽃봉오리
사용 약제 : 아팜유제

*뿌리 흑선충
피해 : 흙에 있는 지렁이 모양과 닮은 몸 길이 1mm정도의 벌레가 뿌리를 식해 한다.
대책 : 피해를 입은 포기는 뽑아내어 완숙 퇴비를 넣어서 흙을 만들어 둔다.
발생 부위 : 뿌리

*위축의 잎
피해 : 배추 벌레가 잎을 식해 한다. 6월 하순과 8월의 연 2회 정도 발생 한다.
대책 : 피해를 발견하면 해충을 찾고 발견해 포살 한다.
발생 부위 : 잎 새싹

블루스타

푸른 별 모양의 꽃이 아름답게 핀다
이소토마

별명 : 로렌티아   과명 : 도라지과
분류 : 1년초 또는 상록 다년초 반내한성
심는 장소 : 4~11월 중순 양지   이식, 분갈이 : 5월 중순
관리: 3월 중순~4월 중순 파종   개화기 : 5월~11월 중순

*형태상의 특징
오스트리아 원산인 반 내한성, 1년초 또는 다년초이다. 가는 잎을 가진 줄기의 끝이나 잎이 달린 뿌리에서 긴 꽃대를 뻗고 별 모양을 한 파란 꽃이 잇달아 핀다.

*사는 법, 고르는 법, 즐기는 법
이소토마의 자연 개화는 초 여름부터 가을이지만, 온실에서 재배된 화분의 꽃이 출하 한다. 화분 심기에 즐거워 하는 외에 개화기가 만추로까지로 길기 때문에 행잉 바스켓으로 즐긴다.

*실패하지 않는 관리요령
봄부터 가을 까지는 햇빛이 잘 드는 좋은 곳에 두지만, 장마철에 비를 맞으면 포기 상할 수가 있으므로 그 때에는 처마 밑이나 베란다 등에 놔두고 관리 한다. 그리고 화분의 흙이 마르면 물을 준다. 개화기가 길기 때문에 개화 중에도 2주일에 1회 액비를 준다.

*씨앗으로 기른다
발아의 적정 온도는 15도 전후이므로 3월 하순~4월 상순에 파종을 하면 플레임 등으로 보온 한다. 본 잎이 2~3잎이 나올 즈음에서 포트에서 이식하고 양지에서 관리한다. 과습하면 웃자라므로 물을 많이 주지 않는다. 5월 중순 경에 퇴비나 부엽토를 혼합한 용토에 이식한다.

*이것이 포인트다~
1. 다비, 과습을 피하고 양지에서 기른다.
2. 물을 너무 많이 주지 않도록 주의 한다.

화이트 스타

청초하고 아름다운 꽃
마거리트

학명 : *Chrysanthemum frutescens L.*
원산지 : 카나리아 제도
과명 : 국화과 분류 : 상록 다년초 비 내한성
심는 장소 : 1~2월, 12월 실내 3~6월 양지
이식, 분갈이 : 3월 하순~4월 중순
관리 : 5월, 9월 삽목

*형태 및 특징
강한 추위를 싫어 하므로 주로 봄에 화분 꽃으로 즐길 수 있으나, 무서리 지역에서는 노지에서도 월동이 가능하고 반 저목 상태가 된다. 화분 꽃 용으로는 춘국과의 교배로 만들어진 "이지엘로우, 왜성 홑꽃인 "화이트 문" 분홍색으로 "서머핑크" 등이 있다.

*사는 법 고르는 법 즐기는 법
줄기가 굵고 마디 사이가 가득 차 있는 튼튼한 것을 고른다. 화분에 심는 것 외에 컨테이너 가든 등의 모아심기로 이용하면 좋다.

*실패하지 않는 관리 요령
초봄에 화분의 꽃을 구입하면, 햇빛이 잘 드는 곳에 두고 관리한다. 포트 묘의 이식 적기는 3월 하순~4월 중순이므로, 이 시기를 놓치지 말고 적옥토 6:부엽토 3: 퇴비1의 배합토 또는 시판중인 화초용 배양토로 화분이나 플렌터에 옮겨 심고 햇빛이 잘 드는 장소에 둔다. 화분의 표면 흙이 마르면 물을 준다. 그리고 월 1회 완효성 화학 비료 또는 월 2회 액비를 주면 꽃이 잇달아 피어 6월까지 즐길 수 있다.

마거리트 용기에 모아심기

*꽃이 끝나면
줄기를 자르고, 반 그늘의 서늘한 곳에 두고 여름을 나게 한다. 꽃을 늘리고 싶을 때는 5월과 9월에 봉오리가 작은 가지 끝을 잘라 내고 2~3시간 물을올린 후 적옥토에 꽂는다.

이것이 포인트~봄 가을에는 해가 잘 들지만, 여름에는 서늘한 반 그늘에서 관리한다. 겨울은 실내에서 관리한다.

"스위트 러플"

"퀸마이스"

팬시 레몬

*관리 및 기르기

1. 봄에 종묘를 심으면 다음 해 이듬에도 꽃을 오래 즐길 수 있다. 이식 할 때는 종묘를 포트에서 꺼내 봐서 뿌리가 너무 퍼져 있는 것 같으면, 대나무 젓가락으로 뿌리를 부수어 퍼지도록 한다.〈사진1〉노지에 심는 경우는 잎이 서로 맞다을 정도의 간격으로 심는다.〈사진2〉
2. 햇빛이 잘 들고 배수가 좋으며, 약간 건조 상태로 기른다.
3. 개화 기간 중에는 웃거름으로 액비를 월 1~2회를 주고, 봄과 가을에는 고형 비료를 준다.
4. 꽃이 진 후에는 줄기를 자르고 꽃 껍질을 따주며, 9월 경에는 화초 키의 반 정도를 잘라서 되심으면 가을에 성장해 개화 한다.〈사진3〉

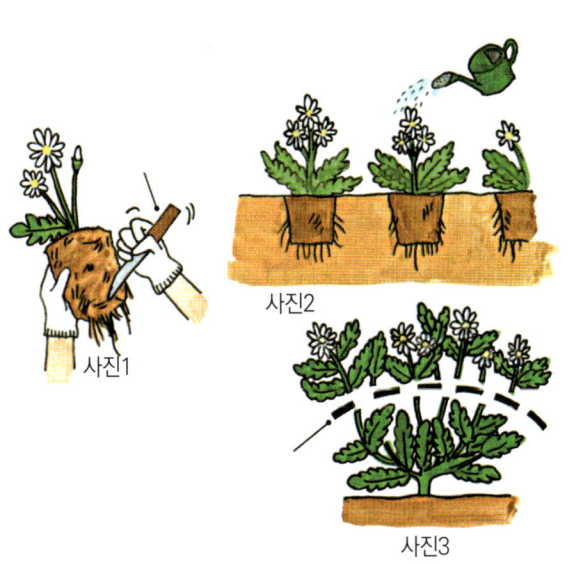

사진1

사진2

사진3

*복숭아 붉은 진디

발견하는데로 구제한다.
피해 : 담 적갈, 담녹색 흡즙한다
대책 : 솔로 털어내어 처분한다
발생하기 쉬운 부위 : 꽃 꽃봉오리 잎 새싹
사용약제 : 올트란제 베스가스입

*잎 잠잎 파리

피해를 입은 잎을 딴다
피해 : 유충이 잎속에 들어가 잎의 안을 식해 한다
대책 : 피해 부분을 따낸다
발생부위 : 잎, 새싹
사용약제 : 올트란입제 모스피

*곰팡이병

동풍이 나쁘면 발생한다
증상 : 흰사마귀 모양의 반점이
원인 : 곰팡이
대책 : 병든 잎 따서 처분
발생하기 쉬운 부위 : 잎 새싹
사용약제 : 엠다이파 수화제 등

히야신스의 하이드로컬쳐

야자껍질 바스켓에 심은 히야신스

실내의 창가에서 기른다
히야신스

학명 : *Hyacinthus Carnegie*
원산지 : 시리아 레바논 소아시아 이스라엘
과명 : 백합과 분류 : 구근 가을 파종
심는 장소 : 1~6월 양지 10월 ~12월 양지
이식, 분갈이 : 10월 개화기 : 3~4월
관리 : 6월 파내기

*형태상의 특징
좋은 향기를 피우고, 봄을 알리는 꽃이다. 꽃색은 붉은색, 보라색, 분홍색, 노란색, 푸른색, 흰색으로 매우 풍부하다.

*사는 법, 고르는 법, 즐기는 법
시판되고 있는 구근은 모두다 꽃눈을 가져 개화가 가능한 구근으로서 말할 필요도 없이 저부低部와 상부가 음푹 들어간 것이나 상처를 입은 것은 피해야 한다. 단단하고 가능한 한 큰 구근을 고른다. 화단 화분에 심기, 수경 재배 등으로 심어 즐긴다.

*실패하지 않는 관리요령
10월에 5호 화분에 2~3구, 표준 싸이즈의 플랜터에 심으려면 5구를 목표로, 강모래, 적옥토, 부엽토를 같은 비율로 섞어 용토에 원비를 소량 주고 이식한다.

햇빛이 잘 닿는 실외에 놓고 겨울의 추위를 견딘다. 물주기는 화분 표면이 마르면 물을 준다. 수경 재배는 가능한 큰 구근을 이용하고 11월경에 난방이 없는 곳에서 발근 시킨다. 발근하면 뿌리에 공기가 들어가지 않도록 실외에 두고 햇빛이 잘 닿는 곳에서 관리 한다.

델프트 불루

*꽃이 끝나면
잎이 노랗게 변하는 구근을 6월에 파낸다

이것이 포인트
10월에 이식하면, 햇빛이 잘 닿는 실외에 두고, 겨울의 혹독한 추위를 맞히도록 하여야 한다. 추위를 맞치지 않으면 꽃이 피지 않을 수도 있다.

*기르기와 관리
1. 4~5호 화분에 1구근을 최소한으로 덮을 정도로 얕게 심는다. 그리고 실외의 양지에서 기른다.
2. 흙의 표면이 마른듯 하면 물을 준다. 싹이 나오면 웃거름으로 월 1~2회 액비를 준다.
3. 겨울의 추위를 맞추어서 실내로 들여 놓으면 일찍 향기나는 꽃을 즐길 수 있다.
4. 꽃 껍질은 줄기를 자르지 않고 꽃만을 따준다.

*증식법
6월경에 구근을 파내서 건조 보존힌다. 그리고 가을에 이식 한다.

〈사진1〉 구근이 젖을 정도까지 물을 넣는다.

*수경 재배는 구근이 물에 젖도록 해 뿌리가 나오면 양지로 옮기고 때때로 물을 보충해 준다

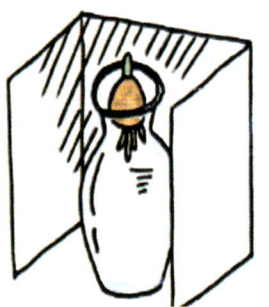

〈사진2〉 발아하기까지 상자 등으로 덮고 햇빛이 닿지 않도록 한다

〈사진3〉 뿌리가 자라면 물을 3/1정도로 줄이고 햇빛이 잘 닿는곳에 두고 관리한다.

봄이면 먼저 얼굴을 내미는 꽃
프리뮬러

학명 : *Prmula malacoides Franch*
과명 : 앵초과 분류 : 다년초 또는 1년초
심는 장소 : 1~5월 양지, 서늘한 그늘 6~9
이식, 분갈이 : 9월 초순~10월 중순 포기 나누기, 분갈이
개화기 : 1~4월 12월
관리 : 꽃 껍질 따주기 1~4월, 12월

*연말 경부터 출하되는 말라코데이스, 꽃색이 다양한 폴리안사, 줄리안, 개화기가 같고 호호스런 꽃을 맺는 오브코니카 등 어느 것이나 봄을 대표하는 화분 꽃의 대명사이다.

*계통, 품종의 여러가지

말리코데이스~홍紅, 도桃, 백 등의 작은 꽃을 점점 맺어서 피기 시작하는 사랑스런 1년초로, 후지 앵화 시리즈 등 훌륭한 겹꽃이다.

폴리앤서~꽃 색이 붉은 색, 보라색, 분홍색, 노란색, 오렌지색, 흰색 등 연말부터 이른 봄에 걸쳐서 피는, 화분 꽃 중에서 가장 화려한 꽃이다. 말라코데이스 보다 내한성도 있고 이른 봄의 화단에서 즐길 수 있다.

줄리언~폴리앤서를 전체로 콤펙트한 것 같은 귀여운 꽃으로 폴리앤서 보다 내한성이 뛰어나다. 복륜화나 꽃의 중심에 뱀눈 같은 모양이 들어간 것 등의 꽃색도 다양하고 근년에는 폴리앤서와의 중간 종으로 대륜 다화성의 미니 하이브리드도 만들어 출하되고 있다.

마라코데이스 플랜터에 심기

오브코니카~호화로운 대륜의 꽃이 연말부터 봄 늦게까지 잇달아 핀다. 추위에는 약하고 햇빛이 부족해도 꽃이 피기 때문에 실내용으로 바람직 하다.

*사는 법, 고르는 법

잎이 너무 뻗지 않고 잎색이 황반되지 않고 뿌리 밑동이 흔들리지 않은 것을 고른다. 말라코이데스는 꽃대가 많이 나와 있고 중심의 꽃이 1~2단이 피기 시작하고 있는 것과 폴리앤서는 뿌리 밑동에 꽃봉오리가 많은 것을 고른다.

포리안사 로즈파라솔

댄티큐라터

특징~오브코니카는 실내에서 기르기가 편하다. 그리고 말리코데이스는 베란다에서 어울린다. 내한성이 있는 폴리앤서, 줄리안은 화단이나 실외의 컨테이너에서 기르면 좋다.

마라코데이스 부사소녀

*실패하지 않는 관리요령

심는 장소~양지바른 곳에 심는다. 추위에 약한 오브코니카는 겨울 동안은 실외로 내놓지 않는다. 그 밖에는 실외에 두는 것이 꽃색이 좋아진다. 말릭데이스를 제하고 다년초이지만, 여름은 서늘하게 해 주는 것이 중요하다.

물주기~화분의 표면 흙이 마르면 물을 충분히 준다. 물을 줄 때에 꽃에는 물이 꽃에 묻지 않도록 하고 여름에는 물을 많이 주면 뭉크러질 수가 있으니 조심한다.

비료~꽃이 오래 계속 피기 때문에 지치지 않도록 봄까지 월 3회 정도 액비를 준다.

병, 해충~다음 장에서 설명 참조.

줄리안 소춘앵

폴리엔서 스위트하트

오브코니카

*관리와 기르기

1. 밑거름을 주고 배수가 잘되는 흙에 이식한다. 그리고 햇빛과 통풍이 잘되는 곳에서 기른다. 실내에서 기르는 경우에도 어느정도 햇빛이 필요하다.
2. 물은 화분의 표면이 마르면 충분이 준다.
3. 개화 기간 중에는 웃거름으로 월 2~3회 액비를 준다. 그리고 꽃껍질 따주는 것을 게을리 하면 안된다.〈사진1〉
 봄에는 큰 화분으로 옮겨 심어야 한다.
4. 여름의 더위에 약하므로 반 그늘에서 관리 한다.
 증식법~가을에 파종이나 포기 나누기로 한다.

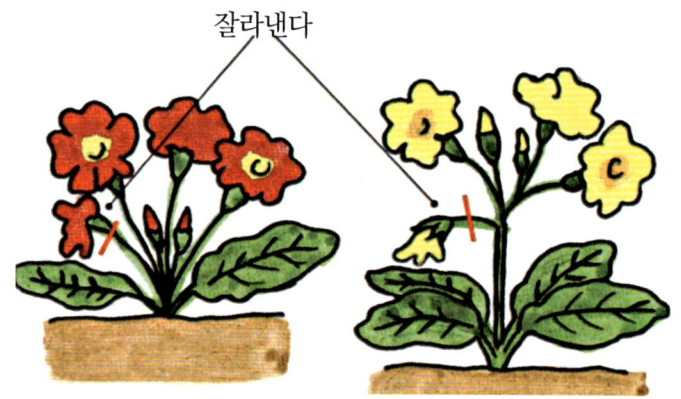

프리물러 병, 해충

*부패병
상처가 침입 경로이므로 식물에 상처를 내지 않는다.
증상~잎이 물에젖은 것 반점이 발생
원인~세균
대책~발병한 포기는 조기에 살균제 살포 잎에 물방울을 없앤다.
 발생부위~잎, 새싹, 줄기, 가지

*모자이크 병
잎이 기형이되고 꽃에 얼룩이 든다.
증상~농염의 모자이크 모양이 생기고잎이 오그라진 것 같이 기형이 된다.
원인~바이러스
대책~발병한 포기 처분. 진디를 예방
발생부위~꽃, 꽃봉오리, 잎, 새싹.
사용약제~진디 예방제 와 올트란제

*회색 곰팡이 병
다습으로 발생 한다.
증상~적색의 반점이 생겨 부패하고 회생 곰팡이가 발생한다.
원인~곰팡이
대책~발생한 꽃을 처분, 통풍
발생부위~꽃, 꽃봉오리, 잎, 새싹

*야도충
피해를 발견하면 포기 주위찾아 포살
피해~야간 활동을 하며 잎과 꽃을 식해
대책~유령충은 한낮에 잎의 뒤에서 찾고, 노령충은 흙속에 숨는다. 포기주위에서 찾아 포살 한다.
발생부위~꽃, 꽃봉오리, 잎, 새싹
사용약제~올트란제, 아팜유 등

*그림그리기 벌레
발견하면 초기에 대처한다.
증상~몸길이 2mm의 유충이 잎속을 식해 피해 입은 곳은 흰줄이 생긴다.
대책~피해입은 잎을 따고 조기 약제
발생부위~잎, 새싹
사용약제~아팜유제 등

*거염벌레
피해 포기 주위를 찾아서 포살
피해~낮에는 흙속에 숨고 야간에는 포기 밑동을 갉아 먹는다.
대책~포기 주위에서 찾아 포살. 유기물 퇴비는 완숙된 것을 사용
발생부위~줄기와 가지

금어초   화단심기, 꽃꽂이, 화분심기, 모아심기

학명~Antirrhium majus L.
종류~참깻잎 화초 1년초
화초의 키~20~120cm
개화기~4~7월 10~11월
종묘의 구입~2~6월 10~11월
이식~3~4월 10~11월
꽃색~적색, 핑크 백색 황색 오렌지 보라색 등
관상~화분심기 화단 꽃꽂이 모아심기
증식법~삽목~9~10월
파종~3~4월 9~10월

종묘는 1년내내 출하되고 있어, 언제든지 구입 옮겨 심을 수 있으나 봄과 가을이 적기이다. 개화 기간이 길어서 꽃껍질을 부지런히 따주면 꽃을 오래 즐길 수 있다. 파종은 봄가을에, 삽목은 가을에 한다.

금붕어와 같은 귀여운 꽃이 피는 금어초는 꽃 색도 풍부하고 화기가 길기 때문에 화단의 주역으로 적합하다. 꽃꽂이용의 고성종에서 화분 심기용인 왜성종까지 화초의 키가 갖가지이다. 초심자용으로 권할만 하다.

*기르는 법
씨앗으로 기를 수 있지만, 꽃이 달린 종묘가 1년 내내 출하되고 있어, 이것을 화분이나 화단에 이식하는 편이 간단하다.
4계절 꽃을 즐기려면 그 품종을 선택한다. 화분에 심는 경우 4~5분에 1포기 플렌터라면 3~4포기, 화단은 포기와 포기 사이는 20~30cm를 땐다. 화분과 화단 어느 것이나 배수가 잘되는 흙으로 부엽토를 석어야 한다.

밑거름으로는 완효성 화학 비료를 소량 주고 개화 기간에는 액비를월 1~2회 준다. 그리고 햇빛이 잘 드는 장소에서 기르고 흙의 표면이 마르면 물을 듬뿍 준다. 추위에 강하므로 실외에서 월동이 가능하다. 성장기에는 중심이 되는 가지의 끝을 따주면 곁눈이 나서 꽃수가 많아진다. 봄부터 여름의 개화기에는 부지런히 꽃 껍질을 따주고 꽃이 진후에는 뿌리의 밑동 가까이서 잘라주면 또다시 가을에 꽃이 핀다. 잘라낸 가지를 이용해 삽목으로 늘린다.

가을에 삽목으로 증식한다

람피언   로얄카페트   플로릴샤워

*금어초 기르기

1. 화분에 심는 경우 4~5호분에 1포기 플렌트라면 3~4포기, 노지에는 20~30cm간격으로 심는다. 그리고 배수가 잘되는 흙에 완효성 비료를 〈마그팬K〉를 밑거름으로 섞어서 하면 좋다.
2. 키가 큰 품종은 본 잎이 7~8잎일 때 앞 끝을 따주면 곁에서 싹이 나와서 튼튼하게 잘 자란다.
3. 개화 기간이 길기 때문에 월 1회 정도 웃거름으로 고형 비료를 준다. 그리고 햇빛이 잘 드는 장소에서 기르고 흙이 마르면 물을 듬뿍 준다.
4. 꽃이 끝난 줄기는 꽃이 달린 뿌리에서 잘라내면 곁에서 새로운 싹에서 잇달아 꽃을 맺는다.〈사진1〉

금어초는 화단을 풍성하게 장식한다

잘라낸다 〈사진1〉
가을에 삽목으로 증식을 한다. 〈사진2〉

추위속에서도 피는 꽃
수선화

학명 : *NArcissus spp.*
과명 : 수선화과 분류 : 가을파종 구근
이식, 분갈이 : 9월 중순, 10월
개화기 ; 1~4월, 12월
관리 : 6월 파내기

*추운 한 겨울부터 피기 시작하는 꽃의 모습은 매우 늠름하다. 그리고 다른 구근과는 달리 한결 당당한 기품을 느끼게 한다.

*계통 품종의 여러가지
꽃 재배의역사가 오래되고 많은 수의 원예 품종들이 있는데, 2개의 구릅으로 대별된다. 하나는 일찍 피는 꽃으로, 송이로 피는 수선화, 또 하나는 3~4월에 피는 나팔 수선화인 큰 잔 수선화, 작은 잔 수선화, 입술 연지 수선화 등이다. 근년에는 기쿠라미네우스, 발보코디움이라고 하는 원종인 수선화도 많이 재배되어 출하되고 있다.

*사는 법, 고르는 법
화분 심기로 구입할 때는 잎이 너무 자라서 늘어져 있는 것은 피하고 잎이 단단하고 꽃봉오리가 뻗어 나온 것을 고른다. 가을에 구근을 구입 할 때는 모양이 편평하고 작은 구근은 꽃이 피지 않는 경우가 있으므로 크고 둥글고 충실한 무거운 것을 고른다.

소형 수선화와 무스카리와 모아심기

수선화는 종류가 다양하고 화기花期도 12~4월로 폭이 넓기 때문에 품종이나 꽃색을 나누어 심으면, 각 품종마다 오래 즐길 수 있다. 노지에 심는 것은 물론이고, 컨테이너 등에 기르면서 향기를 즐긴다.

발보코디움

수선화 용기에 심기

흰꽃으로 피는 수선화

겹꽃 터히치

작은잔 수선화 바드링

*수선화 심는 장소관리 및 기르기
이식 후에는 가능한 한 햇빛이 잘 닿는 곳에 둔다. 추위에 강하므로 겨울에에 실외에 두어도 괜찮다. 실내에 두고 꽃을 일찍 피게 하고 싶을 때에도 12월까지는 실외에 두고 있다가 추위에 창가나 복도 등에 햇빛이 잘 드는 곳으로 옮긴다.

물주기~ 뿌리의 활동이 빠른 것이 수선화의 특징이다. 위로 싹이 나와 잇지 않아도 흙속에서는 부리가 잘 뻗고 있으므로 화분의 흙이 마르면 비록 겨울이라도 방심하지 말고 물 주기를 잊어서는 안된다.

비료~ 꽃이 다 피고나서 잎 끝이 노랗게 물들 때까지 1000배의 액비를 한달에 3~4회 주고 구근을 비대케 한다. 구근이 충분이 비대치 않으면 다음 해에 좋은 꽃이 피지 않는다.

병, 해충~ 잎에 가는 갈색의 반점이 생기는 반점병이 생기는 일이 있다. 만데브다이센 등의 살균제를 뿌려 방제한다.

*꽃이 끝나면
6월로 접어들면서 잎이 마르면 구근을 파내서 그늘에서 잘 말려 네트 등에 넣어서 시늘한 곳에 보관 했다가 가을에 이식을 한다.

*이것이 기르기 포인트
1. 늦지 않도록 9월 하순~10월에 이식한다. 컨테이너에 심을 때에는 뿌리가 깊게 뻗으므로 깊은 화분에 심도록 한다.
2. 화분의 흙이 마르면 겨울에도 물을 주어야 한다.
3. 구근을 6월에 파내어 보관 한다.

*관리 및 기르기

1. 가을에 배수가 잘 되는 흙에 밑거름을 주고 이식한다.
   노지에 심는 경우는 비옥한 흙에 구근 2개분의 깊이로 3개분의 간격을 떼고〈사진1〉, 화분에 심는 경우는 뿌리가 깊이 뻗기 때문에 깊은 화분〈5호분〉에 3~4구근을 목표로 머리 부분이 덮일 정도로 얕게 심는다.〈사진2〉
2. 이식 후에는 실외의 추위에 충분히 견디도록 하고 흙이 마르기 전에 물을 듬뿍 준다.
3. 꽃 껍질은 부지런히 따 주도록 하고〈사진3〉 꽃이 끝나고 나면 잎이 마르기까지는 웃거름으로 1주일에 1회 정도 액비를 주고 구근을 키운다.
4. 잎이 완전히 마르면 물 주기를 중지하고 구근을 파내어 네트에 넣어 그늘에 건조 보관한다.

*증식 법

건조 보관한 구근을 심어 증식 시킨다.

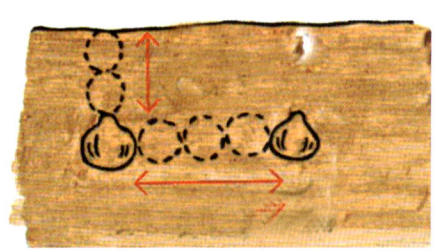

사진1

사진2

사진3

수선화 병, 해충

*바이러스 병
진디가 발생하지 않도록 한다
증상~농염한 얼룩 모양이 생긴다
원인~바이러스
대책~발병한 포기를 즉시 처분하다
발생부위~꽃, 꽃봉오리, 잎, 새싹

* 연부병
식물에 상처가 나지 않도록 주의한다
증상~포기 밑동이 부패해 악취를 풍긴다
원인~곰팡이
대책~발병한 포기를 뽑아내서 처분한다
발생부위~줄기 가지 뿌리

*반점병
밀식을 피하고 통풍이 잘되도록 관리
증상~회백색의 반점에, 흑립점이 발생
원인~곰팡이
대책~병든 곳을 제거한다
발생하기 쉬운 부위~잎 새싹

*진디
발생하기 쉬운 초봄에 주의 한다.
피해~새싹과 잎에 군생하여 흡즙
책~발견하는대로 털어내서 처분
발생부위~잎 새싹
사용약제~올트란제 모스피린제

화단과 용기에 심기 대 인기

숙근 버베나

학명 : *Verbena hybrida Voss*
과명 : 마편초과 분류 : 숙근초 내한성
이식 장소 : 양지
이식, 분갈이 : 3월 중순~4월
손질 : 6월 중순 7월 중순 잘라주기
개화기 : 5월~10월

*형태 및 특징
작은 꽃이지만, 줄기 수를 늘려서 피게하면 불품 있는 꽃이 달린 포기가 된다. 컨테이너의 모아심기나 행잉바스켓에 활발하게 심기 외에 컬러플한 그라운드 커버 푸란즈로서도 인기가 있다.

*계통, 품종의 여러가지
버베나도 여러가지 품종의 계통이 많다. 일어서는 성질의 것으로는 보나리엔시스 등이 있는데, 일반 가정에서 많이 재배되고 있는 것은 테네라게나, 타피안계, 꽃송이가 큰 "화수구"등 포복성인 것으로 품종, 꽃 색 모두가 다 풍부하다.

화수구의 행잉바스켓

화수구 스카레트

타피안

*사는 법 고르는 법
봄에 포트묘를 구입해 이식한다. 될 수 있으면 줄기와 잎이 웃 자라지 않은 튼튼한 종묘를 선택한다.

*실패하지 않은 관리요령
심는 장소~1년을 통해 햇빛이 잘 닿는 곳에서 관리한다. 만일 일조량이 부족하면 줄기와 잎이 자라기만 하고 꽃 맺음이 나빠진다. 단 여름을 지내는 동안에 무르는 일이 있으므로 통풍이 잘 되는 곳에서 기르고 장마가 개이기 전에 일단 베어 손질하는 것이 좋다.

비교적 내한성에 풍부하고 난지나 실외의 남향에서 월동 하는데, 강한 서리나 찬바람을 쏘이면 지상부가 마른다. 그래도 뿌리가 살아 있으므로 봄의 빠른 시기에 마른 잎을 베어 손질해 주면 드디어 새싹이 자라기 시작하여 회복되고 꽃이 맺고 핀다.

라이트 핑크

피치앤드 크림

*물주기
건조를 좋아 하므로 지나친 과습은 금물이다. 너무 물 부족이 되면 가는 잎이 말라서 마르고 원 상태로 돌아가지 않는다. 화분의 흙이 마르면 충분히 물을 주어야 한다.

*비료
화분 재배에서는 3월 하순~6월과 9월에 월 3회 정도 액비를 준다. 화단에 심는 것은 동 시기에 30~40일에 1회 화학 비료를 준다.

*병해충
해충이 붙거나 병이 드는 일이 적은 식물이다. 단, 장마의 긴 비로 흰가루병이 발생하기도 하고 통풍이 안되는 환경으로 진디나 잎 말린 벌레가 발생하는 일도 있기 때문에 밴레트 등의 살균제나 올트란 입제로 방제한다.

*다음 해에도 꽃이 피게 하려면
1~2년에 갈아 심기를, 컨테이너에 심고 1년째는 심은채로 두어도 괜찮지만, 2년째의 가을에는 새로운 용토에 갈아 심은 것이 좋다.

핑크파페

*이것이 포인트
1. 개화기가 길기 때문에 봄부터 여름에 걸쳐서 가을에 정기적인 추비를 하고 포기가 피로하지 않도록 한다.
2. 꽃 껍질을 부지런히 따 준다.
3. 1년을 통해 햇빛이 충분이 닿는 곳에 둔다.
4. 삽목으로 간단하게 종묘를 늘린다.

버베나 관리

*기르기

1. 봄에 종묘를 구입해서 햇빛과 배수가 잘되는 장소에서 기른다. 버베나는 포복성〈옆으로 기는듯이 가지가 뻗는다〉이기 때문에 너무 빽빽하게 심지 않는 것이 요령이다.

2. 개화 기간이 길기 때문에 월 1~2회 웃거름으로 액비를 주던가, 2개월에 1회 정도 고형 비료를 준다.

3. 무더워서 생육이 나빠지는 것을 방지하기 위해 꽃 껍질을 부지런히 따준다. 자란 가지는 반절정도 잘라도 좋다.

4. 더워지면 꽃이 잘 피지 않게 되므로, 잘라서 되 심고 웃거름을 주면 다시 꽃이 피기 시작 한다〈사진1〉.

5. 1년초는 파종으로 증식한다. 숙근초는 초 여름에 삽목으로 증식한다〈사진2〉.

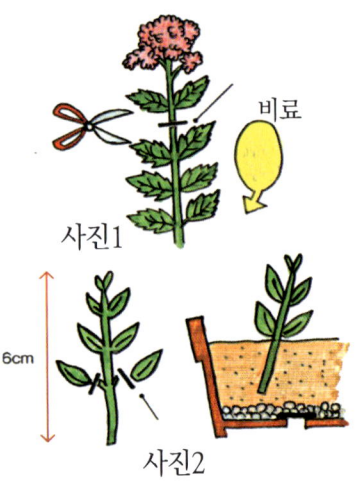

너무 자란 가지는 반정도 잘라주어 통풍이 잘되도록 한다.

보라색이 곱게 피는 덩굴성 식물

하덴벨기아

별명 : 사람, 킹콩
과명 : 콩과
심는 곳 : 1~3월 실내, 4~6월 양지~반 그늘
7~9월 석양 빛 닿지 않은 반 그늘, 10~11월 양지.
이식, 분갈이 : 5월, 개화기 : 3월~4월 중순
관리 : 5월 잘라주기
꽃색 : 보라, 흰색, 분홍

하덴벨기아 용기에 심기

*형태 및 특징

오스트리아 원산인 콩과의 덩굴성 상록수이다. 작은 나비 모양의 꽃을 요밀조밀 피게 해 보는 것이 즐겁게 한다. 잎도 조엽으로 아름다운 점에서 인기를 얻고 있다. 화분 꽃으로, 연말부터 봄에 걸쳐 출하 된다.

*사는 법 고르는 법

덩굴이 굵고 튼튼해 잎에 광택이 있고 꽃봉오리가 많이 달려 있는 것을 고른다. 따뜻한 지방에서는 펜스나 트레리스 등으로 유인해서 기를 수도 있으나 추위에 약하므로 일반적으로 화분 재배로 관상 한다. 실내에서 월동 시키면 2~3월에 개화 한다.

실패하지 않는 관리요령

겨울철에 화분 꽃을 구입하는 경우에는 저온이 되면 꽃봉오리가 떨어져 버리므로 난방이 없는 햇빛이 잘 닿는 창가에 놓고 표면이 마르면 물을 준다. 개화 중에는 물을 주어서는 안된다.

*꽃이 끝나면

꽃이 끝난 후에는 너무 자란 가지 등을 자르고 배수가 잘되는 용토에서 원비를 주고 화분 갈이를 한다. 봄과 가을은 양지나 반 그늘, 여름에는 통풍이 잘되는 곳에서 관리 한다.

하덴벨기아 둥근 테 작품

늦은 가을까지 꽃이 핀다
패튜니아

학명 : *Petunia hybrida Vilm.*
과명 : 가지과
원산지 : 원예 교배종
분류 : 봄 파종 1년초 또는 숙근초
심는 곳 : 1~3월 창가 및 실내
이식, 분갈이 : 4월~5월 중순
개화기 : 5~11월 중순
관리 : 4~5월 파종, 7월 중순 잘라
　　　주기~11월 중순

겹꽃의 패추니아

*계통, 품종의 여러가지

대단히 많은 품종이 있다. 꽃의 색도 적색, 백색, 보라, 청색, 황색꽃 외에 흰 복륜이나 세로 줄무늬가 들어가 있는 것 중심에 황색줄이 들어간 것 등 매우 다채롭다.

재래의 품종으로는 거대 대륜종으로 타이탄, 카스게이드계 챔피언 풀콘 리카바라 판타지계 등 그리고 중륜 종에는 꽃이 많이 달리고 비에 강해 화단용의 품종들이 많다.

이밖에 근년에는 새로운 계통을 도입해 만들어진 "사피니아", "미리언벨"이라는 새로운 품종군들이 출하되고 그 성질의 강함과 꽃이 맺는 좋은 점으로 인기를 얻고 잇다.

*사는법과 고르는 법

4~5월 경에 3호 포트에 심어진 꽃이 핀 종묘가 많이 출하 된다. 이것을 구입해 기른다. 종묘는 포기의 퍼짐이 좋고 줄기가 너무 자라지 않은 것 아랫잎이 노랗지 않고 잎이나 꽃이 위축되지 않고 모자이크병〈바이러스 병〉이 없는 것을 고른다.

*형태 및 특징

만추에 이르기까지 끓임없이 피어 창가나 베란다 및 이곳 저곳의 공간을 장식해 준다. 행잉바스켓과 플렌터에 모아심기를 해 관상 한다.

사이피니아 파플

기린웨이브 핑크

기린웨이브 자장

*실패하지 않는 관리요령

옮겨심기~포트에서 거내어서 뿌리가 너무 돌아서 봉지처럼 된 것은 밑부분을 찢어준다. 줄기가 너무 자라 있는 것은 반절 이하로 잘라주면 새싹이 자라나서 크게 성숙한다. 원비는 완효성 비료〈마그팬k〉를 준다.

심는 곳~가급적이면 베란다나 창가 등 차양이 있는곳과 햇빛이 잘 닿는 곳을 택한다. 건물의 북쪽이라도 간접광이 닿는 곳이면 꽃이 잘 핀다.

물주기~물이 마르면 시든다. 그러나 물을 너무 많이 주면 뿌리 부패의 원인이 된다. 표면이 마르면 물을 주면 된다.

비료~꽃이 생장해 가면서 계속 피므로, 비료 부족이 되면 꽃맺음이 나빠진다. 가을까지 액비를 10일에 한번씩 준다.

*숙근초의 품종은 꽃이 끝나면

11월 중순~하순에 땅위에서 10cm정도 남기고 자르고 마른 상태로 해서 서리를 맞지 않는 곳에서 겨울을 난다. 추운 곳에서는 실내로 옮긴다. 3월 경이면 땅위에서 새싹이 나므로 조금씩 물주기를 늘리고 4월에 들어서 비료를 주면 서 전년의 배 이상의 볼륨으로 키운다.

*이것이 포인트

1. 꽃이 한창 피면, 가지들을 짧게 베어 손질을 해 주면 싹이 돋아나 뻗고 그리고 모양이 아름답게 꽃이 핀다.
2. 비에는 약하므로 장마 때에는 주의를 해야 한다.

페튜니아 병, 증상

*모자이크 병
같은 장소에서 연작을 하지 않는다.
증상 : 꽃과 잎에 농염한 모자이크 모양이 생기기도 하고 얼룩이 지기도 한다.
원인 : 바이러스
대책 : 발병한 포기는 뽑아 처분한다. 화분 심기는 매년 새로운 용토를 사용 한다.
발생하기 쉬운 부위 : 꽃, 꽃봉오리, 잎, 새싹, 줄기와 가지.
사용 약제 : 올트란제 등 〈진디방제〉

*회색 곰팡이 병
꽃에 물을 뿌리지 않도록 한다.
증상 : 물방울이 스민듯 한 반점이 생기고 녹은 것 처럼 썩는다.
원인 : 바이러스
대책 : 병에 걸린 부분은 따내어 처분하고 장마를 피한다.
발생 부위 : 꽃, 꽃봉오리, 잎, 새싹, 뿌리.
사용 약제 : 게터 수화제, 포리베린 수화제 등.

*균핵 병
전년에 가지과를 재배한 곳을 피한다.
증상 : 잎이 나온 뿌리에서 썩고, 줄기에 퍼진다. 마르면 균사가 발생 한다.
원인 : 곰팡이
대책 : 발병 초기에 병든 부분을 제거하고 약제를 살포한다.
발생하기 쉬운 부위 ; 꽃 꽃봉오리, 줄기와 가지
사용약제 : 톱진m수화제

*윤문 병
통풍이 잘 되도록 한다.
증상 : 적갈색의 반점이 생긴다. 반점 중에는 고리 모양도 있다.
원인 : 곰팡이
대책 : 병든 잎을 제거 한다. 그리고 통풍이 잘되게 해 예방한다.
발생하기 쉬운 부위 : 잎 새싹

페튜니아 해충

*잎 그리기 벌레
발견 즉시 조기에 대처한다.
피해 : 몸 길이 2mm정도의 유충이 잎속에 들어가 식해 한다.
대책 : 피해를 입은 잎은 따내고 약제를 조기에 사용하면 효과적이다.
발생하기 쉬운 부위 : 잎, 새싹
사용약제 : 아팝유제 등

*얇은 껍질 벌레
화분을 직접 지면에 놓지 않는다.
피해 : 야간에 식해하고, 지나간 자리에는 접착액의 흔적이 남는다.
대책 : 야간의 활동 중에 포살한다. 화분 밑 바닥 등 숨기쉬운 장소를 없엔다.
발생하기 쉬운 부위 : 꽃, 꽃봉오리, 잎, 새싹
사용약제 : 나메톡스, 나메킬 등

*거염 벌레
발병 초기에 구제한다.
피해 : 잎과 꽃을 왕성하게 식해한다. 주야를 불문코 활동한다.
대책 : 식해된 곳의 흔적을 발견하면 유충을 찾아 포살한다.
발생하기 쉬운 부위 : 꽃, 꽃봉오리 잎 새싹
사용약제 : 올트란제, 아팝유제 등

*굴 노랑 엉겅퀴 벌레
바이러스가 병을 매개한다.
피해 ; 잎과 꽃을 식해하고 흡즙한다. 몸길이 1~2mm의 작은 곤충이다.
대책 : 피해를 입은 부분은 따서 처분하다. 그리고 꽃 껍질을 부지런히 따준다.
발생하기 쉬운 부위 : 꽃, 꽃봉오리, 잎, 새싹
사용약제 : 올트란제, 아팝유제 등

작은 꽃이 이삭처럼 핀다
리나리아

별명 : 아씨 금어초 분류 : 1년초, 다년초
과명 ; 참깨잎 풀과
분류 : 가을 파종 가을 파종 내한성
심는 곳 : 1~6월중순, 9~11월 중순 양지
이식, 분갈이 : 3월 이식
개화기 : 4월 중순~6월 중순
관리 : 1~3월 서리막이, 9월 중순 파종
      11월 중순~12월 서리막이

리나리아 컨테이너에 심기

*형태 및 특징

흙 표면에소 많은 줄기를 일으켜 세우고, 금어와 닮은 작은 꽃을 이삭모양으로 달린다. 꽃 색은 빨강, 붉은 보라, 분홍, 오렌지, 노랑, 보라, 파랑, 흰색, 초록 등 매우 다양하고 풍부하다. 재배되고 있는 품종에는 종간의 교배로 만들어진 1년초이지만, 같은 품종에도 다년초도 있다.

*품종 고르는 법

자연 개화로는 4월 중순부터 6월 중순이지만, 화분에는 봄에서 가을에 걸쳐서 출하되고 있다. 종묘는 튼튼하고 꽃봉오리가 많은 것을 고른다. 아랫잎이 노랗게 된 것은 피한다. 씨앗으로 큰 컨테이너에 군식하면 더 한층 볼 품이 있다.

*실패하지 않는 관리요령

양지라도 반 그늘에서 기른다. 화분 표면의 흙이 마르면 물을 듬뿍 준다. 씨앗으로 기르는 경우는 9~중순에서 하순에 파종을 한다. 씨앗은 적은 것이므로 씨앗이 묻히도록 얕게 복토를 한다.

일반적으로는 직파를 하는데, 4호 정도의 포트에 뿌리고 봄에 정식할 수도 있다. 밀식 상태로도 잘 개화 하므로 솎아 내기는 필요 없다.

굿피

리나리아 모아심기

*리나리아

1. 노지에 심는 경우는, 리나리아는 흙의 산성을 싫어 하므로 이식 하기 전 고토석회를 넣고 땅을 잘 간다. 화분에 심는 경우는 시판중인 배양토를 사용한다.
2. 밑거름으로 질소분이 적은 것을 넣고 이식 한다.
3. 표면이 마르면 물 대신 액비를 준다.〈사진1〉액비를 너무 많이 주면 진디가 발생하니 주의 한다.
4. 떨어진 씨앗으로 다시 다음해에도 자라 꽃을 피운다.
5. 증식~가을에 파종으로 한다〈사진2〉

리나리아 핑크

사진1

사진2

향기가 꽃송이 상태로 핀다
루크리아

과명 ; 꼭두서니과
분류 : 상록 저목 반 내한성
심는 장소 : 1`4월 중순 햇빛이 닿는 실내
이식, 분갈이 : 4월 중순~5월 중순
개화기 : 3월 중순~4월 중순
관리 : 4월 중순~5월 중순 전정

*형태 및 특징

루크리아는 5종의 원종이 있다고 알려져 있다. 현재 화분 꽃으로 보급되고 있는 것은 인도 앗삼 지방의 고원에서 쟈생하는 핀세아나 1종뿐이다. 가지 끝에 직경 15cm정도의 꽃송이를 달고, 옅은 5변화를 다수 피게 한다.

꽃이 좋은 향기를 감돌게 하는 데에서 앗삼벚꽃 향기〉라는 이름으로 불리우기도 한다.

*종묘 사는법, 고르는 법

반 내한성인 상록수로 본래는 봄에 개화 하지만, 온실에서 가온 해촉성 재배된 개화 포기가 겨울에도 화원 앞에 진열되고 있다.

이런 포기는 아무래도 추위에 약하므로 너무 장기간 찬바람을 맞으며 바같에 두는 것은 피해야 한다.

*실패하지 않는 관리요령

개화 중에는 창 밖의 햇빛이 닿는 곳에서 기른다. 5도 이상의 온도가 유지되면 난방은 필요 없다.

핀세아나

고온의 실내에서는 꽃이 잘 피지 않는다. 봄에 개화하는 가지를 짧게 잘라주고 더 큰 화분으로 분갈이를 해 실외로 내 놓는다.

적당한 습기를 좋아 하므로 적옥토6, 부엽토3, 강모래 1로 좋은 용토에 심는다. 반달동안 지나서 뿌리가 내릴 무렵에 고형 비료를 밑거름으로 준다. 여름의 심한 혹서는 피해야 한다.

*이것이 포인트
1. 난지를 제외하고, 겨울동안에는 가능한 한 실내에서 관리를 한다.
2. 건조를 싫어 하므로 물기가 마르지 않도록 주의 한다.

설활초〈정지꽃〉용기에 심기

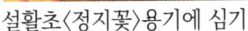

짙은 핑크화

수수한 정자꽃

변화에 다양양한 꽃 색과 꽃 모양

설활초

과명 : 미나리아제비과
분류 : 다년초, 내한성
심는 곳 : 1~4월 중순, 양지 4~11월
이식 : 4월~9월 중순 10월 중순
개화기 : 2~3월
관리 : 11월 중순~12월 고엽정리

*형태 및 특징

설활초로 널리 알려진 미스미초, 큰 미스미초, 스하마초라는 해파티카속의 다년초로 색채 변화에 다양하고 가련한 꽃을 피우는 인기가 있는 야생초이다. 꽃 모양도 보통의 홑 꽃에서 많은 꽃잎, 많은 겹꽃 중국식 머리 모양의 꽃 등 변화에 다양하다.

분갈이는 2~3년에 1회 4월 중순이나 9월 하순~10월 중순에 한다. 분갈이 시 용토는 녹소토6과 버미큐라이트 등을 섞어 배수가 잘되는 곳에 심는다. 꽃봉오리가 맺을 무렵이 되면 상한 잎은 정리하고 꽃 개화를 대비한다.

*이것이 기르기 포인트

1. 꽃이 끝난 후 11월 중순까지는 반 그늘에서 기른다.
2. 배수가 잘되는 질 좋은 용토에서 기르기는 것이 바람직 하다.

*사는 법, 고르는 법

원예종을 교배 기술 발전으로 겹꽃 등의 변이 종도 이전 만큼의 고사는 아니지만, 처음의 방법은 그러한 변화로 피기 보다는, 꽃 모양이 좋아서 색채가 아름다운 홑꽃으로 피는 것을 고른다. 이른 봄에 열리는 산야초 전시회 등에서 꽃을 보고 구입하면 바람직 하다.

*실패하지 않는 관리 요령

겨울부터 개화기에 걸쳐서는 양지에 두고 꽃이 다 피면 가능한 한 비를 맞지 않도록 관리 한다. 꽃이 끝나면 1000배로 묽은 액비를 주 1회의 비율로 수회를 주고 꽃 뒤의 가을에는 1회씩 고형 비료를 놓아 준다.

넘쳐 나도록 피어나는 꽃 모습
로벨리아

학명 : *Lobelia erinus L.*
과명 : 도라지과
분류 : 1년초 또는 상록 다년초 반 내한성
이식 장소 : 3월 중순 4월~중순
개화기 : 5~7월 중순, 9월~11월 중순
관리 : 7월 중순 잘나내기, 1년초 파종10월

*형태 및 특징
눈이 번쩍 띄일 정도로 남색의 작은 꽃이 포기를 덮고 후드러지게 핀다. 남 아프리카의 자생지에서는 다년초이지만, 더위와 추위에 약하기 때문에 우리나라에서는 1년초로 취급되고 있다. 꽃색은 남색 외에 보라, 분홍, 흰색 등이 있다.

*사는 법, 고르는 법
초 봄에 꽃봉오리가 맺힌 화분에 담아진 것이 판매되고 있는 일이 있지만, 가능하면 3월경에 출하되는 포트의 종묘를 구입해 화분이나 행잉바스켓에 심는 것이 뿌리 뻗는 것도 좋고 모습도 흐트러지지 않으며 꽃 맺음도 좋다.

*실패하지 않는 관리요령
시판중인 화초용 배양토를 사용해 이식 한다. 양지나 반 그늘에서 기르지만 햇빛이 잘 드는 곳이 포기가 흐으러지지 않고 포기를 덮을듯이 후드러지게 피어준다. 꽃이 피기 시작하면 반 그늘에서 관리해도 별 무리는 없다.

로베리아 행잉바스켓

물주기를 게을리 해 심하게 말라 포기가 시들면 원상태가 되지 않는 경우가 있으므로 화분 흙의 표면이 마르면 물을 듬뿍 주어야 한다. 그리고 비료는 봄과 가을에 월 2회 정도 액비를 주고, 여름에는 주지 않는다.

*꽃이 끝나면
여름에 꽃이 중단되면 가볍게 잘라서 통풍이 잘되는곳에서 여름나기를 하면 가을에 다시 개화를 한다.

*이것이 포인트~
1. 반 그늘에서도 기르지만, 햇빛이 좋은곳이 포기의 자태가 흐으러지지 않는다.
2. 여름은 자르고 서늘한 곳에서 관리를 한다.

로벨리아 관리

1. 봄에 배수가 잘되고 습기가 있는 흙에 밑거름으로 완효성 비료〈마그판k〉를 주고 이식 한다.
2. 약간의 포기와 포기사이의 간격을 떼어서 이식 하고 통풍이 잘되게 해 준다. 더위를 싫어 하므로 여름에는 반 그늘에서 관리하고, 겨울에는 실내의 햇빛이 있는 곳에서 관리 한다.
3. 한 여름을 제외 하고는 월 2~3회씩 웃거름으로 액비를 준다. 건조와 과습은 싫어 하므로 물은 자주 소량씩 오전에 준다
4. 꽃 껍질은 시들은 부분을 부지런히 따주고 여름 전에 잘라서 되 심기를 하면 가을에 다시 풍성 한 꽃을 즐길 수 있다.〈사진1〉

1/3정도 잘라 되 심는다

증식은 삽목으로 하지만, 떨어진 씨앗으로도 발아한다

레드 크라운

카르미아

오스보레드

별 사탕과 같은 꽃이 매력!!
카르미아

별명 : 미국 석남화
과명 : 진달래과
분류 : 관엽, 상록, 저목
심는 곳 : 1년 내내 양지 바른 곳
이식, 분갈이 : 6~9월 중순, 10월 중순
개화기 : 5월 손질 : 10월 꽃 찌꺼기 따기

형태상의 특징
화려하게 피었다가 꽃이 지면서, 별 사탕을 쏙 빼 닮은 꽃봉오리가 꽃보다도 짙은 색이므로 꽃봉오리에서 개화까지 오래 즐길 수 있다. 기르기에 좋은 라티포리아와 원예점에서 농홍색의 오스보레드 등이 대표적인 품종이다.

꽃을 고르는 법
봄부터 원예점에서 출하한다. 뻗어나온 가지 수의 약 반 정도의 가지 끝에 꽃봉오리가 달리고, 잎에 광택이 있는 것을 고른다.

실패하지 않는 관리요령
가능한 한 햇빛이 잘 드는 곳에 둔다. 과습을 싫어 하므로 화분 표면의 흙이 마른듯 하면 물을 충분이 준다.

카르미아는 꽃 맺음이 다음 해에 맺지 않는 경우가 있다. 꽃 눈이 너무 많이 달리면 빠른 시일에 반절 정도의 꽃봉오리를 따준다.

꽃이 끝나면
꽃이 끝난 후에 유기 고형 비료를 추비 한다. 그 외 추비는 꽃눈이 생기기 전인 9월 상순 한비를 준다.
2~3년에 1회 꽃이 끝난 직후나 9월 중순~10월 상순에 녹소토와 피트모스를 섞은 용토로 분갈이 한다

이것이 포인트~햇빛이 잘 드는 곳에서 관리 한다.
2~3년 1회 꽃이 진 후 초 가을에 분갈이를 한다.

색채가 풍부하고 화려한 꽃

석남화

과명 : 진달래과
분류 : 상록, 관엽, 저목
심는 곳 : 1~7월 중순 양지, 7~8월 그늘,
　　　　　9~12월 양지
이식, 분갈이 : 3월, 10월
관리 : 10월 꽃봉오리 따주기
개화기 : 5월

*형태 및 특징

큰 꽃이 송이 상태로 피는 볼품이 있는 꽃 나무다. 서양에 석남화가 있는데, 화분 재배가 되고 있는 것은 주로 꽃이 커서 화려한 서양 석남화이다.

*꽃을 고르는 법

일반적으로 종묘를 구입해 심기를 한다. 종묘를 고를 때 잎이 두꺼우며, 짙고 가지 수가 많으며 균형이 잘 잡혀 있는 것을 고른다.

*꽃이 끝나면

여름은 서늘한 곳에 두고, 일상적으로 물주기 외에 저녁에 엽수를 한다. 비료는 가을과 봄, 춘분과 추분의 7일 전 후 유기 고형 비료를 치비 한다. 겨울은 실내에 둔다.

하이든 한타

레잔마리

파불스프랜더

*실패하지 않는 관리요령

분갈이의 적기는 3월과 10월이다. 구입한 종묘는 조금 큰 화분으로 배수가 잘되고 보수력이 좋은 용토에 분갈이를 한다. 석양을 싫어 하므로 봄 가을에는 오전 중에 햇빛이 들고, 오후에는 그늘에 둔다. 화분 표면의 흙이 마르면 물을 주고, 가을까지 주 1회 묽은 액비를 준다.

꽃이 너무 많이 피면, 다음 해에 꽃이 맺지 않게 된다. 꽃봉오리가 많이 달릴 때에는 가을에 반절 정도 따준다.

이것이 포인트~여름에 나무 그늘 등 서늘한 곳에 둔다. 꽃봉오리가 너무 달릴 때에는 가을 중 반절 정도의 꽃 봉오리를 따준다.

호화로운 꽃을 즐긴다
아마릴리스

학명 : *Hippeastrum hybridum*
과명 : 수선화과 원산지, 멕시코
심는 곳 : 1~3월 중순,
이식, 분갈이 : 3~4월 중순
개화기 : 5~7월 중순
관리 : 10월 2년에 1회 분갈이

애플 풀롯삼

형태 및 특징
초 여름에 굵은 꽃대를 올려 세우고 그 끝에 백합을 닮은 큰 꽃을 피운다. 가장 많이 출하되고 있는 것은 화란에서 만들어 낸 대륜화인 루도윗계로 포트에 심어져 시판되고 있다.

*종묘를 고르는 법
포트에 심어진 것은 꺼내 볼 수 없지만, 구근을 고를 때는 병반이 없고 둥굴고 광택이 있는 것을 고른다. 개화한 포기를 고를 때에는 꽃만이 아니고 잎도 잘 자란 것을 골라야 한다.

*실패하지 않는 관리요령
구근의 이식 적기는 3월 하순~4월 상순이다.

캔디케인   테이블 아마리스 패션

배수가 잘되는 용토에 밑 거름을 주고 대륜계로 7호 화분에 1구근을 목표로 해 구근의 머리가 보일 정도로 얕게 심는다.

싹이 나오면 양지로 옮겨서 관리 한다. 물주기는 화분 표면이 마르면 준다.

*꽃이 끝나면
꽃 껍질을 따고 기름진 골분 등의 지효성 비료를 주고 9월까지 액비를 준다. 겨울은 10월 경부터 서서히 물 주기를 줄이고 실내에서 월동 시킨다. 분갈이는 2년에 1회 10월에 해 준다.

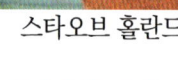

스타오브 홀란드

*이것이 포인트
꽃이 끝난 후에는 꽃대를 남겨서 꽃 껍질을 따 주고 웃거름을 주어서 잎을 무성케 한다. 월동은 화분이 건조 상태 그대로 한다.

아마릴리스 관리와 병, 해충

*기르는 법

1. 노지에 심는 경우는 사진1의 간격으로 하고 화분에 심는 경우는 6~7호 분〈18~21cm〉에 1구근을 목표로 이식 한다. 서리의 염려가 없는 시기를 골라서 심는다. 이식하고 나서 10일 전 후는 건조 상태로 관리를 하고, 그 후에는 흙 표면이 마르면 물을 준다.
2. 여름에 기르는 장소는 통풍이 잘되는 반 그늘에서 서늘하게 관리하고 겨울에는 따뜻한 실내에서 기르기를 한다. 필히 서리가 내리기 전 실내로 옮겨 관리를 해야 한다.
3. 성장 기간 중의 웃거름은 1000배에 묽게 탄 액비를 월 1~2회를 준다.
4. 꽃이 끝나면 꽃대를 자르고 9월 말까지는 10일에 한 번의 페이스로 액비를 준다.

아마리스의 용기에 심기

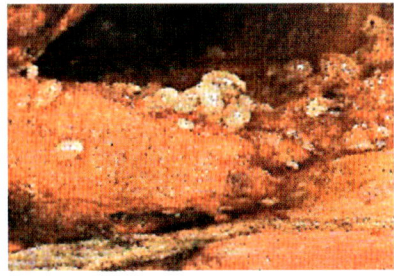

*적반병
발병 초기는 불규칙한 적색반점
증상, 적갈색의 병반에 곰팡이 발생
대책, 발생한곳을 잘라내 처분한다.
발생부위, 꽃, 꽃봉오리잎, 새싹

*로빈 네진드기
구근을 살균하고 옮겨 심는다.
피해, 부리와 구근에 군생 흡즙
대책, 해충이 없는 구근을 심는다.
발생하기 쉬운 부위, 뿌리

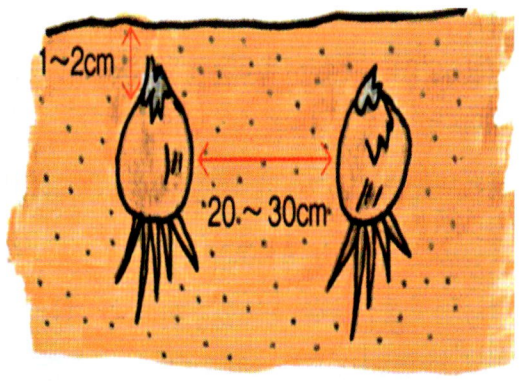

증식, 사진1 다음 해 3~4월에 분구해서 이식을 한다.

아기자기한 모습의 꽃
펠라고늄

학명 : *Pelagonium peltatum*
과명 : 쥐손이풀과
분류 : 상록 다년초 비 내한성
심는 곳 : 1~3월 11~12월 실내
이식, 분갈이 : 9~10월 중순
개화기 : 4~6월
관리 : 9~10월 중순 삽목

아즈테크

*형태 및 특징
제라늄과 유사한 꽃으로 제라늄에 비해 고운 모양의 꽃을 봄부터 초 여름에 걸쳐서 피운다. 꽃이 훌륭한 대륜종 외에 잎에 방향이 있는 허브 제라늄의과의 교배로 생긴 방향성이 있는 품종도 있다.

*꽃 종묘 고르기
가지 수가 많고 가지가 균형 있게 배치되어 있는 것을 고른다. 줄기가 굵고 마디가 가득 차고 튼튼한 감을 주는 것이 좋은 것이다. 화분 심기 외에 플렌터 등에 군식하면 매우 볼품이 있다.

이것이 포인트~ 햇빛이 잘 드는 곳에서 기른다. 개화 중에는 꽃에 비가 맞지 않도록 주의 하여야 한다.

*실패하지 않는 관리요령
햇빛을 좋아 하기 때문에 화분 꽃을 구매하면 햇빛이 좋은 장소에서 관리 한다. 개화 중에는 꽃에 비가 맞지 않도록 한다. 화분 흙이 마르면 물을 준다. 봄과 가을에는 액비를 월 2~3회 준다.

*꽃이 끝나면
9~10월 키를 3/1로 자르고 조금 큰 화분으로 옮겨 심는다. 겨울에는 5~6도 정도 이상으로 유지할 수 잇는 곳에서 월동을 시킨다. 약간 건조한 상태에서 물을 준다. 9~10월 삽목으로 번식 시킨다.

모닝 글로리

민트시폰

푸른바고 화분에 심기

에스카페트 화이트

에스카페트 블루

청량감이 풍만한 담청색의 꽃
푸른바고

별명 : 루리축재, 아오축제
과명 ; 소나무과
분류 : 상록, 저목 비 내한성
심는 곳 : 1~3월 하순 11~12월
이식, 분갈이 : 3월 하순
개화기 : 5~10월 중순
관리 : 7~8월 중순 잘라내기

*형태 및 특징
추위에 약하므로 주로 화분 기르기로 하고 있다. 늦 봄에서 가을로, 가는 가지 끝에 프록스의 꽃을 닮은 담청색의 작은 꽃을 잇달아 피게 해 반 구상의 꽃 이삭이 된다.

*꽃이 끝나면
3월 하순 경 가지를 짧게 잘라내고 조금 큰 화분으로 바꾸어 심는다. 또한 5~8월에 삽목으로 번식 시킨다.

*이것이 포인트
봄부터 가을까지는 햇빛이 잘 드는 곳에서 관리를 한다.

꽃이 끝난 후에 가지를 잘라주면 새싹이 나와서 다음해 꽃이 핀다.

*꽃 고르는 법
봄부터 가을에 이르러 화분에 담아진 꽃이 출하된다. 줄기가 굵고 마디 사이가 가득 차 있는 튼튼한 것을 고른다. 행잉 바스켓이나 컨테이너에 모아심기 최적이다.
겨울철의 최저 기온이 2~3도 정도 되는 곳에서는 가지끝이 말라서도 월동하는 것이므로 성원에 심어 관상할 수 있다.

*실패하지 않는 관리요령
화분에 담아진 꽃을 구입하면 햇빛이 잘 드는 창밖에 두고 11월이 되면 실내의 춥지 않는 곳에 두고 관리 한다. 물주기는 5~6월에는 화분 표면의 흙이 마르면 물을 준다. 겨울에는 삼가한다. 봄부터 가을까지 왕성하게 생육 하므로 꽃이 끝난 후에는 가볍게 잘라주면 새싹이 나오고 그리고 꽃이 잇달아 핀다. 봄부터 가을까지는 묽은 액비를 준다.

형형색색 아름다운 꽃
헤리 크리샴

과명 : 국화과
개화기 : 5~10월
심는 곳 : 1~12월 양지
이식, 분갈이 : 4월 중순 봄 파종
　　　　　　5월~6월 초순 가을 파종
관리 : 4월 파종 9~10월 초순 파종

*형태 및 특징
오스트레일리아 원산인 1년초이다. 단단한 줄기를 똑바로 세우고 그 꼭대기 부분에 바삭바삭한 보리 짚 세공과 같은 꽃을 맺는다. 키가 1m가까이 되는 보리 짚 국화 외에 근연종으로 핑크의 작은 꽃을 꽃송이 상태로 맺는 카시아남, 왜성으로 화분용의 원예 품종 :꽃 비녀: 등이 있다.

*꽃 고르는 법
자연적인 개화는 6~10월이지만, 촉성 재배된 화분 꽃이 정월부터 봄에 출하된다. 줄기가 굵고 굳건하게 서 있고 마디 사이가 단단하며 튼튼한 것을 고른다.

화분용이나 화단에서 즐길 수 있는 외에 드라이플라워로 이용 된다.

*실패하지 않는 관리요령
햇빛과 통풍이 잘 되는 곳에 두고, 화분 흙의 표면이 마른 듯 하면 물을 듬뿍 준다.

*씨앗으로 기른다.
씨앗은 4월 또는 9월 하순~10월 상순에 적옥토 6:피트모스 4의 배수가 잘 되는 묘판에 뿌리고 씨앗이 보이지 않을 정도로 복토를 한다. 본 잎이 2~3 잎이 되면 포트에 옮기고 본 잎이 5~6 잎이 될 무렵에 화분에 정식 한다. 이식하고 나서 2주일 후에 인산과 칼리 분이 많은 배합 비료를 치비 한다.

이것이 포인트~드라이 허브에 최적이다.
화분 꽃은 햇빛이 잘 들고 통풍이 잘 되는 곳에 두고 기른다.

가련한 꽃을 피워주는 구근
로드 히포키시스

별명 : 앗쯔 앵화 꽃   과명 : 고킨바이자사과
분류 : 봄에 심는 구근 개화기 : 5~6월 초순
심는 곳 : 1~3월 중순, 11월~12월 처마 밑 등 3월 중순~6월, 9월 중순~10월 양지 7~8월 중순 반 그늘
이식, 분갈이 : 3월 중순

*형태 및 특징
4~5월 경 벚꽃을 닮은 꽃이 맺은 작은 화분의 꽃이 출하 된다. 별명 앗쯔도와는 관계는 없고 남아프리카 원산인 구근 식물이다. 더위와 추위에 약하므로 화분 꽃으로서 우리들 곁에서 가까이 있다. 꽃의 지름 2cm전 후의 소륜 종에서 5cm전후의 대륜 종까지, 꽃 색도 빨강, 분홍, 흰색 등 여러가지 이다.

*꽃 고르는 법
일반적으로 얕은 화분이나 작은 화분에 산야초 풍으로 심어져 팔리고 있다. 잎과 색이 짙고 힘이 있어 보이는 포기로 좋아하는 꽃 색의 것을 고른다.

*실패하지 않는 관리요령
개화한 포기를 구하면 양지에서 7월부터 서늘한 곳에서 관리 한다. 화분의 표면 흙이 마르면 물을 준다. 여름에는 비료는 주지 않는다.

*꽃이 끝나면
가을이 되어 잎이 남아 있는 동안에는 액비를 준다. 잎이 누렇게 되면 물 주기를 끊고 건조시켜 화분을 얼지 않는 곳에 둔다. 또는 구근을 파내어 촉촉한 버미큐라이트에 싸서 실내에 저장해 둔다. 다음 해 3월 중순 경 완효성 화학 비료를 밑거름으로 하고 화초용 배토에 심는다.

행잉바스켓 모아심기

꽃을 관상하는 굴풀과의 식물
샐비어〈깨꽃〉

학명 : *Salvia splendens*
쌍떡잎 식물 통화식물목 꿀풀과의 한해살이
원산지 : 브라질
과명 : 꿀풀과 분류 ; 1년초
기후 : 양지 심기 : 5월
개화 : 6월 중순~10월
거름 : 4~7월
키 : 60~90cm
재배 포인트 : 양지, 통풍이 잘 되게 해준다.

*형태 및 특징
여름의 화단에 피는 꽃으로 인기가 매우 높다. 꽃이 이삭 모양으로 피는 것이 많고, 품종은 풍부하다. 허브의 쎄이지와 비슷하다.

셀비어〈깨꽃〉

*꽃 고르는 법
씨앗이 시판되고 있으나, 포트묘가 4~5월에 출하된다. 이것을 구해 기르기 한 것이 간단하다. 마디 사이가 가득차서 단단하고, 포기 밑둥이 흔들리지 않고 튼튼한 것을 골라야 한다.

화분에 심기용으로는 콤팩트한 화초 모습의 1년초이다. 플렌터나 큰 컨테이너에 심거나, 꽃과 색을 돋보인 실버리프 등과 모아심기를 하면 바락직 하다. 대형이 되는 것은 다년초이다.

용기에 심은 셀비어

여러가지 꽃색을 용기에 심은 셀비어

*실패하지 않는 관리요령

파종~온도가 높아지는 5월이 적기이다. 넓직한 분을 사용하고 모래와 부엽토를 섞은 것을 심을 곳에 뿌린다. 마르지 않도록 관리하면 10일 정도에서 발아한다. 본 잎이 3~4잎이 될 무렵 포트에 이식하고, 본 잎이 7~8잎이 되면 화분에 용토를 넣어 옮겨 심기한다.

물주기~화분의 흙이 마른 듯 하면 밑구멍에서 물이 나올 정도로 풍족하게 준다. 샐비어는 건조에 약해 너무 건조하면 꽃이 뚝뚝 떨어져 버린다. 또 극단적으로 마르면 아래 잎들이 떨어져서 날개 진드기가 발생하기 쉬우므로 물 부족이 되지 않도록 주의한다.

포기 손질~여름에 꽃이 다 피면 마른 꽃대를 잘라내고 긴 줄기를 되 잘라서 모양을 정돈하고, 1주일 1회 액비를 주면 가을에 다시 아름다운 꽃을 볼 수 있다.

비료~비료가 부족하지 않도록 1주일에 1회 액비를 준다.

*이것이 포인트~

1. 건조에 약하므로 너무 건조하면 꽃이 눈물을 흘리며 떨어져 버린다. 또 완전히 마르면 아랫 잎들이 떨어져서 날개 진드기가 발생하기 쉬우므로 물부족이 되지 않도록 주의한다.
2. 꽃이 피는 기간이 길기 때문에 비료 부족이 되지 않도록 한다.
3. 여름이 꽃이 일단락 되면 가지와 줄기를 되 잘라서 포기를 쉬게하고 가을 꽃을 대비 한다.

파리나세아

코키네아

샐비어〈깨꽃〉 병, 증상

*역병
배수가 잘되는 곳에 심는다. 증상 : 포기 밑동에 타원형의 반점이 발생하고 표면에 곰팡이가 돋는다
대책 : 발병한 포기는 뽑아내고 주위의 흙도 함께 파내어 처분한다.
발생하기 쉬운 부위 : 줄기, 가지, 뿌리.

*모자이크 병
병을 매개하는 진디를 예방 한다.
증상 : 잎에 모자이크 모양이 생기고 오그라져 기형이 된다.
대책 : 발병한 포기는 뽑아서 처분한다. 그리고 진디를 예방한다.
발생 부위 : 꽃, 꽃봉오리, 잎, 새싹, 줄기, 가지.
사용약제 : 올트란제, 베니카로스풀 등 〈진디예방〉

*날개 진드기
건조가 되지 않도록 한다.
피해 : 잎 뒤를 흡즙한다. 그리고 흰 잔줄이 생긴다.
대책 : 잎 뒤를 분무기로 씻어 내도록 한다. 그리고 고온 건조에 주의 한다.
발생하기 쉬운 부위 : 잎, 새싹.
사용 약제 : 파록풀로아불, 접착 훈액제, 마라톤 유제 등.

*온실가루 벌레
가지고 들어가지 않도록 한다.
피해 : 성충은 백색으로 흡사 작은 매미처럼 보인 것이 흡즙 한다.
대책 : 가능한 병든 것을 가지고 들어가지 않도록 한다. 살충제를 포기 밑동에 뿌리고 유충을 퇴치 한다.
발생하기 쉬운 부위 : 잎, 새싹. 사용약제 : 베스트가드 수용제 등.

*솜 진디
매일 매일 관찰해 즉시 구제 한다.
피해 : 새싹에 발생해 흡즙한다.
대책 : 종이를 편 위에 털어서 처분한다.
　　　황색접착 테잎으로 유인한다.
발생하기 쉬운 부위 : 꽃, 꽃봉오리,
　　　　　　　　　　잎 새싹
사용약제 : 올트란제

*차 먼지 진드기
잎에 물뿌리게로 물을 세게 뿌려서 방제한다.
피해 : 피해를 입은 곳은 기형이 된다.
대책 : 잎 뒤를 힘차게 물로 씻어낸다.
　　　발생한 곳은 일찍 처분한다.
발생 부위 : 잎, 새싹

*거염 벌레
포기 주위를 파고, 찾아서 포살 한다.
피해 : 8월 이후에 활동하며 식해 한다.
대책 : 잎의 뒷쪽에 숨어 있으므로 찾아서 포살 한다.
발생 부위 : 잎, 새싹.

밝은 그늘에서도 연달아 꽃이 핀다
임파첸스

Impatens Waiieriana
밝은 그늘에서도 잇달아 꽃을 피우고,
초여름부터 가을의 화단을 풍성하게 한다.

과명 : 초선초과 종류 : 1년초 또는 다년초
기후 : 밝은 그늘 키 : 15~50cm
심기 : 5~6월 개화 ; 5~10월
거름 : 5~7월 9~10월
별명 : 아프리카 봉선화 비 내한성

*형태 및 특징
소담하고 무성해 포기를 덮을듯이 꽃을 피운다. 기르기가 쉽고 초여름부터 가을까지 계속 피는, 여름의 대표적인 화초이다.

*계통, 품종의 여러가지
많이 재배되고 있는 것이 남아프리카 원산인 임파첸스이다. 원래는 다년초이지만, 추위에 약하기 때문에, 우리나라에서는 봄 파종 1년초로 취급되고 있다.

꽃색이 풍부하고 꽃이 달린 품종이 많이 출하되고 있다. 그리고 겹꽃 종도 있다. 이 밖에 뉴기니아 원산 종을 재배해 육성된 뉴기니아 임파첸스가 있다.

임파첸스에 비하면, 대륜 다화성으로 비교적 어두운 장소에서도 꽃을 피게 하므로, 환경이 좋으면 1년 내내 꽃을 관상도 가능하다. 잎이 담황이나 붉은 색 등의 무늬가 들어 있는 것이나 동엽銅葉의 품종도 있다.

임파첸스 용기에 심기

펜스를 장식한 행잉바스켓

시셀아프리코트

패스터 슈퍼크라로즈

*꽃 고르기

종묘는 날씨가 따뜻한 5월 이후에 구입한다. 너무 웃자란 것보다 마디 사이가 짧고 튼튼한 것을 고른다. 아랫잎이 떨어진 것이나 누렇게 된 것은 피한다. 뉴기니아 임파첸스는 화분 꽃으로 많이 시판되고 있다. 그러므로 마음에 든 꽃 색을 구입한다.

*실패하지 않는 관리요령

이식~적옥토, 피트모스, 버미큐라이트 등을 같은 비율로 혼합한 용토를 사용하고 플렌터에서는 10cm간격으로 5호 화분에 2포기를 이식한다.

심기~양지를 좋아 하지만, 더워지는, 장마가 걷히는 무렵부터는 통풍이 잘 되는 밝은 반 그늘의 서늘한 곳에 둔다. 여름이라도 서늘한 곳에서는 양지에 두어도 꽃이 잘 핀다. 10월이 되면 꽃이 적어져서 실외에 두면 말라 버리지만, 10도 이상이 되는 햇빛이 잘 드는 실내에서도 월동이 된다.

패스터 핑크리플즈

임파첸스 관리

*기르기

1. 임파첸스는 양지든 반 그늘이던 잘 자라지만, 고온과 건조를 싫어 하므로 여름에는 반 그늘 이 외에는 양지에서 기른다.
2. 노지에 심는 경우는 20~30cm간격으로, 충분한 밑거름을 주고 이식한다. 화분에 심는 경우에도 잘 자란다. 큰 화분에 이식한다.
3. 배수가 잘 되는곳과 습기가 잇는 흙에서 기르고, 물 부족이 않되도록 한다. 특히 여름철에는 건조하기 쉬우므로 1일에 2회 정도 물주기를 한다.
4. 임파첸스는 개화 기간이 길기 대문에 웃거름으로 월 1~2회 액비를 준다. 꽃 껍질도 부지런히 따준다〈사진1〉
5. 늦 여름에 줄기를 잘라서 되 심고 포기 밑동에 고형 비료를 준다. 〈사진2〉이렇게 해 줌으로써 가을에 또 꽃을 관상 할 수 있다.

〈사진1〉 꽃껍질을 따 준다.

〈사진2〉 3/1정도 잘라서 되 심는다.

임파첸스 병, 해충 증상

*입고 병

같은 장소에서 연작을 피한다.
원인 : 곰팡이
증상 : 아랫 잎이 노랗게 변하고 마른다.
대책 : 뽑아 내 처분한다. 미숙한 퇴비도 병의 원인이므로 완숙 퇴비를 쓴다.
발생 부위 : 그루 전체, 사용약제 : 오소사이드 수화

*반점 병

밀식을 피하고 통이 잘되게 한다.
증상 ; 갈색의 반점이 생기고 낙엽이 진다.
대책 : 통풍이 잘되게 해 예방한다. 피해를 입은 곳은 뽑아서 처분한다.

*차 먼지 진드기

물을 뿌려서 예방과 방제를 한다.
피해 : 새싹 등에 발생해 흡즙하고 꽃과 잎이 기형이 된다.
대책 : 힘차게 씻어내고, 진드기 살충제를 살포한다.
발생 부위 : 꽃, 꽃봉오리, 잎, 새싹

*거염 벌레

주위의 풀숲을 없에고 구제한다.
피해 : 야간에 왕성하게 식해, 한 낮에는 잎 뒤에 숨는다.
대책 : 야간 활동을 하고 있는 곳을 찾아 포살
발생 부위 : 꽃, 꽃봉오리, 잎, 새싹
사용 약제 : 올트란 유제, 아팝유제 등

세계 제일의 꽃이라 불리우는 꽃

구근 베고니아

학명 : *Begonia*〈베고니아과의 한속〉
꽃이 피는 기간이 길다.
최저 기온 5℃ 이상에서 월동 한다.
한 겹으로 피고 여러 겹으로 피는 종자가 있다.

원산지 : 아메리카
분류 : 구근초
화초 키 : 15~30cm
기후 : 양지
심기 : 4~6월 개화 : 4~10월
재배포인트~흙이 습하지 않도록 한다
별명 : 추해당화과

페알케이

카메리아 꽃

*형태 및 특징

눈에 번쩍 띄이는 화려한 꽃을 피우는 것이 구근 베고니아다. 직립한 줄기에 대륜의 꽃이 달린 스탠드 타잎, 같이 직립한 줄기에 중륜의 꽃을 많이 맺는 멀티플로 타잎, 아래로 늘어지는 줄기에 소륜의 꽃이 다수 피는 행잉바스켓 타잎이 있다. 그리고 수많은 품종이 있으나 꽃 모양이나 꽃 색도 변화에 풍부한 점에서, 카네이션, 폼드, 레드나, 카메리아, 풀라워드 핑크라는 분류로 되어 있다.

*종묘 구입 법

잘 분지해 가지도 굵고 튼튼한 것을 고른다. 잎은 표면에 광택이 나고 가능한 한 잎 새가 두꺼운 것이 좋다.

*실패하지 않는 관리요령

심는 곳~꽃을 지속적으로 피게 하려면 1일 14시간 이상 밝은 빛을 쪼여줘야 한다. 일조 시간이 부족한 장소에서는 전등빛으로 보충해 준다. 단 고온을 싫어 하므로 여름에는 통풍이 잘 되는 곳에 두고, 30도 이산이 되지 않도록 한다.고온에서는 구근이 부패할 우려가 있으니 주의가 필요 하다. 또 잎이 볕에 타지 않도록 50%정도 차광을 해준다.

물주기~봄과 가을은 하루에 1회 물을 준다. 여름은 화분 흙의 건조 상태를 보고 필요하면 조석으로 2회 주지만, 화분 흙의 과습을 싫어 하므로 너무 많이 주는 것은 금물이다.

카메리아 꽃 피우기

백화종

테네라사몬 오렌지

비료~구입한 포기는 화분 흙속에 밑거름이 들어 있으므로 2주일에 1회 액비를 준다.

병, 해충~진디는 스미치온 유제, 먼지 진드기는 오사단 수화제로, 흰가루 병은 서프를 유제로, 회색 곰팡이 병은 벤레트 유제 등으로 방제 하도록 한다. 마른 잎이나 꽃 껍질은 일찍 제거 한 것도 병의 예방에 도움이 된다.

***다음 해에도 꽃을 즐기려면,**
9월 말부터 줄기의 잎이 마르기까지는 햇빛을 쪼이고 비료도 듬뿍 주어서 구근을 발육시킨다.

줄기 잎이 말라서 휴면기로 들어가면 파내어 헌 뿌리를 자르고 물 이끼로 싸서 보관 한다. 다음해 4월 상순에 새 용토에 이식 하고 새보이 싹을 나오게 한다. 그 후에는 월 1~2회 액비로 웃거름을 주면 기온의 상승과 함께 생장해 가고 드디어 잎 사이에서 꽃봉오리가 보이기 시작 한다.

***이것이 기르기 포인트**

1. 개화에는 1일에 14시간 이상의 햇빛이 필요 하다.
2. 여름 고온에 약하므로 통풍에 조심한다.
3. 생육 기간에는 2주일 한번 액비를 준다

노란색 꽃이 여름 화단을 장식하는,
메리골드〈천수국〉

학명 : *Tagetes erecta*
쌍떡잎 식물 향판화군 초롱꽃목
국화과의 한해살이 풀
개화기 : 6~10월
심는 곳 : 5~10월 양지
이식, 분갈이 : 4월 중순~5월
관리 : 4~5월 파종 8월 초순 되자르기
별명 : 프렌치 마리골드~공작초~만수국

*형태 및 특징
봄부터 가을에 걸쳐서 잇달아 꽃을 계속 피우는 튼튼한 꽃으로 만개할 때에는 포기가 꽃으로 덮은 것 같이 된다. 화분이나 플렌터, 화단의 꽃으로 즐길 수 있다.

*계통 및 품종의 여러가지
소형 타입의 프렌치 종과 대형 타잎의 아프리카 종으로 나뉜다. 프렌치 마리골드는 키가 30~40cm로 많이 분기한 가지에 작은 꽃들을 잇달아 피게 한다. 꽃 모양으로는 홑꽃 피기, 겹꽃 피기 외에 중심부가 부풀어 오르는 크레스트 피기가 있다.

꽃색은 황색, 오렌지 색, 적색 외에 붉은 바탕 색에 황색이나 오렌지의 복륜이 들어간 것이다. 적색에 중심이 황색이 되는 것도 있다. 근년에는 콤펙트에 개량된 품종을 많이 볼 수 있다. 꽃은 지름 7~10cm의 대륜으로 황색, 오렌지, 백색 등이 있다.

마리골드 플렌터에 심기

*꽃 사는 법과 고르기
5월 경부터 포트 묘나 화분에 담아진 것이 판매되고 있다. 꽃색을 보고 좋아하는 것을 고르지만, 너무 웃 자란 것이나 아랫잎이 누렇게 된 것은 피한다.

컨테이너 화단에 집단으로 이식하면 잘 어울린다.

프렌치 마리골드 사파리 오렌지   프렌치 마리골드 프리모브라운 오렌지

메리골드 관리

*실패하지 않는 관리요령

심기~그늘에서는 꽃 맺음이 좋지 않기 때문에 햇빛이 잘 드는 곳에서 관리 한다.

물주기~만일 물 부족이 되면 잎이 마르기 때문에 화분의 흙 표면이 마른듯 하면 화분 밑 구멍에서 물이 나올 정도로 물을 준다. 물을 줄 때 잎의 앞 뒤에 뿌려주면 날개 진드기의 해를 예방 할 수 있다.

비료~질소 과다가 되면 잎만 무성하게 꽃 맺음이 나빠짐으로 이식시에 밑거름을 주고 그 후에는 생육 상태를 보아 가면서 질소분이 적은 액비를 주도록 한다.

포기의 손질~여름이 되어 생육이 중지되고 꽃수가 적어져 가면, 키의 반절 정도를 잘라낸다. 웃거름을 줘 관리하면 새로운 가지가 뻗기 시작하고 서리가 내리는 만추까지 다시 꽃을 즐길 수가 있다. 꽃을 오래도록 즐기려면 부지런히 꽃 껍질을 따 주어야 한다.

기르기~본 잎이 8~10 잎에서 적심해 곁눈이 나오게 하고 잎 수를 늘린다〈사진1〉그리고 꽃 껍질을 따준다.〈사진2〉 한여름에는 꽃이 적어지므로 반 정도 잘라서 되심는다. 그러면 가을에 다시 꽃이 맺는다.〈사진3〉

증식 법~봄에 되 잘라서 삽목으로 번식 또는 파종으로

프렌치 마리골드 레몬잼

사진1

사진2

사진3

마리골드 병, 해충

*회색 곰팡이병
저온돠 다스의 환경에서 발생
증상~물방울이 스민듯한 반점이 생기고 썩는다. 심하면 회갈색의 곰팡이
원인~곰팡이
대책~병에 걸린 부분을 떼내어 처분 발생
부위~꽃 꽃봉오리 잎 새싹 뿌리
사용약제~게터 수화제

*포기 부패병
철결한 용토에 옮겨 심는다
증상~건강한 포기가 아랫잎부터 황하해 시들고 마른다 진행이 빠르다
원인~곰팡이
대책~발병한 포기는 뽑아 처분 한다.
발생부위~전체 약제~리조렉스 수화

*청고병
오염되지 않은 용토에 옮긴다.
증상~포기가 시든 것 같고 그대로 말라 버린다.
대책~발병한 포기 뽑아 처분, 토양살균 실시. 여름 밑동이 짚
발생부위~

*잎그리기 벌레
피해를 입은 잎을 따준다.
증상~유충이 잎속에서 식해하고 흰 색을 만든다.
대책~피해입은 잎을 따서 처분 한다.
발생부위~잎 새싹
사용약제~아팜 유제

*거미 진드기
고온 건조를 조심한다.
피해~작은 진드기가 흡즙, 잎이 변함
대책~피해를 발견하면 잎에물을 뿌린다.
발생부위~잎 새싹 줄기 가지
사용약제~마라톤유제 바록푸로아불

*얇은 껍질 물매미
화분을 지면에 놓지 않는다.
피해~야간에 활동 식해 2cm의 달팽이
대책~야간에 활동한 것 찾아 포살
발생부위~꽃 꽃봉오리 잎 새싹
사용약제~나메독스 나메킬 등

마치 눈을 크게 뜬 것처럼 보이는 꽃이 시선을 끈다
라넌큘러스

학명 : *Ranuculus asiaticus L.*
별명 : 꽃 미나리아제비
과명 : 미나리아제비과
분류 : 가을에 파종 구근
심는 장소 및 시기 : 1~5월 중순, 10~12월 양지
이식 및 분갈이 : 10월, 파내기 : 5월

*이른 봄에 생산되는 꽃 중에서 유난히 눈에 띠는 크고 아름다운 꽃중의 꽃이라 해도 손색이 없다. 대표적인 빅토리아 스페인계의 품종은 꽃 지름 15cm이상의 거대한 대륜의 꽃을 피워 뽐낸다.

그리고 화분에 심기용의 품종으로 키 10~20cm 의 왜성으로 대륜화를 맺는 포트드워프나 드워프피코티 종류가 있다.

*사는 법과 고르는 법
2월 경부터 온실에서 재배된 것이 출하된다. 포기 사이가 자라지 않고 꽃대가 굵고 튼튼하며, 꽃봉오리가 많은 것을 골라야 한다.

*관리 요령
햇빛이 잘 드는 곳에서 기른다. 그리고 5~6도의 지온에 두면 꽃을 오래 감상할 수 있다. 물주기는 표면이 마른듯하면 꽃에 물이 닿지 않도록 준다. 비료가 부족하면 아랫 잎이 노랗게 변하니 개화 중에도 10일에 액비를 준다.

*꽃이 끝나면~
잎이 노랗게 변해 말라가면, 구근을 파내어 씻고 벤래트 1000배액에 30분정도 담궈 소독해 그늘에 말린 후 저장한다. 10월이 되면 구근을 습기가 있는 버미큐라이트에 넣고 싹이 나오면 화분 등에 옮겨 심는다. 물을 줄때는 꽃에 닿지 않도록 주의한다.

라난큐러스 용기에 심기

오렌지화

핑크화

아래로 축 늘어져서 피는 꽃
앤젤 트럼팻

별명 : 목립 조선 나팔 꽃
과명 : 가지과 분류 : 낙엽 저목
심는 곳 : 1~4월 11~12월 실내 5~10
이식, 분갈이 : 4월 중순~5월 중순
개화기 : 6~10월
관리 : 10월 하순~11월 초순 강한 전정

앤젤트럼펠 백화종〈다추라〉

*형태 및 특징

중남미 인도 등에 자생하는 저목〈수고1,5m~5m〉화관이 15~17cm나 되는나팔 모양의 꽃을 아래로 축 늘어뜨려 피는데에서 엔젤스 트럼펫이라고 부른다. 보통 종의 꽃색은 백색이지만, 그 밖에 황색, 핑크, 오렌지 등이 있다.

*계통 품종의 여러가지

칠레나 브라질 원산인 목립 조선 나팔꽃, 인도 원산인 겹꽃 조선 나팔꽃, 페루와 에콰도르 원산인 붉은 꽃 조선 나팔꽃 등이 있다. 다추라라는 속명은 초본의 조선 나팔꽃〈메텔〉의 유사종을 말하는 것이지만, 현재 원예적으로는 꽃이 크고 아름다운 불르그만시아 속의 것이 재배 되고 있다.

*사는 법과 고르기

현재 재배되고 있는 다수는 교잡종으로 만들어진 원예 품종으로 태반은 품종 명도 없이 출하되고 있는 것이 현실이다. 구입 시는 꽃을 보고 좋아하는 꽃 색을 보고 고르도록 한다. 건강한 잎이 많이 붙어 있고 포기 밑동이 흩어지지 않고 튼튼한 것을 고른다.
 그리고 화분에 심어서 관상 한다. 남부 지방이면 비교적 월동이 된다. 최근에는 정원에 심어 즐기기도 한다.

불루그만시아   메델 파풀〈초본성〉

다추라 용기에 심기

브르그만시아

*실패하지 않는 관리요령

심는 곳~5~10월은, 실외에 두고 햇빛을 받도록 한다. 조금 추운 곳에서는 11월 경부터 실내로 들여 놓고 5도 이상의 온도에서 월동을 시킨다. 16도 이상의 온도면 겨울에도 꽃을 관상 할 수가 있다.

물주기~봄부터 가을의 생육 기간에는 화분 표면이 마르면 물을 준다.

비료~5~9월의 생육 기간에는 완효성 화학 비료를 밑거름으로 주고, 비료기가 끊기지 않도록 한다.

분갈이~생육이 빠르므로 포기의 생장에 맞추어 큰 화분으로 옮겨 심는다.

*꽃이 끝나면

최초의 꽃이 다 피면 가지를 잘라 새 가지가 나와서 여름 동안에 2~3회 꽃을 즐길 수가 있다. 강한 전정은 실내에 들여 놓기 전의 10월 하순~11월 중순에 한다. 조금 추운 지방에서는 지면 가까이 자르고 피트모스 등을 두껍게 깔아서 방한 한다.

*이것이 포인트

1. 의외로 내한성도 있어 남부 지방에서는 간단한 추위막이를 해 주면 노지에서도 월동이 가능하다.
2. 생육 기간에는 햇빛이 잘 드는 곳에서 물을 주고 관리한다.
3. 왕성하게 생장 하므로 생육중, 비료가 부족하지 않게한다.

벤엘파풀 퀸〈초본성〉

벤엘 〈초본성〉

둥근 꽃이, 여름꽃의 풍류
다알리아

학명 : *Dahlia pinnata*
쌍떡잎식물 초롱꽃목 여러해 살이 풀
꽃꽂이 용으로나 용기에 기르기로 인기가 있고, 꽃색과 모양의 종류가 매우 다양하다. 최초의 꽃순을 따주면 큰 꽃이 핀다.

별명 : 천축모란
과명 : 국화과
원산지 : 멕시코
분포지역 : 과테말라
화초 키 : 1,5~2m
꽃지름 : 5~7cm
기후 : 양지 심기 : 4~7월
종류 : 구근
개화 : 7~10월
거름 : 5~9

코레레트 꽃피움

*형태 및 특징
초 여름부터 가을에 피는 다알리아는 꽃 모양, 꽃 색 모두 풍부하다. 그 화려하고 다채로움은 다른 꽃들의 추종을 불허할 정도이다. 개화 기간이 긴 것도 매력적이다.

*계통 품종의 여러가지
품종은 꽃 모양을 기준으로 나뉘어진다. 홀꽃인 씽글, 홀꽃으로 꽃잎 곁에 작은 꽃이 있는 것이 코레트 피기, 데코리티브 꽃은 겹꽃이지만, 꽃잎이 바깥쪽으로 말려져서 가늘게 되어 있는 것이 카쿠다스 꽃이다.

바깥쪽이 설상 꽃잎으로 중심이 관 상태 꽃잎으로 되어 있는 아네모네 꽃, 작은 꽃잎이 모여서 공 모양으로 피는 것이 펑펑 꽃이다. 꽃색은 청색을 제외 하고는 대부분의 색이 있다고 할 정도로 풍부하다.

또한 다알리아는 봄에 심는 구근이지만, 종자부터 길러지는 1년초 취급을 받는 것도 있다.

가든 다알리아 미드나이트 문

담설불두화 펑펑 피는 꽃

동경 아네모네 꽃

*꽃을 사는 법과 고르기

구근을 구입해 기를 수도 있지만, 화분용으로서는 5~6월에 출하되는 개화된 포트묘를 고르도록 한다. 그래야 꽃 모양과 색들을 실제로 보아서 좋아하고 원하는 것을 고를 수 있다.

화분에 심기는 대형 화분에 심으면 볼품이 있다. 또 씨앗으로 기르는 왜성 종을 컨테이너에 심어도 바람직스럽다.

*실패하지 않는 관리요령

심는 장소가 양지 바른곳과 통풍이 잘되는 곳이라야 한다. 그리고 햇빛이 잘 드는 건조한 환경이 되도록 해 길러야 한다. 여름에는 가능한 한 과습을 싫어 하므로 많은 비를 맞지 않도록 한다.

물주기~ 화분 표면의 흙이 마르면 물을 듬뿍 준다.
비료~ 6월부터 10월까지 2개월에 1회 완효성 화학 비료를 준다.

꽃이 끝나면

가을에 제차 꽃을 즐기기 위해 7월 중순부터 8월 중순에 포기 밑동에서 2~3마디 남기고 자른 후 추비한다. 그렇게 하면 새 싹이 자라나기 시작해 가을에 아름다운 꽃을 볼수가 있다.

지상부가 마르면 화분을 얼지 않는 곳으로 옮기고, 마르지 않도록 때때로 물을 준다. 4월이 되면 화분에서 구근을 파내어 분구해 이식한다. 한 뿌리가 붙은 뿌리 부분에 싹이 붙어서 나오도록 한다.

이식은 싹을 위로하고 화분의 중앙에 배치하고 싹이 2cm정도의 깊이가 되도록 복토를 해준다.

*이것이 포인트

가을에 꽃을 즐기려면 7~8월 중순에 줄기를 자르고 새 싹을 낸다.
개화 기간이 길기 때문에 개화 중 비료 부족이 되지 않도록 한다.
종자로 기를 때에는 봄에 직파해 햇빛이 잘 드는 곳에서 관리한다.

*햇빛과 통풍이 다알리아 기르기

1. 밑거름을 충분히 섞은 흙에 약 7~10cm이 깊이에서 50~60cm간격으로 가늘고 긴 구근을 눕혀서 이식한다. 이때 함께 지주를 세워두면 성장하고 나서 지탱케 하는데 편리하다.〈사진1〉화분에 심는 경우는 10호 분에 1구근을 심는 것이 좋다〈사진2〉
2. 햇빛과 통풍이 잘 되는 장소에서 기른다. 평상시에는 웃거름을 줄 필요가 없다.
3. 물은 표면이 마르면 주고 특히 여름에 건조가 계속 될 때는 2일에 1회 준다.
4. 고온다습에 약하므로 꽃 껍질은 잎 위에서부터 따고 7월 경에 너무 자란 가지를 잘라 되심는다. 그 후 웃거름으로 액비를 주면 가을에 꽃이 핀다.
5. 줄기가 연하기 때문에 화초가 자라가면 지주에 메어 주어야 한다.
6. 11월 경 마른 줄기를 포기 밑에서 잘라내고 구근을 파내어 건조 보관한다〈사진3〉.

에이미K 카쿠타스 꽃피움

코라레트 꽃피움

금풍 데코라티브 꽃피움

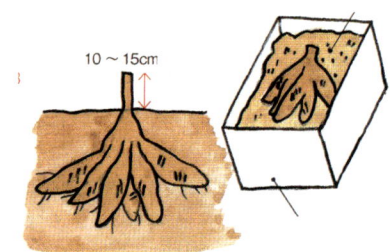

사진1

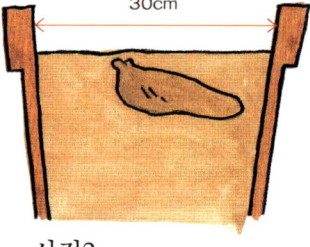

사진2

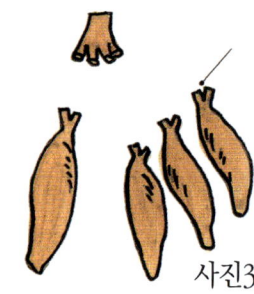

사진3

다알리아 병, 해충

*바이러스병
병을 매개하는 해충을 접근 금지
증상~잎이 농녹해 모자이크 모양이 된다.
꽃에 바이러스가 생기면 기형
원인~바이러스
대책~발병포기를 뽑아서 처분한다
발생부위~꽃 꽃봉오리 잎 새싹.

*흰가루병
질소비료 삼가하고 카리 비료를 사용
증상~잎과 줄기에 흰가루를 뿌린 것 같이
곰팡이가 발생. 포기를 약화 시킨다.
원인~바이러스
대책~통풍을 좋게 한다. 곰팡이 제거
사용약제~카리그린 모레스탄 수화제

*회색 곰팡이병
배수와 통풍이 잘되어 과습을 피한다
증상~반점이 생기고 부패한다.
원인~곰팡이
대책~배수와 통풍이 잘되게해 예방
발생부위~잎 새싹 줄기 가지 뿌리
사용약제~폴리베린 수화제 게터수화제

*차 먼지 진드기
물을 뿌려 방제한다.
피해~새싹과 잎 꽃봉오리를 흡즙
대책~물을 힘차게 뿌려서 포기를 씻어낸다. 피해를 입으면 변현된다.
발생부위~잎 새싹

*그리기 벌레
발견하면 조기에 대처한다.
피해~유충이 잎속을 식해한다.
피해를 입은 곳은 그림을 그린 것처럼 된다.
대책~피해입은 잎을 따고 유충 포살
발생부위~잎 새싹
사용약제~아팜 유제 등

*검은무늬 나무 거염벌레
잎 뒤를 살펴 알을 제거한다
피해~유충이 잎을 얽고 줄기속에 들어가서 식해를 한다.
대책~피해 부분을 처분한다. 유충이 줄기에 들어가면 피해를 예방키어렵다
발생부위~줄기와 가지

꽃 색이 화려한, 행잉바스켓용으로
쇠 비름 꽃

별명 : 포틀라카
과명 : 쇠비름과
분류 : 다년초〈봄파종 1년초〉
개화기 : 5~10월 중순
심는 곳 : 1~4월, 9~11월 초순
 5~11월 초순 양지 12월 햇빛이, 실내
이식, 분갈이 : 5월~중순
관리 ; 6~9월 삽목, 11월초순 잘라주기

*형태 및 특징

쇠비름 꽃과 솔잎 모란은 같은 포틀라카 속의 꽃이지만, 최근에는 쇠비름 꽃이 포틀라카의 이름으로 팔리고 있다. 쇠비름 꽃, 솔잎모란 모두 잎이나 줄기가 다육질로 내부에 수분을 포함하고 있기 때문에 건조에 강한 것이 특징이다.

*계통, 품종의 여러가지

품종이라고 할 정도의 것은 아니지만 홑꽃과 겹꽃이 있다. 여름에서 가을에 걸쳐서 적색, 오렌지, 핑크, 황색, 흰 꽃을 계속 피게 한다.

쇠비름 꽃의 정확한 학명이나 기원 등은 현재로서는 확실하지 않다. 쇠비름 꽃 씨앗은 판매되지 않고 있다. 봄에 판매되는 종묘 또는 화분 꽃을 구한다.

쇠비름 꽃의 행잉바스켓

썬라이즈

솔이모란 썬다이얼 페파민트

솔임모란 F 썬 다이얼 페파민트

*실패하지 않는 관리요령

화분이나 화단에 심으면 잘 자라서 꽃을 가득 피운다. 옆으로 뻗는 성질이 있으므로 행잉바스켓용이 최적이다. 큰 컨테이너에 심으면 어프로치나 베란다의 좋은 장식이 된다.

이식~5월 상순에서 중순에 적옥토 소립에 부엽토 20%를 용토에 섞어 이식한다.

심기~햇빛이 잘 들고 건조한 경향이 있는 장소를 좋아 한다. 양지가 아니고 습기가 있는 장소에 두면 꽃이 잘 맺지 않을뿐만이 아니라 포기가 짓무르게되, 부패 한다.

창가에 만개하여 장식한 쇠비름꽃

솔잎모란 썬 다이얼

마지산

쇠비름 꽃

물주기~건조에 참을성이 있으므로 화분 표면이 마르고 나서 2~3일 후에 물을 주도록 한다.

비료~비료는 그다지 원하지 않으므로 밑거름으로 완효성 화학 비료를 소량 주는 외에 웃거름은 거른다. 개화기가 길기 때문에 월 1~2회 묽은 액비를 준다.

*꽃이 끝나면

추위에 약해서 서리를 맞으면 무른 것과 같이 부패해 버리므로 원예적으로는 1년초로 취급 하지만, 꽃이 끝난 가지를 잘라내고 서리가 오기전에 화분에 옮겨 심고 5도 이상의 온도에서 건조한 상태로 관리하면 월동이 가능하다.

솔잎 모란은 4~6월에 씨앗을 뿌려서 기를 수 있으나 쇠비름 꽃은 씨앗으로는 늘릴 수 없다. 그러므로 6~9월에 삽목으로 늘린다. 월동 시킨 것이나 5월에 구입한 화분 꽃 등에서 줄기 끝을 6~7cm의 길이로 잘라서 적옥토 소립에 꽂으면 발근 한다.

다육질의 식물이므로 햇빛이 잘 들고 건조한 상태로 관리가 중요하다. 과습이 되면 부패하고 추위에 약하므로 월동에 주의 한다.

아래로 향해 피는 꽃이 사랑스럽다.
후쿠시아〈초롱꽃〉

학명 : *Fuchsia hybida Voss*
별명 : 메다는 부평초
과명 : 바늘꽃과
분류 : 상록, 관엽, 저목
개화기 : 4~7월
심는 : 1~4월 중순, 11~12월 실내
이식, 분갈이 : 3월 중순~4월 중순
손질 : 3월 중순~4월 중순 되 자르기

후크시아 용기에 심기

*형태 및 특징

멕시코나 열대 미국이 원산인 상록 저목으로 봄에서 여름에 걸쳐서 아름다운 꽃을 아래로 늘여뜨려 핀다. 꽃 모양이 멋이 있다는 점에서 구미에서는 귀걸이로 빗대어〈레이디스이어드롭스〉〈귀부인의 귀걸이〉라고 부르고 있다.

*계통, 품종의 여러가지

현재 유통되고 있는 원예 품종은 약 200종이 있다고 한다. 꽃 지름이 1~3cm의 소륜 종에서 직경6cm이상의 대륜 종까지 있고, 꽃 모양도 홑꽃 겹꽃 반 겹꽃이 있다. 수형별로는 휘늘어진 하수형 모양, 스텐다드 식으로 일어서는 스타일, 뿌리 곁에서 분기하는 총생 스타일이 있다.

*사는 법, 고르는 법

3월 하순~6월 경에 5호 화분에 담겨진 것이 시판된다. 가지가 사이로 뻗지 않고 잎에 광택이 있고 가지의 모양과 화분과의 균형이 잡힌 것을 고른다. 피어 있는 꽃 외에 꽃봉오리가 많이 달려 있는 것을 골라야 한다. 하수성 모습으로 늘어 뜨리는 화분에 심어서 관상을 하면 바람직 하다.

*실패하지 않는 관리요령

심는 장소 : 봄과 가을은 햇빛이 잘 드는 실외에 둔다. 여름에는 반그늘에 둔다. 가을에는 3도 이하가 되지 않는 실내의 창가에 두고 관리 한다.

후쿠시아는 환경이 변화하면 꽃봉오리나 잎을 떨어 뜨리는 경우가 있으므로 실내에서 문밖, 혹은 실내 등 에서 빈번하게 넣고 들이는 일이 없도록 관리한다.

후크시아를 모아심기한 행잉바스켓

에인젤스 이어링

물주기~봄과 가을은 화분의 흙이 마르면 물을 듬뿍 준다. 여름의 과습이 되면 뿌리 부패의 원인이 되므로 물 주기는 멈추고 분무기로 포기 전체에 이슬비처럼 뿌려주고 겨울은 삼간다.

비료~봄과 가을에 월 2회 인산 칼리 분이 많이 포함된 액비를 준다.

*꽃이 끝나면

월동시킨 포기는 3월 하순~4월 상순에 가지를 강하게 잘라내고 적옥토 5 부엽토 3 녹소토 2의 배합토로 바꾸어 심고 포기를 해마다 키워 가면 된다. 5호 화분에 심는 경우는 5~6월에 삽목을 하고 다음 해 봄, 정식하고 가지 끝을 자르고 가지 수를 늘리면 6월 경에는 훌륭한 화분 꽃이 만들어 진다.

*이것이 포인트
1. 여름 나가기가 제1의 포인트다. 실외의 반 그늘에서 마른 상태로 물을 주고 특히 더운 날에는 엽수만 준다.
2. 환경이 빈번이 변화하면 꽃봉오리와 꽃잎이 떨어지는 경우가 있으니 조심 한다.
3. 11월로 들어가면 실내로 옮기고 물주기를 삼가고 월동을 시킨다.

후쿠시아 꽃 병, 해충

쌍떡잎 식물, 합판화군 초롱꽃목 초롱꽃과의 여러해살이 풀.

꽃은 선명한 홍색으로 귀걸이와 같이 핀다. 봄과 가을은 양지에서 여름은 반 그늘에서, 겨울은 실내에서 관리하고, 여름의 물 주기는 부족하게 주어야 한다.

후크시아 행잉바스켓

후크시아 플랜터에 심기

*온실 가루벌레
가지고 들어가지 않는다.
피해 : 잎 뒤에 군생하며 흡즙을 한다.
대책 : 황색의 접착 테이프로 유인한다.
발생하기 쉬운 부위 : 잎, 새 싹
사용약제 : 베스트가드 약제

*작은 참새 꼬리벌레
꼬리 부분에 뿔처럼 생긴 것이 특징이다.
피해 : 대형 고구마 벌레가 식해한다.
대책 : 발견하는대로 잡아 으깬다.
발생하기 쉬운부위 : 잎, 새싹

*역병
배수가 잘 되는 좋은 장소로 옮겨 심는다.
증상 : 포기 밑동이 물에 젖은 것 같은 찌그러진 반점이 발생하고 병이 진행되면 표면에 곰팡이가 생긴다
대책 : 같은 장소에서 계속해 기르지 않는다. 발증한 포기는 뽑아내고 주위의 흙도 함께 파내 처분 한다.
발생부위 : 줄기, 가지, 뿌리. 사용약제~미드밀입제

단정한 모습으로 친숙한 꽃
칠포 백합

과명 : 백합과
원산지 : 중국, 홍콩
학명 : *Lilium longiflorum Thunb.*
분류 : 가을에 심는 구근
심는 장소 : 1~3월, 9월 중순~12월
이식, 분갈이 : 10월 하순 파내어 이식
관리 : 7월 중순~9월 중순 멀칭

하트비트

쿠래브

*형태 및 특징
단정한 꽃 모양을 가진 백합은, 꽃 색도 풍부하고 청순 화려 호화 등 갖가지 인상을 주고 많은 사람들에게 친숙한 꽃이다. 꽃꽂이는 물론 화분에 심어도 관상 가치가 높은 꽃으로 인기가 있다.

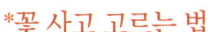
촙스

*꽃 사고 고르는 법
9월 경부터 시판되는 구근을 구입해 이식한다. 라벨로 꽃 색 등을 확인하고 병, 해충이 없는 단단한 구근을 고른다.

깊은 화분에 심고 관상하고 컨테이너에 모아심기를 하면 한층 멋스러워 보인다.

*계통, 품종의 여러가지
백합 꽃은 꽃 모양에서 총포 백합 꽃〈나팔형〉 산 백합꽃 형〈로트형〉 투명 백합 꽃〈찻잔 형으로 꽃잎과 꽃잎 사이가 들여다 보인다.〉

사슴 백합꽃 형〈꽃잎이 반전해 구형이 된다〉의 4타잎으로 대별된다. 현재 유통되고 있는 다수는 투명 백합계의 아세아티크하이브리드, 사슴 백합계의 오리엔탈하이브리드라고 부르는 것으로 제가각 다수의 원예 품종이 있고 최근에는 차츰 다채롭게 발전하고 있는 추세이다.

조릿대 백합

카사부랑카

용토~적옥토에 부엽토를 3할 정도 섞은 것을 준비 한다.

이식~백합에는 구근 밑에서 나오는 뿌리와 구근에서 나온 줄기의 흙 중 부분에서 나오는 뿌리〈상근〉가 있다. 밑 뿌리는 식물을 떠 받치는 역할로, 백합을 기르는 양분의 흡수는 상근에서 행한다. 이식은 상근이 충분이 자랄 수 있도록 구근의 높이 3배 정도의 깊이가 되도록 이식한다.

*실패하지 않는 관리요령

설치장소~봄이 되어 싹이 보이면 햇빛이 좋은 곳에 두고 관리한다.

물 주기~화분 흙의 표면이 마르면 물주기를 한다. 이식해 싹이 나오기 까지는 물주기를 한다.

비료~봄이 되어 싹이 나오면 2주일에 1회 액비를 준다.

*꽃이 끝나면

백합의 구근은 개화한 후에 급속이 비대해 지므로 꽃이 끝난 후에는 월 2회 액비를 주고 비배한다. 9월 하순~10월 중순에 구근을 파내고 새 용토에 이식한다.

이것이 포인트~9월 하순~10월 중순에 단단한 구근을 파내고 새 용토에 이식한다. 겨울에는 얼지 않도록 관리한다.

트라이안 파터

백합 꽃 관리 및 기르기

1. 백합의 구근은 건조에 약하므로 구입한 구근을 신속하게 이식을 한다.
2. 백합은 구근 밑만이 아니고 줄기로부터도 뿌리가 나오므로 깊이 심어야 한다.〈사진3〉
   화분에 심는 경우는 바닥 밑이 깊은 것〈7~8호분〉을 사용하고 .화분 깊이의 2/3 정도에 심는다〈사진1〉. 노지에 심는 경우는 사진 2와 같이 심는다.
3. 화분의 표면이 마르면 물을 주고 생육 중에는 액비로 웃거름을 준다. 봄에 싹이 지상으로 나오면 물주기의 횟수를 늘린다.
4. 꽃이 끝나면 화수를 잘라내고 웃거름으로 고형 비료를 주어, 구근을 굵게 기른다. 노지에 심는 경우라면 수년간 심은채로 두어도 되지만, 화분에 심는 경우는 2~3년 만에 옮겨심는 것이 좋다〈사진3〉.

*백합은 품종에 따라 기르는 장소가 다르다.
  스카시나리, 백합나리, 참나리 등 모두 양지를 좋아 한다.
  산 나리, 응달 나리 등은 반 그늘을 좋아 한다.
  구입할 때에 학인하고 나서 고른다.

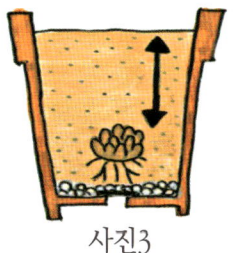
사진3

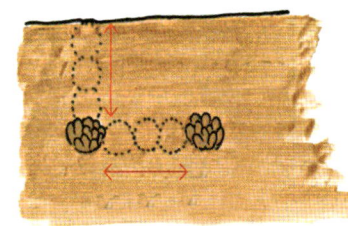
사진1

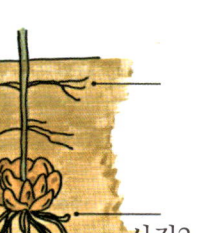
사진2

백합 병 증상

*바이러스 병
병을 매개하는 진디를 예방 한다.
증상 : 잎이 꼬이고 농염한 모자이크 모양이 나온다. 포기 전체가 위축되고 크게 자라지 않는다. 그리고 개화 한 꽃이 갈라진다.
대책 : 발병한 포기는 뽑아내어 처분한다. 병을 매개하는 진디를주의
발생 부위 : 포기 전체
사용약제 : 올트란제,〈진디 예방용〉

*엽고병
온도가 높은 시기에 많이 발생 한다.
증상 : 잎 끝에서 차츰 마른다. 병이 진행하면 꽃은 갈색의 반점이 생기기도 하고 개화 하지 않는다. 최종적으로는 포기 전체가 마른다.
대책 : 밀식을 피하고 통풍이 잘 되게 한다. 질소 비료를 많이 주면 걸리기 쉬우므로 삼간다.
사용 약제 : 다코닐 1000, 톱진M 수화제, 만데브이산 수화제

*탄저병
반점의 주위가 넓게 황변화 한다.
증상 : 처음은 갈색에서 적갈색으로 변하다가 회색이 되는 반점이 발생, 반점 주위는 광범위 하게 황변 한다.
대책 : 발병한 잎은 신속히 따서 처분한다. 통풍이 잘되게 한다. 밀식된 부분은 사이를 떼어 전정을 해준다.

*포기 부패병
청결한 용토에 옮겨 심는다.
증상 : 건강했던 포기가 아래 잎에서 황화하여 시들고 드디어 말라 버린다.
대책 : 발병한 포기는 뽑아내어 처분한다. 미숙한 퇴비가 원이 되므로 완숙 퇴비를 사용해 흙 만들기를 한다.

백합 병 충해

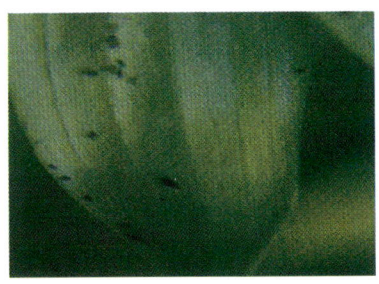

*솜 진디
매일 관찰하고 발견 즉시 구제한다.
피해 : 거무스럼한 몸 길이 1~2mm정도의 벌레가 새 싹과 잎 뒤 봉오리에 떼지어 흡즙한다.
대책 : 종이를 편 위에 솔 등으로 털어내 처분한다. 황색의 접착 테잎으로 유인해서 포획 처분한다.

*유리입 우충
발견하는대로 포획하는 것이 최상의 방법이다.
피해 : 몸 전체에 가시가 있고 흑색과 적색의 화려한 모습의 고구마 벌레가 왕성하게 잎을 식해한다.
대책 : 발견하는 대로 포살 하던가 나비를 좋아하는 어린이에게 주기도 한다. 보기에는 독기가 있어 보이지만 해는 없다.

*흰옷 진드기
옮겨 심기전에 잘 살펴 확인을 한다.
증상 : 구근의 린편에 흰 진드기가 기생, 구근을 부패 시킨다. 지상부의 생육이 나빠지고 일찍 마른다.
대책 : 옮겨 심기 전에 흰 진드기가 없는가를 확인 파낸 구근을 살균하고 나서 저장 한다.

*야도충
포기 주위를 파고 찾는다.
피해 : 야간에 활동해 잎과 포기를 식해 한다. 왕성한 식욕으로 하루 밤에 큰 피해를 입힌다.
대책 : 주간의 유령충은 잎 뒤에, 노령충은 흙속으로 기어들기 때문에 포기 주위를 파고 찾아서 포살 한다.

사계절꽃기르기 | 149

우리나라 관광지나
도로변의 가을을 아름답게 수 놓는 풍물시!!

코스모스

학명 : *Cosmos bipinnatus*
쌍떡잎식물 초롱꽃목 국화과의 한해살이 풀가는 줄기와 선명한 꽃색이 특징이다. 화단이나 도로변에 밀식, 또는 모아심기로 적합하다.

원산지 : 멕시코   기후 : 양지
심기: 5월~7월   종류 : 1년초
키 : 1~2m
개화 ; 6~10월
재배 포인트 : 극단적인 건조와 높은 온도주의

*형태 및 특징

코스모스는 단일성 식물로, 해가 짧아지면, 피는 가을의 대표적인 꽃이지만, 품종 개량이 발전되어, 현재에는 일찍 꽃이 피는 종의 씨앗을 4월에 뿌리면, 초 여름부터 가을까지 꽃을 즐길 수 있다.

*계통 및 품종의 여러가지

일찍 피는 종과 늦게 피는 종이 있다. 일찍 피는 종은 해가 길고 짧음에 관계없이 파종 후 50~70일에서 개화한다. 화분 심기에는 키가 40~50cm로 6~7월에 개화하는 "소나타" 붉은 사복륜의 "피코티" 등이 있고, 왜성 종에는 대륜의 "센세이션" 꽃 지름 10cm가 되는 꽃인 '베르사유"등이 있다.

9~10월에 꽃을 맺어 늦게 피는 종으로는 기본종인 비피타스와 노란 꽃을 피우는 "옐로우 가든" 등이 있다.

용기에 심은 여러가지 색의 코스모스

*꽃을 사는 법 고르는 법

5~11월에 화분용이 출하 된다. 피어 있는 꽃 외에 꽃봉오리가 많이 달려 있는 것을 고른다. 줄기가 부실하고 잎이 노랗게 된 것은 피한다.

베르사유

노란 꽃 코스모스 엘로우로드

비타 화이트

엘로우 캠퍼스

시셀

*실패하지 않는 관리요령

이식~종묘를 구입해서 이식할 때에는 적옥토 6 : 부엽토 4의 배합토나 시판중인 화초용 배양토에 이식 한다.

심는 장소~햇빛이 잘 드는 실외에 심는다.

물주기~화분의 표면 흙이 하얗게 마르면 화분 밑구멍에서 물이 나올 정도로 듬뿍 준다.

비료~질소분이 많은 비료를 너무 많이 주면 화초의 키가 너무 웃자라서 쓸어져 버린다. 그러므로 인산, 카리분이 많은 액비를 월2회를준다. 꽃이피기 시작하면 시비는 중단한다.

*씨앗으로 기른다.

씨앗으로 기르면, 씨앗의 봉지에 있는 꽃색이나 시기를 보고 고른다. 일찍 피는 종은 4~5월, 늦게 피는 종은 6~7월에 씨앗을 뿌린다.포트에 뿌릴 때에는 키가 10cm가 될 무렵 화분에 정식한다. 그리고 본 잎이 4~5잎이 되면 적심을 하면 잘 분지해 꽃 맺음이 좋다.

용기에 모아심기

브라이안 스타즈〈겹꽃품종

화이트 베르사이유

가을에 활짝 핀 꽃

*코스모스 관리

1. 종묘를 구입하면 즉시 밑거름을 적당히 주고 이식 한다. 그리고 배수가 잘 되고 햇빛이 잘 드는 장소에 두고 기른다. 너무 비료를 많이 주면 흐늘 흐늘하게 키가 너무 자라서 쓰러지는 경우가 있다.

2. 흙의 표면이 마른듯 하면 물을 듬뿍 준다. 종묘가 자랄 때에는 1~2회 잎 끝을 따 내고 곁눈들을 자라게 하고 화초의 키를 억제해야 꽃이 많이 필수 있게 된다 〈사진1〉.

3. 다 핀 꽃은 서둘러 따내 주면 계속 꽃이 맺고 피며 오래 관상할 수가 있다〈사진2〉.

*증식하는 법

봄 파종이 비교적 간단 하지만, 장마철 무렵 곁눈을 1~4마디 되는 곳에서 잘라 삽목으로 증식 할 수 있다〈사진3〉.

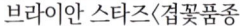
〈사진1〉 잘라낸다.

〈사진2〉 잘라낸다.

〈사진3〉 잘라낸 것을 삽목해 번식시킨다.

코스모스 병, 해충

*진드기
약제는 여러가지를 바꾸어 사용한다.

증상 : 잎과 줄기를 흡즙하고 피해를 입은 부분은 색이 변한다. 멀리서 보면 잎과 줄기가 먼지가 낀 것처럼 보인다.

대책 : 너무 건조 시키지 않는다. 비료 부족은 줄기에 발생하기 쉬우니 비료기가 없지 않도록 한다.

*탄저병
병든 곳을 잘라내고 처분한다.

증상 : 꽃잎이 물에 적신 것 같은 약간 원형의 반점이 생긴다. 그리고 꽃이 마른 것과 같이 된다.

대책 : 발병한 포기는 잘라내고, 밀식된 곳은 줄이고 통풍이 잘됨

*조팝나무 진디
여름에 발생하니 주의

증상 : 녹색 진디가 군생해 흡즙한다. 봄에 조팝 나무에 기생하고 있다가 여름에 다른 식물로 이동 한다.

대책 : 발견 하는대로 종이위에 솔 등으로 털어내서 처분하고 황색 접착 유인해 없엔다.

*흰 가루병
질소 비료를 삼가고 통풍이 잘되게 한다.

증상 : 처음은 작은 흰 반점과 같은 것이 발생하고 드디어 잎, 줄기전체에 밀가루를 뿌린 것 같다.

대책 : 질소 비료를 삼간다. 병원균은 물에 파멸 되므로 물을 뿌린다.

*쑥 가지 자벌레
배설물을 발견하면 해충을 찾아서 없엔다.

증상 : 대형 자벌레가 잎을 식해, 줄기에 숨어 있기 때문에 유령충일 때는 발견하기 어렵다.

대책 : 분비물이나 피해를 발견하면 해충을 찾아서 포살, 유령충은 상당히 커야 발견 할 수 있다.

*입고병
전년에 국화과를 심은 장소는 피한다.

증상 : 순조롭게 자라던 포기가 갑자기 아랫 잎이 노랗게 변해 있고 별안간 말라 버린다.

대책 : 발병한 포기는 뽑아내 처분한다. 미숙한 퇴비도 원인이 되므로 완숙 퇴비를 사용

꽃꽂이로 각광받는 꽃
터키 도라지

학명 : *Eustoma grandiflorum*
과명 : 용담과 별명 : 유스토마
분류 : 1년초 가을 파종
개화기 : 5월 중순~7월 9~10월
관리 : 8월 되 자르기, 9~10월 파종

*형태 및 특징

북미가 원산인 가을 파종의 1년초이다. 꽃꽂이 용과 화분용의 품종이 있고 꽃꽂이용은 해마다 꽃색이 증가, 홑꽃, 겹꽃이 있는 외에 조생, 중생, 만생과 개화기의 폭도 증가해 왔다. 화분 심기에는 고성 종에 왜화 처리한 것이 많이 만들어져 왔는데, 화초의 키가 작은 본격적인 왜성종도 출하 된다.

F1 란대부핑

*종묘 고르는 법

구입한 화분 심기용은 양지에 두고 관리 한다. 꽃이 비를 맞으면 상하므로 비를 직접 맞지않는 처마 밑이나 베란다에 둔다. 물 주기는 마르면 듬뿍 준다.

*꽃이 끝나면

꽃을 오래 즐기려면 씨앗이 달리지 않도록 꽃 껍질을 따 주기를 한다. 꽃이 끝난 후에는 줄기를 3/1정도까지 자르고 추비해 포기 밑동의 딱딱해진 흙을 헤친다. 여름에 차광으로 시원하게 관리하면 가을에 또 꽃이 핀다.

F1란데부파블

에키자캄 백

초 여름부터 가을까지 피는 꽃
에키자캄

별명 : 붉은 아씨용담 분류 : 1년초 봄 파종
심기 : 3~10월 양지〈한여름, 석양을 피한다〉
이식, 분갈이 : 6~7월 중순 이식
개화기 : 6~10월
관리 : 3~4월 파종 7~10월 꽃 껍질 따주기

*형태 및 특징

아라비아 반도의 남쪽에 있는 소코트리 섬이 원산지로 1년 초로, 초 여름부터 가을까지 청과 백의 작은 꽃을 많이 맺는다. 꽃은 홑꽃과 겹꽃이 있다. 또 잎에 백색이나 황백색의 복륜 무늬가 있는 품종이 등장하고 있다.

*꽃 고르기

줄기 사이로 가지가 많이 뻗지 않은 튼튼한 포기를 고른다. 건조에는 잘 견디는 편이지만, 여름의 고온 다습이나 겨울의 추위에 약하므로 화분 재배가 좋다. 꽃에 감미로운 향기가 있으므로 늘어뜨린 화분으로 해 가까운 곳에 놔 두면 꽃들이 한층 돋보인다.

*씨앗으로 기른다

3~4월에 파종을 한다. 발아 적온은 25~30도로 높기 때문에 프레임 등 보온설비 중에서 피트판에 뿌린다. 본 잎이 4~5잎에서 화분에 올리고 햇빛이 잘 드는 곳에서 관리하고 1~2회 적심하고 가지 수를 늘리고 6월에 정식한다.

*실패하지 않는 관리요령

한 여름에는 석양이 닿지 않는 통풍이 잘 되는 곳에 봄과 가을은 양지에 둔다. 뿌리가 썩기 쉬우므로 봄과 가을에는 화분의 흙이 마르면 물을 주고 여름에는 오전중에 준다. 비료는 개화기가 길으므로 비료가 부족하지 않도록 월 2회 묽은 액비를 준다.

블루 세마다블

개화가 길어서 백일초래요
지니어

별명 : 백일초   과명 : 국화과
분류 : 1년초 봄 파종
개화기 : 7~10월
심는 곳 : 4월 초순~10월 양지
분갈이, 이식 : 6월 중순 이식
손질 : 4월 중순~5월 초순 7~10월 꽃 껍질

프로프죤 오렌지 등 모아심기

*형태 및 특징

백일초百日草라는 이름이 말하듯이 개화기가 긴 꽃이다. 주된 품종으로는 고성대륜 꽃피기, 고성 중륜 꽃피기, 소륜 다화성, 왜성 종 등이 있다. 꽃 모습도 대륜의 둥근 꽃잎의 다알리아 꽃피기, 소륜으로 겹꽃 피기인 펑펑 피우기, 꽃잎이 꼬이는 카쿠타스 피우기 등이 있다. 근년종인 가는 잎 백일초,리네리아리스)는 키 30cm정도로 가는 가지가 많이 달리고 꽃 지름 3cm정도의 오랜지색 등의 작은 꽃이 있다.

*꽃 고르는 법

줄기가 튼튼하고 잎색, 꽃색이 선명한 것을 고른다. 화분의 꽃으로 관상 하는 것 외에 화단에 심어도 좋다. 가는 잎 백일초는 행잉바스켓으로 하면 멋이 있다.

물주기는 화분 표면이 마른듯 하면 듬뿍 준다. 만일 물 부족이 되면 포기가 쇠약해지고 꽃이 작아지므로 주의가 필요 하다.

*씨앗으로 기른다.

기온이 15도가 되는 4월 중순 이우후에 씨앗을 뿌린다. 상자에 뿌리기를 해 햇빛을 받아서 기르고, 본 잎이 5~6잎이 나오면 퇴비나 완효성 비료를 준 용토에서 화분으로 옮겨 심는다.

F피터펜 오렌지

프로퓨죤 체리

*지니어 관리

1. 봄부터 초 여름까지의 사이에 이식하고 햇빛과 배수가 잘 되는 곳에서 기른다.
2. 밑거름을 소량주고 노지에 심는 경우면 10~20cm간격으로 이식해 간다. 건조에는 강하므로 노지에 심는 경우는 잎이 시들지 않을 정도로 물을 주고 자연에 맡긴다. 그러나 화분은 표면이 마른듯 하면 물을 주어야 한다.
3. 비가 계속 내리면 병에 걸리기 쉬우므로, 화분에 심는 경우는 비를 많이 맞지 않도록 해 준다.
4. 개화 기간이 길기 때문에 1회는 웃거름으로 액비를 주지만, 너무 많이 주면 잎만 무성하고 꽃 맺음이 좋지 않으므로 주의가 필요하다.
5. 꽃을 오래 즐기기 위해서는 꽃껍질을 따준다〈사진2〉. 2~3회 꽃이 끝나서 잘라서 되 심으면 곁순이 뻗어 간다. 〈사진1〉

*반점 세균병

고온다습을 피한다.
증상~반점이 생기고 드디어 부패한다.
대책~병든 부분은 없엔다.
발생부위~잎, 새싹

*그리기 벌레

발견하면 조기에 대처한다
피해 : 유충이 잎속을 식해한다
대책 : 피해를 입은 따다. 잎위에서 유충을 으깬다.

*흰 가루 병

질소 비료를 삼간다.
원인~곰팡이
증상~잎과 줄기에 백색 가루를 뿌린 것 같다.
대책~질소를 삼가고 카리 비료를 많이 준다.

〈사진1〉잘라준다.

〈사진2〉잘라서 되 심는다.

작은 홑겹의 꽃이 많이 피는 지니어는, 리네아리스의 개화기는 가을이 주가 된다. 모아심기에도 적합하다.

아침에 피었다가 저녁에 시드는
나 팔 꽃

학명 : *Pharbitis nil Chois*
쌍떡잎식물 통화식물목 메꽃과의 덩굴식물.

*형태 및 특징
메꽃과의 한해살이 덩굴풀 아시아가 원산지로 줄기 약 2개, 잎은 심장 모양이면서 세갈래로 갈라진다. 여름에 남색, 백색, 홍색 등의 꽃이 아침 일찍 피었다가 석양에 오무라진다. 씨는 견우자라 하며 약용으로 사용 한다

과명 : 메꽃과 분류 : 1년초 또는 다년초
심기 : 5~6월 키 : 3m 기후 : 양지
개화 : 6~10월 거름 ; 5~6월
재배포인트 : 심한 건습은 포기를 약화 시킨다.

*꽃 고르는 법
꽃이 달린 화분을 구할 때는 잎이 두껍고 싱싱한 것을 고른다. 그리고 꽃이 핀 화분은 햇빛이 잘 드는 곳에 두고 매일 아침 물을 듬뿍 주고 관리 한다.

*씨앗으로 기른다
파종은 5월 상순~중순에 하룻밤 물에 담그고 커진 씨앗을 적옥토 소립을 묘판에 뿌리고 1cm정도 물을 주고 햇빛이 잘 드는 곳에서 마르지 않도록 관리 한다.

요백 나팔꽃 둥근 테두리 만듬

서양 나팔꽃 헤븐리볼

어대의 하사품

쌍 잎이 피면 4호 화분으로 옮겨 심고 본 잎이 4~6잎이 나오면 6~8호 화분에 정식 한다. 용토는 적옥토 6 : 부엽토 3 : 퇴비 1의 혼합토로 한다.

정식 후에는 꽃봉오리가 보이기 까지 묽은 액비를 월 2~3회를 준다.

나팔 꽃 둥근 테 만들기~본 잎이 8~9잎이 나오면 본 잎을 6잎 남기고 끝을 다낸다. 본 잎 3~4 5잎 째의 새싹이 15~20cm가 되면, 곷봉오리가 달린 제일 좋은 덩굴을 하나 남기고 지주를 세우고 얽어멘다.

*이것이 포인트
1. 개화기 가까이 가지는 물주기를 적게하고 덩굴이 웃자라지 않도록 한다.
2. 개화 포기는 물기를 항상 유지해 주어야 한다.

*나팔꽃 관리

1. 종묘를 구입하는 경우는 꽃봉오리가 많고 전체가 건실한 종묘를 구입한다.
2. 밑거름으로 완효성 비료〈마그판K〉를 주고 이식해 꽃이 피기까지는 10일에 1회 정도 웃거름으로 액비를 준다. 이때 밑거름 웃거름 모두 질소분이 적은 것을 고른다.
3. 햇빛과 배수가 잘 되고 물기가 있으면 대부분 실패하지 않고 기를 수 있다. 물은 조석에 준다.
4. 자란 줄기는 지주를 세워 감기게 해주면 좋다〈사진1〉. 본 잎이 5~6잎이 될 무렵 제일 윗쪽의 잎을 따내고〈사진2〉., 곁에서 나온 덩굴 쪽에 꽃이 달리도록 한다.

차잎마는벌레
피해 : 잎이 말린속에 살고 잎을 식해한다
대책 : 말려 있는 잎마다 눌러 으깨어 없엔다
사용약제 : 스미치온 유제 등

새우무늬벌레
피해 : 꼬리 부분의 돌기가특징으로 잎을 먹어치움
대책 : 성충이 눈에 뛰면 잎의 뒤를 확인하고 알을 찾아 없엔다.

사진2

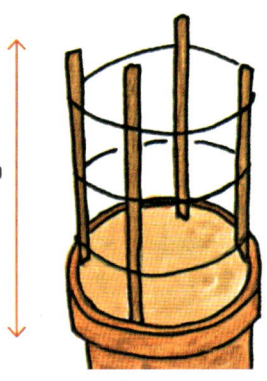

사진2

꽈리 방귀벌레
피해 : 갈색의 투구 벌레가 떼를 지어서 물을 빨아 먹는다.
대책 : 가능한 발생 초기에 포살한다.

헤븐리 불루   마린불루

홍화종   백화종

나팔 꽃 병, 해충의 이해

*회색 곰팡이 병

초기에 물이 밴 것 같이 된다.
증상 : 피해가 진행하면 썩고 회색과 회갈색의 곰팡이가 발생.
대책 : 양지로 통풍이 잘 되고 포기가 약해지지 않도록 관리를 한다.

*새우무늬 벌레

발견 즉시 포살 한다.
피해 : 꼬리부의 돌기가 특징, 왕성하게 잎을 먹어 치운다.
대책 : 성충이 눈에 띄면 잎 뒤를 확인하고 알을 찾아 없엔다.

*반문병

발병한 잎은 제거한다.
증상 : 갈색의 반점이 발생하고 일정치 않는 갈색반이 된다.
대책 : 발생한 잎은 잘라내어 처분한다.

*꽈리 방귀 벌레

줄기와 잎에 산란하고 수가 늘어난다.
피해 : 갈색의 평편한 투구 벌레가 떼를 지어서 물을 빨아 먹는다.
대책 : 가능한 발생 초기에 포살.한다.

*윤문병

장마를 피한다.
증상 : 갈색의 반점이 생긴다.
대책 : 통풍이 잘 되개해 예방 한다. 물을 뿌리지 않는다.

*복숭아 붉은 진디

잎, 뒤 새싹을 보고 구제
피해 : 담록색의 작은 벌레가 흡즙
대책 : 솔로 털어낸다. 황색의 접착 테입으로 유인

*차잎 마는 벌레

피해 : 말린 잎속에 살고, 잎을 식해한다.
대책 : 말려 있는 잎마다 눌러 으깨어 없엔다.

*어린 메뚜기

주위의 수풀을 없에고 침입을 막는다
피해 : 잎과 줄기 꽃과 봉오리를 먹는다.

키프아브치론

베라 우키쯔리보쿠

에브치론 용기에 심기

붉은 초롱불과 같은 꽃
애브치론

별명 : 치로리안 램프
과명 : 접시꽃과
분류 : 상록, 관엽, 저목, 반 내한성
심기 : 1~4월 10월 중순 12월 실
이식, 분갈이 : 5월 중순
개화기 : 5월 중순
관리 : 10월 중순~11월 되 자르기

*형태 및 특징

브라질 원산인 저목으로 인기종인 우키쯔리보쿠는 가지가 2m정도가 되고 둥그스럼한 새빨간 꽃받침이 가지에서 밑으로 늘어뜨리고 그 안에서 노란 꽃잎을 나타낸다.

그 모습이 빨간 불〈꽃〉을 켠 램프와 같이 보이는 점에서 〈치로리안 램프〉라는 이름으로 시판되고 있다.

*실패하지 않는 관리요령

5월에 들어서 충분이 따뜻해지면 배수가 잘되는 용토에 퇴비를 많이 넣고 이식 한다. 양지에서 낙엽수 아래 밝은 그늘에서 잘 자란다. 화분의 흙이 마른듯 하면 물을 준다. 비료는 봄부터 가을까지 웃거름을 주면 꽃 맺음이 좋다.

*꽃을 구입하는 요령

진디 등의 해충이 붙어 있지 않은 건강한 종묘를 고른다. 가는 가지를 뻗고 3도 이상이 되면 잇달아 피므로 펜스나 트레리스 등에 가지를 유인해서 즐기기도 하고 지주를 세워서 스트렌드를 만들어 휘늘어지는 가지에 피는 꽃을 관상 한다.

생장이 빠르기 때문에 5월 상순~중순에 종묘를 심으면 여름에는 아름다운 꽃을 충분이 즐길 수 있다. 남부 지방의 따뜻한 지역이라면 정원에 심어 관상 할 수 있다.

*이것이 포인트

1. 따뜻한 곳에서는 정원에 심어도 된다.
2. 추운 곳에서는 가을에 되 자르고 햇빛이 잘 닿는 실내에서 월동을 시키고 5월에 분갈이를 해 준다.

갖가지 색채의 불염포佛炎苞가 아름답다
칼라

학명 : *Zantededeschia L. spreng*
별명 : 화란해우 분류 : 봄에 심는 구근
과명 : 천남성과
개화기 ; 6월 중순~7월
심기 : 1~6월 중순 9~12월 양 이식
분갈이 : 4월 중순
관리 : 4월 중순 파내기, 건지 성〉
　　　9월 하순 파내기〈습지 성〉

컬러 용기에 심기

*형태 및 특징

메가폰처럼 말린 부분이 불염포로 빨강, 분홍, 노랑, 흰색 등 색이 다양하다. 품종으로는 습지성과 건지성이 있다. 습지성의 에치오피카는 키가 1m이상이 되고 방향이 있는 흰 포를 붙인다. 건지성인 에리오치아나는 키 80cm정도로 노란 포를, 레마니는 분홍색 포를 붙인다.

*꽃 고르기

5~7월에 화분에 담아진 꽃이 출하된다. 꽃 색이 선명하고 잎의 색이 짙고 단단하게 굳은 포기를 고른다. 습지성의 품종은 지면급수 화분에 심으면 관리가 편리하다.

*이것이 포인트

1. 햇빛이 잘 드는 좋은 장소에서 관리,
2. 흰 꽃은 습지성으로 컬러플한 포를 붙인 얼룩무늬가 들어간 잎의 것은 건지성의 품종이다.

*실패하지 않는 관리요령

화분에 담아진 꽃을 구입하면 햇빛이 잘 드는 곳에 두고 관리를 한다. 습지성의 것은 화분의 흙이 너무 마르지 않도록 물주기를 잘 하고, 건지성인 품종은 품종은 화분 흙의 표면이 하얗게 마른 후에 물을 듬뿍 준다.

그리고 개화 중에는 10일에 1회 액비를 준다. 건지성의 품종은 여름의 더위에 다소 약하므로 석양 빛이 들지 않는 반 그늘 서늘한 곳으로 옮겨 관리한다. 장마철에 걸리기 쉬운 연부병을 예방하기 위해 매년 4월 상순~중순에 파내어 새로운 용토로 분갈이 한다. 습지성인 품종은 2~3년에 1회, 9월 하순에 행한다.

컬러 플레임

리틀스지

칼라 관리

1. 칼라의 구근은 대단히 크기 때문에 큰 화분〈8~10호 분〉에 2~3cm〈습지성 경우는 1~2cm〉의 깊이로 심는다〈사진1〉.
2. 밑거름으로 완효성 비료〈마그팬K.〉를 주고 이식한 후에는 봄에 1회 웃거름으로 고형 비료를 주고 생육기에는 액비도 월 수 차례를 준다.
3. 화분의 흙이 마른듯 하면 물을 듬뿍 주지만, 지상부가 마르는 겨울에는 물주기를 중지하고 따듯한 장소에서 관리하고, 4월부터 다시 물주기를 재개 한다.
4. 꽃이 끈나면 꽃대의 뿌리 밑동에서 잘라낸다〈사진2〉.

*칼라는 습지성과 육지성이 있고 기르는 방법도 약간 다르므로 구입처에서 확인 하도록 한다.

*증식법

습지성이나 육지성의 구근은 분구 하지만, 어느 것도 크게 나눈다.

비교적 기르기 쉬운 열대 지방의 꽃
부게인빌레아

학명 : *Bougainvillea glabra Choisy*
별명 : 뗏목 담쟁이덩굴 과명 : 분꽃과 분류 : 상록 덩굴성목본
개화기 : 5~8월 심는 곳 : 1~4월 11~12월 실내5~10월양지
이식, 분갈이 : 8월 하순~9월

*형태 및 특징
남미 원산인 열대성 화목花木이다. 꽃처럼 보이는 것은 화포이고, 심홍, 홍자, 황색, 분홍, 백색 등 많은 품종이 있다.

*꽃 고르기
3월이 되면 촉성 재배된 화분 꽃이 시판된다. 줄기가 튼튼하고 가지의 바란스가 좋은 것을 고른다. 화분 이외는 화단에 심어 관상 한다. 행잉바스켓으로 하면 늘어뜨려 즐길 수 있다.

*실패하지 않는 관리 요령
화분에 담겨진 꽃을 구입하면 햇빛이 잘 드는 창가에 두고 관상하며, 5월이 되면 10월까지는 실외의 양지에 두고 햇빛을 쪼인다. 꽃봉오리가 맺기 시작하고 나서 개화 중에는 물을 주고,그 후 부터는 물주기를 줄이고 건조상태로 관리한다.
5~9월의 생육 기간에는 비료가 끊어지지 않도록 질소분이 적은 완효성 화학비료 또는 깻묵과 골분을 섞은비료를 치비한다.

*꽃이 끝나면
꽃이 끝난 후에는 가지를 되 자르고 더 큰 화분으로 분갈이를 한다. 겨울철에는 5도c 이상 유지되는 햇빛이 잘 드는 실내에 두고 월동을 시킨다.

*이것이 포인트
1. 개화 중에는 물 주기를 소홀이 해서는 안된다.
2. 질소분이 많으면 덩굴만 자라고 꽃이 맺지 않는다.
3. 꽃이 끝나면 물주기를 그치고 햇빛이 드는 실내에서 관리

부겐빌리아 용기에 심기

브라이덜 부케

에볼불수 용기에 심기

파란 꽃이 화분에 잘 어울린다

에볼불스

별명 : 아메리카 불루
과명 : 메꽃과　분류 : 상록 다년초
개화기 : 6~10월
심는 곳 : 1~3월, 11월 초순~12월 실내
이식, 분갈이 : 4~5월
관리 : 4월 중순~6월 초순 되 자르기

*실패하지 않는 관리요령

분에 담아진 것을 구입 했으면 양지와 통풍이 잘 되는 곳에 둔다. 겨울은 햇빛이 잘 드는 실내에 두고 관리 한다. 물주기는 화분의 흙이 마른듯 하면 듬뿍 준다. 겨울에는 너무 많이 주지 않도록 한다.

비료는 생육기인 4~5월에 완효성 화학 비료를 소량주는 것으로 충분하다. 월동 시킨 포기는 4~5월에 분갈이 해주고 너무 자란 가지는 되살라주고 정돈 한다.

*형태 및 특징

별명을 아메리카 불루라고 말 하듯이 초여름부터 가을에 걸쳐서 연달아 핀다. 이 꽃은 비교적 새로운 꽃이지만, 투명한 불루의 꽃색이 호감을 주고 꽃 맺음이 좋은 점에서 화분용 꽃으로 각광을 받고 있다.

*꽃 고르는 법

줄기가 약해 흐들흐들 하지 않고 마디 사이가 튼튼한 것을 고른다. 아랫 잎이 누렇게 된 것이나 벌레먹은 흔적이 있는 것은 피한다.

추위에 다소 약하므로 화분 재배로 기르기 하여 관상하면 좋다. 반 덩굴성으로 옆으로 퍼지므로 행잉 바스켓이 어울린다. 또 배수가 잘 되는 돌담 사이나 록 가든에 심으면 좋다.

에볼불수

화려한 꽃을 연달아 피는 열대 화목
히비스카스

햇빛이 잘 드는 실내 창가에서 관리
개화기 : 6~10월 중순
심는 곳 : 1~4월, 11~12월 실내
이식, 분갈이 : 9월 초순
관리 : 4월 중순 전정

*형태 및 특징
중국이 원산인 불상계와 남태평양제도가 원산인 대륜계, 그 외에 교잡으로 만들어진 품종군 등이 있다.

농적색 홑꽃인 "브리안트" 등 외에 꽃색도 황색, 핑크, 백색 등 대단히 많은 품종이 있다. 겹꽃으로 피는 품종도 있다.

*꽃을 고르는 법
열대성 화목이므로 5월 이후에 구입하는 것이 관리가 편리하다. 줄기의 튼튼한 가지와 바란스가 좋은 포기를 고른다. 월동할 공간만 확보되면 대형 컨테이너에서 큰 포기로 만들면 바람직 하다.

*꽃이 끝나면
꽃이 대충 끝나면, 가지를 자르고 포기의 생장에 부응, 새로운 화분에 심는다.

하이비카스 용기에 심기

상 발칸 화와이안 계 하 하와이안 계

*실패하지 않은 관리요령
5울부터 10월가지는 햇빛이 잘 드는 실외에서 관리 하지만, 11월로 들어가면, 실내로 옮기고, 창가 햇빛이 잘 드는 곳에서 월동을 시킨다. 최저 월동 온도는 7~10℃ 정도이다. 4월 하순부터 10월까지의 생육기는 화분의 흙이 마른듯 하면 물을 충분이 준다. 5~9월까지는 40~50일 간격으로 유기 고형 비료의 치비를 준다.

*이것이 포인트
1. 5~10월은 햇빛이 잘 드는 실외에서 기른다.
2. 생육 기간 중에는 물과 웃거름을 주어야 한다.
3. 11월부터는 햇빛이 잘 드는 실내의 창가에서 기른다.

핑크 레이디   불루 하이비카스

*증식법

개화 후 꽃이 지고나서 전정 할 때 나온 가지를 삽목으로 증식한다〈사진3〉

*추위에 약하므로 가능한 용기에 심어 밝은 창가에서 기르는 것이 좋다

*하이비스카스 관리와 기르기

1. 화분에담아져 있는 곳을 구입하는 것이 일반적이지만, 뿌리가 화분 가득이 차 있는 일이 많으므로, 이러한 경우는 한층 더 큰 화분에 옮겨 심어야 한다〈사진1〉

2. 배수가 잘 되는 흙에 밑거름을 주고 이식한 다음 햇빛과 통풍이 잘 되는 곳에서 기른다.

3. 봄부터 가을은 웃거름으로 월 2~3회 액비를 주던가 고형비료를 흙위에 놓고 흙이 마를만 하면 물을 준다.

4. 건조에는 약하므로 여름철에는 물기가 부족하지 않도록 해야하고 대때로 잎의 뒷면에 물을 뿌려주면 좋다.

5. 꽃이 지고나면 꽃잎들이 자연스럽게 떨어지지만, 꽃잎이 떨어질 때까지 기다리지 말고 꽃 껍질을 부지런히 따주면 꽃 맺음이 빨라진다. 그리고 꽃이 끝나면 전정해 준다. 〈사진2〉

사진1

사진2

사진3

엠파이어　　　　칵테일 오렌지

컬러플한 잎이 눈길을 끈다

콜리우스

학명 : *Coleus bulmei Benth*
원산지 : 열대 및 아열대, 아시아 아프리카
별명 : 금란자소, 비단자소
과명 : 꿀풀과 분류 : 1년초 봄 파종
심는 곳 5월 하순~10월 반 그늘
이식 및 분갈이 : 5월 중순~6월 초순
손질 : 4~5월 파종, 7월 꽃 껍질 따주기

코리우스 행잉바스켓

*형태 및 특징

꽃의 색이 컬러플하고 잎 모양이 모두 변화에 풍부하다. 반 그늘에서 피로를 덜 받고 튼튼하게 자라는 점에서 반 그늘의 화단이나 컨테이너 등의 심기에 최적이다.

*꽃을 고르는 법

잎의 색이 선명하고 줄기가 굵으며 튼튼한 포기를 고른다. 초 여름에 갖가지 색채의 포트묘가 출하 되므로 자기 마음에 든 색채의 종묘를 고르고 플랜터나 컨테이너에 모아심기를 해서 관상한다.
모아심기에 콜리우스만 심어도 볼품이 있다. 행잉바스켓에 왜성으로줄기가 옆으로 퍼지는 품종을 사용한다.

*이것이 포인트

1. 아름다운 잎이 상처가 나지 않도록 반 그늘에서 관리한다.
2. 꽃 이삭이 나오면 가지를 3/1정도 잘라낸다. 밑거름 외에 간혹 액비를 준다.

*실패하지 않는 관리요령

종묘를 사오면 포트에서 뽑아서 화분속의 뿌리를 흐트리지 말고 배수가 잘 되는 용토에 이식 한다. 용토에는 밑거름으로 완효성 화학비료를 준다.

가능한 직사 광선을 피하고 밝은 반 그늘에 두고 화분 흙의 물이 마른듯 하면 물을 충분히 준다. 종묘가 자라가면 4~5마디에서 적심하면 가지 수가 늘어나 울창한 포기로 된다.

아름다운 잎을 오래 즐기기 위해 꽃 이삭이 나오면 가지를 3/1정도 잘라준다. 얼마 지나면 새로운 싹이 자라서 다시 새 잎을 즐길 수 있다.

콜리우스 용기에 심기

아래로 늘어지는 꽃은 행잉바스켓에 최적
콤볼부르스

과명 : 메꽃과
분류 : 1년초 또는 다년초 덩굴성식물
개화기 : 5~9월 분갈이 : 5~6월
심는 곳 : 1~3월, 12월 실내 4~11월 양지
관리 : 5~9월 꽃 껍질 따주기

**형태 및 특징
지중해 연안 지역을 중심에서 주로 유럽에 분포하는 덩굴성 식물이다. 이전에는 서양 메꽃과 유사한 삼색 나팔꽃으로 잘 알려졌으나 최근에는 카페트와 같이 옆으로 퍼지고 밝은 보라색 꽃을 피우는 사바타우스의 원예 품종이 많이 시판되고 있다.

*꽃 종묘 고르기
꽃봉오리 수가 많고, 잎 색이 녹색이 풍부하고 짙고 싱싱한 것을 고른다. 포복성이므로 매다는 바구니에 어울린다. 또한 모아심기에도 잘 어울리는 꽃이다.

*실패하지 않는 관리요령
종묘를 구입하면 배수가 잘되는 시판용 배양토에 이식 한다. 햇빛을 좋아하고 더위에 강하므로 통풍이 잘되는 실외에서 햇빛을 받도록 관리한다.

배수가 잘되는 용토를 좋아하고 과습을 싫어 하므로 물주기는 화분의 흙이 마른듯 하면 듬뿍 준다.

봄부터 가을의 생육 기간에는 비료가 부족하지 않도록 1~2회 묽은 액비를 준다.

늘리고 싶을 때에는 5~6월에 포기 나누기나 삽목으로 한다.

엔싸인 블루

엔싸인 레드

*이것이 포인트~생육 기간에는 통풍이 잘되는 실외에서 기른다. 과습을 싫어 하므로 화분의 흙이 마르면 준다.

반년 이상을 꽃을 즐길 수 있다.
서던크로스

별명 : 크로웨어
과명 : 귤과   분류 : 상록 저목
개화기 : 5~11월
심는 곳 : 1~2월, 12월 실내 3~7월 중순,
　　　　　9월 중순 양지 또는 반 그늘
관리 : 7월, 12월 전정
이식, 분갈이 : 3~4월 초순 2년에 1회 분갈이

*형태 및 특징
오스트레일리아 원산인 저목으로 꽃이 초여름부터 늦가을까지 연달이 피고, 잎에는 감귤계의 특유한 산뜻한 향기가 난다. 꽃은 소륜에서 대륜까지 있고 꽃색은 짙은 분홍색에서 흰꽃까지 폭이 넓다.

*꽃 고르는 법
화분의 꽃은 1년 내내 출하되고 있으나 다소 열대성의 화목이므로 5월 경에 구입하는 것이 관리가 편하다. 포기가 굵고 튼튼해 가지와 벨런스가 좋은 포기를 고른다.

보통으로는 화분에 심어 관상 하지만 남부 지방에서는 간단한 방법으로 방한이 가능 하므로 정원에도 심을 수 있다. 정원에 심을 경우는 배수가 잘되고 흙을 북돋아 이식 한다.

*이것이 포인트
1. 햇빛을 좋아 하지만 한 여름은 반 그늘에서.
2. 장마에는 비를 맞지 않도록 관리 한다.
3. 서리를 맞지 않는 곳에 둔다.

*실패하지 않는 관리요령
햇빛이 잘 드는 곳이 적지이지만, 장마에는 비를 맞지 않아야 한다. 그리고 한여름은 통풍이 잘되는 반 그늘에 둔다. 겨울은 방한을 해 주어야 한다. 물주기는 화분의 흙이 마르면 준다. 비료는 봄과 가을의 생육기에 액비를 월 2회 준다.

여름의 꽃색이 바래므로 봄꽃이 일단락 되는 7월에 전정하고 가을에 제차 피게 하는 것이 꽃색이 아름다워지게 하는 비결이다.

*서던크로스 관리 및 기르기

1. 배수가 잘 되는 흙에 밑거름을 넣고 이식 하다. 그리고 햇빛이 잘 든 장소에 두고 관리한다.
2. 봄부터 가을까지 월 2회 정도 액비를 준다. 또 이 시기에는 흙의 표면이 마른듯 하면 물을 듬뿍 준다.
3. 추위에는 다소 약하므로 겨울에는 햇빛이 잘 드는 실내에서, 봄부터 가을에는 실외의 햇빛과 통풍이 잘되는 장소에서 기른다.
4. 겨울에는 건조한 상태로 관리하고 12~1월에 전정을 해주면 초여름에 꽃을 볼 수 있다〈사진1〉.

*증식법

봄에 삽목으로 증식한다.

전반징도 잘라시 되 심는다

꽃 모습이 날개를 펴고
춤을 추는 백로를 닮았다.

백로초

과명 : 란과 분류 : 봄에 심는 구근
개화기 : 7~9월
심는 곳 : 1~2월 초순 12월 얼지 않는 곳
이식, 분갈이 : 2월 중순~3월 중순 분갈이

*형태 및 특징
산야에 자생하는 야생 란으로 꽃 모습이 백로가 춤을 추는 모습을 닮았다는 것으로 야생초 기르기에 많은 애호가들의사랑을 받고 있다.

백로초

*꽃 구입하기
여름에 출하되는 포트에 든 종묘를 구입하던가 이른 봄 구근을 구입해 화분에 심는다.

*실패하지 않는 관리요령
이식의 적기는 2월 중순~3월 중순이다. 5~7호의 큰 얕은 화분에 3~4cm간격으로 심는다. 용토는 녹소토 7 경석사輕石砂3의 배합토나 물 이끼를 단용 한다.

생육기에는 양지에 두고 건조에 약하므로 물 부족이 되지 않도록 한다. 수경 재배도 가능하다.

비료는 이식 후 봄에 유기 고형 비료를 주고 2000배의 묽은 액비를 물 대신 준다.

*꽃이 끝나면
꽃이 끝나도 가을까지는 봄과 마찬가지로 물과 비료를 주어 구근을 굵게 한다. 겨울이 되면 물주기 횟수를 줄이고 발포스티로폴제의 상자에 넣고 얼지 않도록 주의 한다.

*이것이 포인트
1. 생육 기간에는 물 부족이 되지 않도록 주의 한다.
2. 겨울은 화분이 얼지 않도록 주의 한다.
3. 봄과 가을에 비료를 충분이 준다.

작은 꽃이 모여서 공처럼 핀다.

선텐카

과명 : 꼭두서니과, 분류 : 상록 저목, 반 내한성
개화기 : 4~7월
심는 장소 : 1~3월 중순, 12월 실내, 3~11월 양지
관리 : 7월 초순~8월 초순

*형태 및 특징

말레시아와 인도네시아 등 열대에 자생하고 있는 화목으로 작은 꽃이 수십개가 모여서 큰 공모양으로 꽃을 피운다. 적색, 오렌지, 백색 등 색이 있다.

*꽃 고르기

줄기가 굵고 잎이 두껍고 광택이 있는 것을 고른다. 꽃봉오리부터 착색하고 관상 가치가 있으므로 꽃봉오리가 많이 붙은 것을 고르면 오래 관상한다.

**실패하지 않는 관리요령

가능하면 실외의 양지에 두고, 겨울에는 실내에 둔다. 물주기는 봄과 가을까지는 화분의 표면이 마른듯 하면 물을 준다.

개화 중에는 물 부족이 되면 꽃이 잘 맺지 않는다. 가을과 겨울에는 물을 적게 준다. 비료는 5~9월의 생육기에 월 1회 화학 비료를 치비한다.

*이것이 포인트

1. 꽃 맺음을 좋게 하기 위해서는 되 자르기를 8월 상순까지 마치고 가을 이후는 하지 말 것.
2. 10월 이후에는 물주기를 적게 한다.

썬텐카

참 엘로우

꽃꽂이를 할 수 있는 벨 같은 꽃
산다소니아

학명 : *Sandersonia aurantiaca*
과명 : 백합과 별명 : 크리스마스
분류 : 봄에 심는 구근
개화기 : 6월 중순~7월
심기 : 4월 초순~7월 하순 양지
이식, 분갈이 : 4월 중순
손질 : 4~9월 중순 파내기

*형태 및 특징

남아프리카 원산인 구근 식물이다. 하나의 구근에서 2~3개를 발아 시켜서 직립한 줄기를 뻗게 하고 잎 끝의 덩굴손을 휘감고 기어 오른다.

키는 30cm정도가 된다. 여름에 상부에 있는 잎이 붙은 뿌리에서 꽃대를 내고 사랑스러운 종모양의 꽃을 아래로 늘어 뜨린다.
꽃의 수명은 개화에서 10일이다

*종묘 고르는 법

줄기가 굳게 서고 꽃이 밑에서 위로 피어 올라가 꽃 위에 있는 꽃오리의 수가 많을 수록 꽃이 오래 간다.

*이것이 포인트

1. 햇빛이 잘들고 비를 맞지 않을 것
2. 특히 비료를 줄 필요가 없다.
3. 휴면 후 구근을 파내 월동 한다.

산더소니아 용기에심기

크리스마스 벨즈

*실패하지 않는 관리요령

꽃이 피어있는 화분을 구입하면, 햇빛이 잘 들고 비를 맞지 않게 처마 밑이나 하우스에서 관리 한다. 그리고 화분의 흙이 마른 듯 하면 물을 듬뿍 준다. 비료는 따로이 줄 필요는 없다.

꽃이 끝나고 잎이 누렇게 되는 8~9월 상순에는 구근을 파낸다. 그리고 그늘에서 건조 시키고 나서 조금은 축축한 피트모스로 싸서 보관 한다.

*이식

4월 중순~하순에 구근을 심는다. 6호 정도 되는 것에 구근 3개가 목표다. 배수가 잘되는 사질토에 피트모스를 넣고 고토석회를 소량 섞어 용토에 2cm깊이로 이식한다.

산다소니아 관리

*기르는 법

1. 3월에 구근을 이식한다. 이 때 구근의 앞 끝에는 싹이 하나밖에 없기 때문에 앞 끝 부분이 상하지 않도록 주의를 해야 한다.
2. 5호 분 정도에는 구근 3개 정도를 목표로 3cm의 깊이로 심는다.
3. 양지나 반 그늘에서나 잘 자라지만, 장마철에는 직접 비를 맞지 않도록 주의를 해야 한다. 그리고 여름에는 직사광선을 맞지 않도록 반 그늘에서 관리를 해야 한다.
4. 흙의 표면이 마른듯 하면 물을 충분히 준다. 특히 여름철에는 물 부족이 되지 않도록 한다. 생장기에는 웃거름으로 월 2회 정도 액비를 준다〈사진1〉.

*증식법

분구로 증식을 한다〈사진2〉.

〈사진 1〉

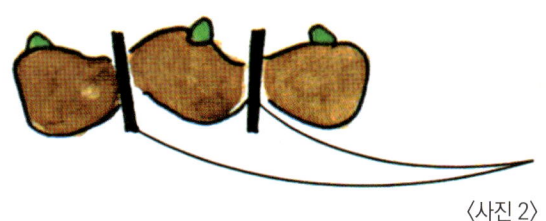

〈사진 2〉

콘컬러

꽃과 단풍을 즐길 수 있는 일년초
토레니아

학명 : *Torenia fournieri Linden E.*
별명 : 화매초花賣草, 여름 제비꽃
과명 : 참깨 엽초과 봄 파종 1년초
개화기 : 6월 중순~10월
심는곳 : 5~10월 중순
이식, 분갈이 : 6~7월 중순
손질 : 5~6월 파종 8월 초순 되자르기

*실패하지 않는 관리요령

화분에 이식은 적옥토 7 부엽토 3의 배합토를 사용하고 밑거름으로 완효성 화학 비료를 준다. 양지로부터 반 그늘에 두고 관리 한다. 물은 화분의 표면이 마르면 준다. 만일 화분의 물이 너무 말라 버리면 쇠약해지므로 물부족이 되지 않도록 한다.

비료가 부족하면 꽃이 피다 말아버리므로 생육 중에는 월 2회 액비를 주든가 화학 비료를 소량 준다.

*씨앗으로 기른다

파종의 적기는 5~6월이다. 피트판에 뿌리고 발아하면 손 끝으로 잡을 수 있을 정도의 크기로 자라면 포트에 이식한다. 본 잎이 4~6잎일 때 줄기에 꽃봉오리가 맺게 되는데, 이 때 적심해 가지 수를 늘린다. 뿌리가 충분히 미친 6~7월 중순에 화분 심기는 5호 화분으로 3포기 정도를 심으면 된다.

이것이 포인트~양지 또는 반 그늘에 둔다. 물부족이 되면 생육에 지장이 있다. 꽃이 계속 오래 피므로 웃거름 주기를 잊지 않아야 한다.

*형태 및 특징

인도네시아 원산인 1년초이다. 초여름부터 가을에 꽃 지름 3cm정도의 꽃을 연달아 피우고, 가을에는 단풍으로 해, 꽃과 잎을 즐길 수 있다.

*꽃 고르기

초여름에 출하되는 종묘를 구입해 화분 등에 이식한다. 포복성의 품종으로 담청색 등의 꽃을 피우는 "서머웨이브"는 행잉바스켓 용이다.

f1 크라운 로즈

토레니아 관리

*기르는 법

1. 4~5월 경 완전히 따뜻해 지고 나서 종묘를 이식한다. 초여름부터 가을까지 오랫동안 꽃을 즐길 수 있으므로 밑거름을 부족치 않도록 주고 이식을하고 1주일에 1회 정도 웃거름으로 액비를 주도록 한다.
2. 햇빛이 잘 드는 장소에서 기르지만, 반 그늘에서도 잘 자란다. 그리고 너무 건조하지 않도록 흙의 표면이 마르면 물을 필히 준다.
3. 손질은 특별히 필요하지 않으나 8월 경에 5~6cm잘라서 되심으면 보다 더 좋은 꽃을 관상 할 수가 있다〈사진1〉.

콘컬러　　　　　　　바이로니

*경부증상

청결한 흙에 옮겨 심는다.
증상~포기 근처의 줄기 표면이 물에 번짓 것 같이 되고 퍼져서 줄기가 부패한다.
대책~발병한 줄기 뽑아낸다.
발생부위~줄기 가지 뿌리

* 파종으로 증식한다

〈사진1〉

행잉바스켓과 플렌터에서 즐기는 꽃
일일초

학명 : *Vincarosea L.* 〈*Cadarathus roseus*〉
과명 : 협죽도과 분류 : 1년초, 봄 파종
개화기 : 6~11월 중순
심는 곳 : 6~11월 중순 양지
이식, 분갈이 : 6~7월 중순
손질 : 4월 중순~5월 중순 파종

*형태 및 특징
고온과 건조를 좋아하는 식물로, 여름 한창더울 때도 매일 중단한 일이 없을 정도로 연달아 꽃을 피운다. 꽃색은 자홍, 분홍, 도홍, 백색 등이다.

*꽃 고르기
6~7월 경 포트 묘가 시판된다. 화초의 키가 너무 자라지 않고 단단한 것을 고르도록 한다. 화분이나 플렌터에 기를 때에는 키가 25cm정도의 왜성종을 기르는 것이 좋다. 행잉바스켓 용으로는 줄기가 옆으로 퍼지는 성질을 가진 "가펫 돈' 등이 적합하다.

*실패하지 않는 관리요령
군식하면 잘 어울리므로 플렌터나 큰 컨테이너를 준비하고 포트를 떼어서 포트속의 뿌리가 흩으러지지 않도록 이식한다. 가능한 햇빛이 잘 드는 곳에 두고 화분의 흙 표면이 마른듯 하면 물을 주고, 질소분이 많으면 잎만 무성하고 꽃을 맺지 않으므로 주의 한다.

일일초 용기에 심기

비료를 줄때는 자라는 상태를 보고 인산과 칼리분이 많은 액비를 월 2~3회 준다.

진드기나 날개 진드기가 붙기 쉬우므로 그 때마다 약제를 살포해 방제 한다. 씨앗으로 기를 때는 4월 하순~5월 상순에 뿌리고 본 잎이 나오면 이식해 기르기를 한다.

자이오 라이트 스카레트

패시피카애프리코트

일일초 행잉바스켓

일일초 관리와 기르기

*기르는 법

1. 햇빛과 배수만 잘 되면 잘 자란다.
2. 개화 기간이 길기 때문에 밑거름을 주고 이식을 한 후에 웃거름으로 1개월에 1회 질소분이 적은 고형 비료를 준다.
3. 건조에는 강하지만, 무더위에는 약하므로 장마철에는 비를 맞지 않은 곳에서 관리를 한다.
4. 화초가 커 가면 앞 끝을 따준다. 그러면 곁순이 뻗어서 울창한 모습이 된다〈사진1〉8월까지는 줄기를 반절 잘라서 되 심으면 새싹이 나와서 다시 자란다.

*증식법

파종이나 삽목으로 증식 한다. 씨를 수집하는 경우에는 가늘고 긴 깍지가 갈라지기 직전에 따낸다〈사진2〉.

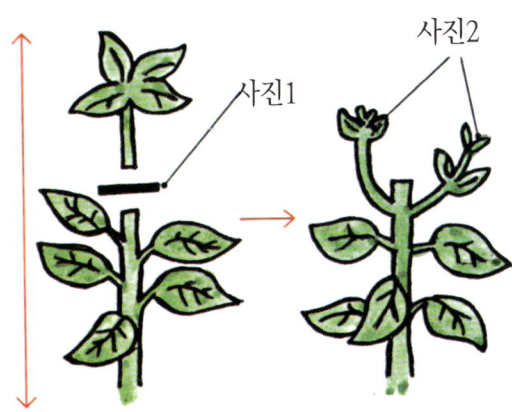

아름다운 꽃을 늦 가을까지 피운다
들 모란

과명 : 들 모란과
분류 : 상록 관엽 저목 반 내한성
개화기 : 7월 중순~11월 중순
심는장소 : 1~3월 11~12월 실내
이식, 분갈이 : 4월 손질 : 4월 전정

*형태 및 특징
열대 아시아와 브라질에 분포하는 열대성의 저목으로 가지 끝에 대륜의 아름다운 꽃이 맺는다. 그 꽃이 모란과 같이 아름답다는 점에서 들 모란野牧丹이라는 이름이 붙었다. 꽃의 수명은 짧은 것이지만, 여름부터 늦 가을까지 연달아 핀다.

*꽃이 끝나면,
월동한 포기는 4월에 3/1을 남기고 잘라, 가는 가지 등은 토대에서 잘라내고 조금 큰 화분으로 분갈이 해 준다.

시콘 들모란 코트다줄

*꽃 종묘 고르기
잎이 싱싱하고 마디 사이가 튼튼하고 가지가 균형 있고, 꽃수가 많은 것을 고른다. 추위에 약하므로 일반적으로 화분 꽃을 길러 관상 하지만, 서리가 없는 지대에서는 정원에서도 기를 수 있다.

*실패하지 않는 관리요령
4~10월은 실외 양지에 두고 한 여름에는 가벼운 차광을 하든지 반 그늘에 놓고 서늘하게 관리 한다. 겨울은 햇빛이 잘 드는 실내에서 관리하고 4~9월의 생육기에는 물 부족이 되지 않도록 한다. 늦가을과 겨울에는 화분의 흙이 마르면 물을 주고 비료는 생육기간에는 월 1회 화학 비료를 준다.

리틀 엔젤

진한 열대의 향기가 발하는 꽃
만데비라

별명 : 디프라데니아
과명 ; 협죽도과
분류 : 상록 덩굴성 목본 비 내한성
개화기 : 6~11월
심는 곳 : 1~3월 중순 11~12월 실내
　　　　　4월 중순 ~10월 양지
이식, 분갈이 : 4월 중순~11월 중순 전정

*형태 및 특징
중남미 볼리비아, 브라질에 분포하는 덩굴성 식물이다. 다른 나무나 기타 등에 휘감기어 생육하고 초 여름부터 가을에 나팔꽃을 닮은 로트 모양의 꽃을 몇개쯤 맺고 개화 중에는 열대의 진한 향기를 발한다.

*꽃 종묘 고르기
원예점 등에서 구 속명인 디프라데니아 이름으로 시판되는 것이 많다. 꽃색은 짙은 분홍, 옅은 분홍, 백색 등을 보고 자기가 좋아하는 것을 고른다. 덩굴이 굵고 튼튼하며 잎 색이 좋은 것을 고른다.

*실패하지 않는 관리요령
햇빛이 잘 드는 장소에 둔다. 추위에 약하므로 겨울에는 최저 온도 10도c 이상의 실내에 두고 관리 한다. 개화 중에 물주기는 부족하지 않도록 관리를 한다. 겨울에는 1주에 한번 물주기로 충분하다. 비료는 5~6월에 걸쳐서 깻묵과 골분을 같은 비율로 섞어 2개월에 1회씩 준다.

*꽃이 끝나면
꽃이 끝난 후에는 3~4마디 남겨서 자르고 4월 하순~5월 상순에 부식질이 풍부한 배수가 잘되는 용토로 분갈이를 해준다.

*이것이 포인트~생육기에는 실외에 두고 햇빛이 잘 들면 꽃맺음이 좋다. 겨울에는 실내에서 온도를 10도c를 유지하고 건조시에는 물을 준다.

꽃 색이 7가지로 변하는 꽃
란타나

학명 : *Lantana camara* L.
과명 : 마편초과
분류 : 상록 소저목 별명 : "7변화"
개화기 : 6~11월
심는 곳 : 1~3월 중순 11월 중순~12월 실내
이식, 분갈이 : 4월
손질 : 4월 전정

*형태 및 특징

작은 꽃들이 모여 공 모양의 작은 꽃송이가 핀다. 꽃이 피기 시작할 때는 황색이고 차츰 오렌지에서 적색으로 변하고 그것이 하나의 꽃송이 속에서 연달아 변해 가기 때문에 7변화라는 별명이 붙어 있다.

이 밖에 꽃색이 백색에서 핑크 보라색으로 변화 하는 것이라든가 황색의 단색만인 것이 있다. 또 가지가 포복하는 코바노란타가 있다.

*꽃을 고르는 법

꽃 맺음이 좋고 잎의 색이 광택이 좋은 튼튼한 포기를 고른다. 란타나는 화분으로, 코바노란타는 행잉바스켓으로 길러 관상한다.

*꽃이 끝나면

매년 4월 경에 가지를 반절 정도까지 잘라내고 보다 큰 화분에 옮겨서 분갈이를 한다.

*실패하지 않는 관리요령

가능한 한 실외의 햇빛이 잘 드는 장소에 두고 기른다. 추위에 약하므로 겨울에는 햇빛이 잘 드는 베란다 창가 등에 두고 월동을 한다.

물 주기는 과습이 되지 않도록 주의 해야 하며, 화분 흙의 표면이 마른듯 하면 물을 듬뿐 준다. 늦 가을부터 겨울동안에는 과습이 되지 않도록 한다.

개화기가 길기 때문에 5~10월까지는 비료 부족이 안되도록 월 2회 액비를 준다.

바구니에 심은 란타나

꽃은 자연스럽게 떨어지므로 남은 씨앗은 잘라내서 받아 보관한다

줄기와 잎이 잘 자라서 늘어뜨려지므로, 매달린 화분이나 행잉바스켓에 심어 관상할 수가 있다.

잘라낸다

반절 잘라준다

매년 4월경에 가지를 반절 정도 잘라내고 보다 큰 화분에 옮겨 분갈이를 한다

사계절꽃 기르기 | 183

꽃색이, 풍부해 화분 기르기

칼란코에

학명 : *Kalanchoe blossfeldiana*
과명 : 돌나물과
별명 : 붉은 벤케이
분류 : 상록 다년초 비 내한성
개화기 : 10~11월
이식, 분갈이 : 3월 하순~4월
손질 : 3월 하순 되 자르기

*형태 및 특징

다육질인 잎 사이에서 꽃대를 내고 작은 꽃들이 모여 꽃송이를 만든다. 일반적으로 칼란코에 라고 하는 것이 브로스펠비아나로 왜성으로 꽃 맺음이 좋다.

꽃 색도 적색, 오렌지색, 황색, 분홍, 백색 등으로 매우 풍부하다. 또한 항아리 모양의 꽃을 아래로 늘어 뜨리는 "맨젤 램프" 등 이 있다.

카랑디바 파불

카랑디바 오렌지

*실패하지 않는 관리 요령

원예점에서 종묘를 구입 할 때 잎이 두껍고 변색치 않은 포기를 고른다. 그리고 화분이나 행잉 바스켓으로 심어 관상 한다. 비를 맞지 않도록 차광을 해주고 통풍이 잘 되는 곳에서 관리를 한다.

겨울은 햇빛이 잘 드는 창가에 둔다. 뿌리가 가늘고 과습하면 뿌리의 부패를 일으키기 쉬우므로 물은 많이 주지 않도록 한다. 개화중에는 35일에 1회, 봄부터 가을까지는 2~3일에 1회, 겨울에는 1주일에 1회를 준다. 비료는 5~10월까지 여름을 제외 하고는 액비를 월 2~3회를 준다.

*꽃이 끝나면

3월 하순~4월 상순에 되 자르고 화분속의 뿌리가 흩으러지지 않도록 해 분갈이를 해 준다.

엔젤 램프

칼란코에 관리

*기르기

1. 화분에 심은 종묘는 1년 내내 출하 되지만, 가을에서 겨울에 출하 되는 것이 꽃색도 좋고 꽃을 오래 감상한다
2. 건조 상태의 흙에 밑거름을 주어 이식하고 햇빛이 잘 드는 곳에서 기른다. 더위에는 약하므로 여름에는 차광을 해 기른다.
3. 비를 맞지 않도록 하고 물은 표면이 마른, 2~3일 후에 주어야 한다.
4. 꽃 껍질은 부지런히 따 주고〈사진1〉꽃이 모두 끝나면 반절 정도 잘라서 되 심고 웃거름으로 고형 비료를 준다〈사진2〉.

반절정도 잘라서 되 심는다

자른다

아랫 잎은 자른다 / 잘라낸다

불꽃과 같은 꽃이 매력적이다.
시클라맨

학명 : *Cyclamen persicum mill.*
과명 : 수선화과
원산지 : 지중해 연안 시리아 그리스
별명 : 화롯불 꽃
분류 : 가을에 심는 구근
개화기 : 6월 중순~10월
심는 곳 : 5~10월 양지
이식, 분갈이 : 6~7월 중순
손질 : 6월 파종 8월 초 되 자르기

*형태 및 특징

겨울을 장식하는 대표적인 꽃이다. 하트 모양을 한 잎 사이에서 많은 꽃대를 일으켜 세우고 꽃잎이 뒤로 쳐져 꽃을 피운다. 꽃색은 적색, 붉은 보라 외에 분홍, 황색, 백색 등이 있다.

테이블미니 라일락 로즈

씨크라멘 모아심기

*계통과 품종의 여러가지

씨크라맨은 대륜종과 소륜종이 있다. 현재 많이 유통되고 있는 것은 펠시캄의 원예 품종으로, 대륜 둥근 꽃잎이나 대륜으로 꽃잎의 가장 자리가 물결 치는 듯한 것, 중륜 겹꽃, 소륜 다화성종 등 갖가지 품종이 있다. 소형으로 사랑스럽게 보이는 것으로는 코무 등의 원종이 있다.

*꽃 종묘 고르기

10월 경부터 개화 포기가 시판 되고 있다. 구근의 상반 부분이 흙에서 돌출되어 있어 잎 수가 많고 꽃의 중앙에서 모여서 피고 전체적으로 튼튼한 것이 좋은 포기이다. 아랫 잎이 누렇게 된 것이나 꽃잎에 얼룩이 있는 것은 피해야 한다.

이것이 포인트~난방이 된 곳은 피한다. 여름나기의 방법은 드라이법과 웨트법이 있으나 어느 경우에도 통풍이 잘 되는 반 그늘에서 관리 한다.

파피온

가든 씨크라멘

소레이유

실패하지 않는 관리요령

*관리

심기~과거에는 오직 화분 꽃으로 친숙 했지만, 지금은 소형종을 개량한 가든 씨클라맨이 등장해 정원에 심어 관상을 많이들 한다.

겨울에는 햇빛이 잘 드는 실내 창가에 두고 때때로 화분을 돌려서 햇빛이 골고루 비치도록 한다. 야간에는 5도c 이하가 안되어야 한다.

물주기~화분의 흙 표면이 하얗게 말라가면, 따뜻한 날 오전에 화분의 밑 구멍에서 물이 흘러 나올 정도로 물을 듬뿍 준다. 물을 줄 때는 꽃이나 잎 그리고 구근에 물이 묻지 않도록 잎을 들어 올리고 직접 흙에 물을 준다.

비료~개화 중에는 월 2~3회 1000배로 묽은 액비를 준다.

손질~병에 약하므로 청결하게 관리를 해야 한다. 꽃이 다 핀 꽃 껍질은 부지런히 따준다. 그래야만이 또 좋은 꽃들이 얼굴을 내민다. 꽃 껍질을 딸 때는 꽃대가 달린 뿌리 가까이서 잡아 비틀면서 잡아 빼면 간단하게 뽑을 수가 있다.

또 월 1회 바람이 없는 따뜻한 날 오전 중에 실외로 내놓고 물 뿌리개로 잎 위에서 물을 뿌리고 먼지를 씻어 내도록 한다.

다음 해에도 꽃을 즐기려면 여름 나가기가 포인트다. 여름 나기의 방법으로는 5월 말부터 8월까지 물을 전혀 주지 않는 드라이법〈더운 지방용〉과 여름철에도 마르면 물을 주는 웨트법〈서늘한 지방용〉이 있다.

여름 나기를 시킨 포기는 9월 중순에 배양토~밭흙, 부엽토, 모래를 4:4:2의 비율로 조금 큰 화분으로 분갈이 해준다.

시클라맨 관리와 기르기

1. 포트에 담아진 종묘를 구입해서 기르는 것이 일반적이지만, 잎이 많고 꽃에 얼룩이 없는 것, 그리고 화분이 너무 크지 않고 〈4호 이내〉, 포기가 균형이 잡힌 것을 고른다.
2. 실내의 창가 등 햇빛이 잘 드는 서늘한 장소에 두고 기른다.
3. 물은 흙의 표면이 마르면 주지만, 잎과 줄기, 구근에 직접 뿌리지 않고 포기 밑동에다 준다. 단 밀식되어 있는 시클라맨은 물주기가 어려우므로 화분 밑바닥에서 물을 흡수하는 저면급수 화분을 사용하면 수조에 물을 담은만큼 적당한 물이 주어진다〈사진1〉.
4. 개화 중에는 웃거름으로 2주에 1회 정도는 질소분이 적은 액비를 주지만, 저면급수 화분 밑의 물에 섞어 주어도 된다.
5. 꽃 껍질은 부지런히 따준다. 꽃대의 뿌리 밑동에서 줄기들을 비틀어서 따 주도록 한다.

〈사진2〉

*증식법

개화기가 끝난 초여름 비를 맞지 않고 통풍이 잘 되는 반 그늘로 이동 시키고 물주기는 1주일 1회 정도주고 서서히 잎이 마르도록한다. 가을이되면 구근을 파내서 오래된 뿌리를 제거하고 새 흙으로 5호 분 정도의 화분으로 옮겨 심는다〈사진3〉.

빅토리아

피아스

사진2

사진1

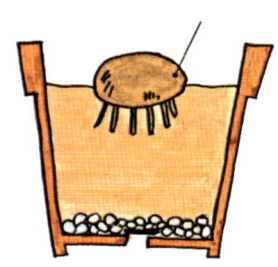
사진3

시클라멘 병, 해충

*모자이크 병
병든 것을 가지고 들어가지 않도록 한다.
증상 : 잎에 짙은 농염이 나와 모자이크 모양이 되고 오글오글하게 오그라 진다.
대책 : 발병한 포기는 뽑아서 처분한다. 그리고 병든 포기는 다른 것들 가까이 두지 않는다.

*싹 부패 세균병
통풍이 잘 되게 한다.
증상 : 새 싹이 부패한 것 과 같이 마른다. 그러나 곰팡이는 발생하지 않는다.
대책 : 포기 밑동에 물이 고이지 않도록 한다.

*잎 부패 세균병
다습의 환경을 피한다.
증상 : 잎에 반점이 생기고 드디어 부패 하는데, 곰팡이는 생기지 않는다.
대책 : 병든 부분은 뽑아서 처분한다. 잎에 물방울이 병의 원인이 될 수도 있으니 물방울이 고이지 않도록 한다.
발생 부위 : 잎, 새 싹.   사용 약제 : 키논드

*위조병
증상 : *흙속의 균이 원인이므로 흙을 소독 한다.
대책 : 발병한 포기는 뽑아서 처분한다. 옮겨 심기는 청결한 용토에 한다.
발생하기 쉬운 부위 : 포기 전체.
사용 약제 : 벤레트 수화제.

시클라멘 병, 해충

*탄저병
배수와 통풍이 잘 되게 한다.
증상 : 잎의 중심에 갈색과 회색의 반점이 생긴다.
대책 : 따뜻한 한 낮에는 바깥 공기를 쪼여 주는 등 통풍이 원활하게 한다.
발생하기 쉬운 부위 : 잎, 새싹
사용 약제 : 톱진M, 다코닐 1000 등

*회색 곰팡이 병
저온과 다습으로 발병의 원인이 된다.
증상 : 꽃에 적색의 작은 반점이 들어가고 이윽고 부패한다. 그리고 회색 곰팡이가 발생 한다.
대책 : 발병한 꽃은 따내어 처분한다. 통풍이 잘 되게하고 다습하지 않도록 한다. 발생 부위 : 꽃, 꽃봉오리, 잎, 새 싹, 뿌리

*시클라멘 먼지 진드기
공기가 건조되지 않도록 한다.
증상 : 흡즙을 하면 잎과 꽃 새 싹의 성장이 멈추기도 하고 기형이 된다.
대책 : 힘차게 물로 씻어 내어 진드기를 흩뜨린다.
발생하기 쉬운 부위 : 꽃 , 꽃봉오리, 잎, 새싹

*차잎말이 벌레
피해를 발견하면, 피해를 입은 잎마다 따서 처분한다.
증상 : 잎이 감겨서 실로 얽혀지고 집안의 벌레가 식혜한다.
대책 : 발견하는 대로 잡아서 처분한다. 감긴 잎 위로 눌러 으갠다.
발생하기 쉬운 부위 : 꽃, 꽃봉오리, 잎 새싹
사용 약제 : 스미치온 유제

포인세티아

적색과 녹색이 함께 어우러진 꽃
포인 세티아

학명 : Euphorbia pulcherrina Willd
원산지 : 메시코 남부
별명 : 성성목
분류 : 상록 저목
과명 : 대극과 비 내한성
개화기 : 1~2월, 11~12월
심는 곳 : 1~4월 ,10월 중순~12월
이식, 분갈이 : 4월 중순
손질 : 3월 하순, 6월 하순~7월 전정
　　　10~11월 초순 단일처리

*꽃 종묘 고르기

줄기가 굵고 포기의 크기가 균일하고 평균적으로 착색한 것을 고른다. 포기의 중심에 있는 꽃이 2송이 3송이 핀 것이 구입 적기의 포기이다. 화분에 심던지 스텐드를 만들기 등으로 심을 수 있다.

심은 후 한 낮에는 햇빛이 잘 드는 베란다 창가 등에 두고, 가능한 한 햇빛이 잘 들도록 한다. 찬바람 또는 난풍기의 더운 바람이 닿지 않도록 주의한다.

야간에는 가급적 어두운 장소에 둔다. 아래 잎이 누렇게 되어 떨어지는 것은 온도의 부족이다.

*형태 및 특징

붉은 꽃과 같이 보이는 부분이 〈포苞=싹이나 화관 밑에 붙은 바늘 모양의 잎〉라고 부르는 것으로 꽃은 중앙에 있는 노란 입상의 부분이다.선명한 적색과 아랫 잎의 녹색의 조화가 아름다운 점에서 크리스마스를 장식하는 화목으로서 친숙해지고 있다.

*계통, 품종이 여러가지

주로 유통되고 있는 원예 품종은 독일의 구트피아계나 미국의 엑스 포인트계가 있다.

기본종은 적색이지만, 가지의 변화에 의한 핑크, 마블, 백색이 있고, 서리 내리는 모양처럼 보이는 〈"징글벨"〉 등이 있다.

포인 세티아 관리와 기르기

*기르기

물주기~화분의 흙이 거의 마르고 나서 물을 흠뻑 준다. 물 부족이 되면 꽃이 시들어버리므로 주의가 필요하다. 물주기는 따뜻한 날 오전중에 한다.

*꽃이 끝나면,

심는 장소~아랫 잎이 말라서 포만 있으면 햇빛은 그다지 필요하지 않으므로 실내의 따뜻한 곳으로 옮겨서 관리를 한다. 생장기의 5~10월 경에 임해서는 실외로 내놓고 햇빛을 쪼이고 10월 중순 경 이후 에는 실내의 햇빛이 잘 드는곳에 두고 관리 한다.

포가 빨갛게 착색 하려면 매일 12시간 이상 깜깜한 장소에 둘 필요가 있으므로 오후 5시 경부터 다음 날 아침 8시까지 골판지 상자를 씌워서 빛을 차단 한다〈사진2〉.

쎄티아 용기에 심기

원터로즈

포인버불

물주기~아랫 잎이 말라서 떨어지면 휴면기에 들어가는 증거이므로 물을 과다하게 주지 않는다. 단 포기가 어려서 작은 것은 심하게 건조를 시키면 마르므로 주 1회 정도는 물을 주어야 한다.

봄이 되어 새싹이 자라기 시작하면 물주기를 시작 한다.

포리 포인트

비료~4월 하순~9월까지는 주 1회의 비율로 액비를 준다. 이밖에 5월 상순 6월 중순 7월 하순의 3회 유기질 고형 비료나 완효성 화학 비료를 치비한다.

화분갈이~봄이 되어 새싹이 자라기 시작하면 조금 더 큰 화분으로 분갈이를 해준다. 용토는 적옥토에 부엽토를 3~4할 혼합해서 만든다.

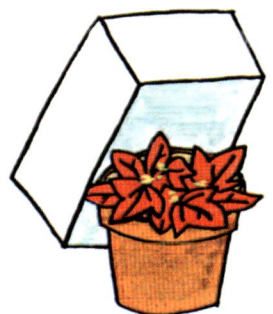

*이것이 포인트

1. 한 낮에는 햇빛을 잘 쪼여주고 야간에는 어둡고 따뜻한 곳에 둔다.
2. 전정은 휴면하기 전이나 봄의 분갈이 전에 해준다.

꽃이 귀한 겨울에 피는 황금색이 매력적,
유리옾스데이지

과명 : 국화과 분류 : 상록 다년초 반 내한성
개화기 : 1~5일 초순, 11~12월
심는 장소 : 1~3월, 11월 중순~12월 실내 4~11월
이식, 분갈이 : 5월 하순~6월 초순
손질 : 1~5월 초순 꽃 껍질 따주기, 5~6월 초순 전정

*형태 및 특징

꽃이 귀해지는 늦 가을에서 겨울에, 탁하지 않는 선명한 황색의 유달리 눈에 띄는 꽃을 맺는다. 잘라 넣은 잎은 회록색으로 꽃과의 대비가 앙상불이다.

*꽃 종묘 고르기

보통성은 키가 60~70cm로 커지지만, 왜성인 것이 화분 꽃으로 출하되고 있다. 이것을 구입해 화분 꽃으로 관상하는 외에 겨울부터 봄에 모아심기 재료에 이용 한다.

*실패하지 않는 관리요령

겨울은 춥지 않는 곳에서 햇빛이 좋고 찬바람을 맞지 않는 곳에 실외에 둔다. 추운 지역에서는 실내의 햇빛이 잘 드는 창가에 두고 관리 한다. 개화 중에는 화분의 흙의 표면이 마른듯 하면 물을 듬뿍 주고 꽃 껍질을 따낸다.

*꽃이 끝나면

5월 하순~6월 상순에 조금 큰 화분으로 분갈이 한다. 물주기는 과습이 되지 않도록 화분의 흙 표면이 마르면 물을 준다. 가을이 되면 다시 양지에 두고, 9월 중순~10월 중순에 액비를 준다.

유리옾스 데이지 용기에 심기

*이것이 포인트

1. 장마철에는 비를 맞지 않는 곳에 두고, 일년 내내 과습이 되지 않도록 한다.
2. 추운곳에서는 실외에서 월동이 가능하나, 얼수가 있으므로 실내에서 관리가 바람직 하다.

겹꽃

핑크 아자레아

희망 아자레아

꽃이 호화로운 서양 진달래
아자레아

과명 : 진달래과
분류 : 상록, 관엽, 소저목
개화기 : 1~3월, 12월
심는 곳 : 1~4월 실내
이식~분갈이 : 5~6월
손질 : 5~6월 전정

*형태 및 특징
한국과 중국산 진달래를 유럽에서 개량한 원예 품종이다. 나무 높이가 30~50cm로 작고 화려한 색의 꽃이 포기를 덮을 듯이 피운 호화로운 화분 꽃이다. 꽃 고르기는 잎 색이 짙고 광택이 나며 꽃 봉오리가 많은 것을 골라 기르면 오래 즐길 수 있다.

*실패하지 않는 관리요령
월동 최저 온도가 3도c의 추위에 약하므로 구입한 화분 꽃은 난방을 하지 않은 실내의 창가 등에 두고 관상 하다, 5~10월은 실외의 양지에〈여름철은 차양을 해 준다〉에 두고 관리 한다.

물주기는 화분의 흙의 표면이 마르면, 물을 듬뿍 준다. 물을 줄 때 꽃의 얼굴에 뿌리지 않도록 주의 한다.

비료는 꽃이 끝난 후 5~9월〈10월은 제외〉에 액비를 월 2회를 준다.

*꽃이 끝나면
꽃이 끝난 후 6월까지 가지를 잘라주고 녹소토 7: 부엽토 3의 혼합토로 조금 더 큰 화분에 분갈이를 해준다. 그리고 새싹의 가지 끝을 10cm정도의 길이로 잘라내고 물을 올린 후 녹소토에 꽂아서 종묘를 늘린다. 발근한 것을 화분에 심으면 봄에 개화 한다.

순정 아자레아

매화꽃과 같은 매력적인 겨울의 화분 꽃
위성류 매화

과명 : 포도〈浦桃〉과 분류 : 상록 저목
개화기 : 1~3월 10~12월
심는 곳 : 1~3월 11월 중순~12월 실내
이식, 분갈이 : 5~6월 중순
손질 : 5~7월 중순 전정, 정지

*형태 및 특징
꽃이 적을 때의 화분 꽃으로 사랑받는 꽃이다. 잎은 침엽수와 구분을 못할 정도의 소엽으로 매화 꽃을 닮은 5꽃잎의 꽃을 가지 가득히 맺는다. 홑꽃 외에 겹꽃도 있다.

*꽃 고르기
주로 겨울부터 이른 봄의 화분 꽃으로 출하된다. 포기가 튼튼하고 마디 사이가 가득찬, 가지가 균형있게 나와 있는 것이 좋고 꽃봉오리가 많은 것을 고르면 오래 즐길 수 있다.

남부 지방의 따뜻한 곳에서는 정원에 심어서 관상이 가능하다.

*실패하지 않는 관리요령
개화 포기에 구입하면 밝은 실내에 두고, 화분의 표면이 마른 듯 하면 물을 듬뿍 준다.

정원에 심은 것은 4~6월과 9월의 이식의 적기이다. 햇빛이 잘 들고 배수가 잘 되는 비옥한 땅으로, 석양빛이 닿지 않는 곳이 적지이다.

*꽃이 끝나면
꽃이 끝난 후에 자란 가지를 3/1정도로 자르고 서로 뒤엉킨 가지는 솎아내어 배수가 잘 되는 용토로 분갈이를 해 준다.

봄부터 가을까지는 실외의 양지에 두지만, 장마철에는 비를 피해서 처마 밑 등으로 옮겨서 관리 한다. 비료 과다가 되지 않도록 꽃이 끝난 후의 초 봄에 소량 준다.

*이것이 포인트
1. 난지에서는 정원에 심어서 관상 할 수 있다.
2. 전정 정지는 7월 상순까지 마치도록 한다.

봄까지 즐길 수 있는 꽃
옥잘리스 디페이

학명 : *Oxalis deppei Lodd.*
과명 : 꽃무늬 괭이밥과
원산지 : 멕시코
분류 : 여름 파종 구근
개화기 : 1~4월, 10~12월
심는 곳 : 1~4월 실내, 10월 양지
이식, 분갈이 : 7~9월 초순

썬 램프   엘로우 옥잘리스

*형태 및 특징

원예 품종으로 재배되고 있는 것은 남미가 원산이나, 남아프리카 원산인 것도 있다. 추위에는 비교적 강하고, 서리를 맞지 않으면 노지에 심어서 월동한다.

현재 출하되고 있는 주된 품종은 노란 작은 꽃을 많이 맺는 로버트, 긴 꽃대 끝에 다수의 핑크색 꽃을 맺는 뎃페이, 꽃봉오리에 들어 있는 나선형의 붉은 선이 사랑스러운 벨시크볼〈바시컬러〉등이 있으며, 긴 잎자루 끝에 클로버 모양의 잎이 4개가 붙어 있다.

*꽃 종묘 고르기

늦가을 화분 꽃이나 포트묘가 출하 되므로 이것을 구입하면 편리하다. 꽃색, 잎색이 선명하고 튼튼한 것을 고른다. 또 여름에 구근을 옮겨 심을 수도 있다.

*실패하지 않는 관리요령

화분에 담아진 꽃을 구입하면, 햇빛이 잘 드는 실외에서 관리 하다가 서리가 내리기 전 햇빛이 드는 창가에 둔다. 그리고 화분의 표면이 마른듯 하면 물을 부족하지 않도록 준다. 때때로 액비를 주어야 한나. 가을과 겨울에 피는 구근의 이식은 7~8월 상순이 적기이고 배수가 잘 되는 용토에서 관리 한다.

*이것이 포인트

1. 잎이 마르면 물주기를 중지하고 7월까지 보류 한다.
2. 햇빛이 들지 않으면 꽃이 피지 않으니 양지에서 키운다.
3. 11월 중순에는 햇빛이 잘 드는 실내서 월동을 시킨다.

아기자기한 꽃이 밀어를 속삭인다
시네라리아

학명 : *Senecio hybridus Regel*
원산지 : 카나리아 제도
과명 : 국화과
별명 : 머위 앵화   분류 : 1년초
개화기 : 1~4월 12월
심는 곳 : 1~4월 12월 실내
이식, 분갈이 : 11월 하순~12월
손질 : 9월 파종

계화

쎈세이션 헤븐리블

*형태 및 특징
겨울 화분 꽃으로서 인기를 얻고 있는 꽃이다. 원예 품종이 풍부하게 있고 꽃도 지름 6cm이상의 거대 대륜에서 중륜, 소륜이 있고, 홑꽃과 겹꽃이 있다. 꽃색은 적색, 붉은보라, 분홍, 오렌지, 보라, 황색, 백색 외에 갈색도 있다.

*꽃 고르기
화초의 키가 작고 튼튼하며 살가운 감을 주는 포기를 고른다. 아랫 잎이 누렇게된 것이나 흐물흐물한 것은 피해야 한다. 20%정도 꽃이 피어 있고 꽃봉오리가 많은 것을 골라야 한다.

*실패하지 않는 관리요령
겨울 화분에 담아진 꽃을 구입한 경우에는 화분 커버 등으로 멋있게 치장하고 난방을 하지 않는 실내 창가 등에 두고 관상한다. 난방이 된 방에 두면 꽃 맺음이 나빠진다. 개화 중에는 물부족이 되면 잎이 시들고 꽃이 시들어 버린다.

시네라리아는 잎이 커서 증산이 되기 쉽고 배수가 잘 되는 흙에 심어져 있으므로 건조 상태에 있다. 그러므로 화분 표면을 관찰하고 물이 없으면 물을 듬뿍 준다. 개화기가 길기 때문에 비료 부족이 않되도록 2회정도 액비를 준다.

시네나리아 관리

*기르는 법

1. 화분에 심은 꽃을 구입해서 기르는 경우가 많다. 시네라리아는 추위에 약하므로 겨울에는 실내 햇빛이 잘 드는 장소에서 기른다. 그리고 이식은 충분한 밑거름을 준 후에 한다.

2. 심어진 화분의 흙이 마르는 듯 하면 물을 준다. 특히 시네라리아는 건조에 약하므로 간혹 잎에 분무기로 물을 뿌려 주어야 한다〈사진1〉.

3. 항상 비료 부족이 되지 않도록 주의하고, 웃거름은 월 3회 정도 액비를 준다. 2월 경 꽃이 끝난 후에 일단 잘라서 되 심고〈삽목〉고형 비료로 웃거름을 주면 봄에 다시 아름다운 꽃을피워 즐겁게 해준다〈사진2〉.

*증식법

포기 밑동에서 베어낸 줄기를 15분 정도 물에 올린다음 3호 포트 등에 이식해 포기 수를 늘린다.

잘라서 되심는다

액비

〈사진2〉

〈사진1〉

탐스럽게 피는, 실내 여왕의 꽃
센트포리아

과명 : 원담배과
분류 : 상록 다년초, 비 내한성
개화기 : 1~6월 중순 9월 중순
심는 곳 : 1~5월 초순 12월 실내
이식, 분갈이 : 4~5월 하순

벨바드스

이리노이

*형태 및 특징

1년 내내 기를 수 있는 화분의 꽃으로, 조건만 갖춰지면 아름다운 꽃을 계속해서 피울 수가 있다. 꽃 색과 잎의 모양도 풍부할 뿐 아니라 실내에서 키우는 여왕으로 많은 꽃 애호가들에게 사랑을 받는 다년초이다.

*계통 품종의 여러가지

붉은 청보라 색을 피운, 24의 원종으로부터 만들어진 센트포리아는 지금은 많은 원예 품종으로 점점 다양하게 만들어지고 있다.

*꽃 고르기

잎 모양이 짧고 중심에 나와 있는 새로운 잎이 위를 향하고 있는것, 그리고 잎이 두텁고 광택이 나는 것, 개화 포기의 경우는 꽃봉오리가 많이 맺혀 있는 것, 이상과 같이 세가지를 주의 해서 고르면 된다.

*실패하지 않는 관리요령

재배의 적정 온도는 18~25℃이다. 따라서 봄과 가을에는 반 그늘의 실외에서, 여름에는 통풍이 잘 되는 그늘에 두고 물뿌리게 등을 통해서 온도를 내려주도록 한다. 겨울은 둥근 케이스 등에 넣어서 관리 한다.

센트포리아는 직사광선은 대 적이다. 레이스의 커튼너머 광선이면 되고 일조 시간이 짧은 경우에는 부족분을 형광등으로 보충하면 된다. 실외에서 관리할 때는 반 그늘에 두던가 한냉사로 차광을 해 준다.

*물주기

주 1회 재배 장소 근처에서 담아 두었던 25℃ 정도의 물을 잎에 닿지 않고 물을 주도록 한다. 겨울에는 25℃의 물을 사용 하지만, 최저 실내 온도가 7도c 이하가 될때는 물을 지나치지 않도록 준다. 겨울철에 잎에 물을 뿌려 씻어낸다.

*비료

3월 하순부터 장마가 개일 때까지는 월 1회, 용린1: 밀리언 6 그리고 구아노를 혼합한 것 500g에 매그팬K 작은 수저 2숟갈을 합한 비료, 상품명 〈多花〉를 치비로 해 주고 병행하여 묽은 액비를 물 대신으로 준다.

여름과 겨울에는 치비만으로 하고, 액비는 주지 않는다. 가을에는 재차 봄과 마찬가지로 치비와 묽은 액비를 준다.

병, 해충~패각 충, 온실가루 벌레 먼지 진드기 등이 발생하기 쉽다. 컨센유제 3000배액과 서브롤 유제 1500배액을 혼합한 액이나 액테리 유제 1500배액을 월 1회 살포해 방제 한다

화분 갈이와 번식~최저 기온 15도c, 최고 기온 20도c가 되는 봄과 가을이 화분 갈이와 번식의 적기이다.

아울러 화분 갈이는 봄과 가을에 2회 한다. 용토는 센트포리아 전용 토를 사용하는 것이 간편하다. 그리고 번식은 삽아, 솟아나는 삽목으로 한다.

사마 라이트닝

불루로레인

크라우디아

잎모란의 행잉바스켓

겨울, 도로가에 모아심기의 채소 꽃

꽃 양배추

학명 : *Brassica oleraceae L.var accphala*
과명 : 십자화과 별명 : 꽃 모란채
분류 : 1년초 여름 파종
개화기 1~2월 11~12월
이식, 분갈이 : 11월 화분 꽃을 모아심기로 최적

잎모란 모아심기

*형태 및 특징

채소인 캐비지나 브로콜리와 비슷한 채소이다. 옛날에는 채소이던 것을 일본에서 육종된 1~2년초 관상 엽채류이다. 우리나라에서 현재 겨울철, 관공서나 도로가 기타 등에서 관상용으로 재배 되고 있다. 저온에 닿으면 잎의 중심부에서 서서히 홍이나 백으로 착색되고 바깥쪽의 녹색과 아름다운 컨트라스트로 변화가 된다.

*계통 및 품종의 여러가지

유럽이 원산인 1년초인데 현재 유통되고 있는 것은 우리나라에서 개량된 원예 품종이다. 각 색을 반영한 개량이 되었고, 잎의 모양에 따라 둥근 잎으로 가장 자리에 웨이브가 있는 품종, 둥근 잎으로 웨이브가 없는 품종, 잎에 잔주름이 들어간 품종, 그리고 잎에 여러가지 톱니 모양이 있는 품종 등 다양하게 있다.

꽃배추　　　　　잎모란 용기에 심기

*꽃 종묘 고르기

잎색의 뚜렷이 착색해 있는 것을 고른다. 아랫 잎이 누렇게 된 것이나 벌레가 먹은 흔적이 있는 것은 피한다. 그리고 화분에 심거나 화단에 심어서 관상 한다. 최근에는 긴 줄기의 변화를 표현하는 유니크한 것을 큰 컨테이너에 모아심기 하면 바람직 하다.

*심기와 장소

11월에 들어가면 아름답게 발색한 포트묘나 화분에 심어진 것이 출하 된다. 이것을 구입해 화초용 배양토로 모아심기 등을 한다. 이식 할 때에는 화분속의 뿌리의 흙이 흩으러지지 않도록 해 심는다.

그리고 서리나 찬바람이 닿지 않는 양지에 둔다. 기온이 높은 곳에 두면 엽록소의 분해가 진행되지 않고 잎 색이 깨끗하게 되지 않는다. 햇빛이 잘 들고 추운 곳에서 기른다.

*물주기

화분 흙의 표면이 하얗게 마르면 물을 준다.
비료~10월 이후에 주면 잎색이 충충해 지므로 주지 않는다
병, 해충~배추벌레, 진디 먼지 나방의 나방의 해충이 붙으니 살충제를 살포해 구제한다.

*먼저 씨앗으로 기른다.

화초가 자라는 꽃꽂이용의 품종은 먼저 씨앗으로 기를 때에는 7월 중순에 씨앗을 뿌린다. 본 잎이 2~3잎이 되면 10cm간격 정도로 밀식해 정식 한다.

키가 20cm가 되면 아래 반절의 잎을 따내고 줄기가 굵어지지 않도록 한다. 이렇게 다시 한번 반복하면 줄기가 긴 유니크한 모양이 된다.

*이것이 포인트

1. 화분속 뿌리의 흙이 흩으러지지 않게 함
2. 10월 이후에 비료를 주면 잎 색이 우충충 해진다. 비료는 주지 않는다.
3. 캐비지와 같이 배추벌레 진디 등 해충이 붙으니 살충제로 조기 구제를 한다.

*꽃 양배추 기르기

1. 배수가 잘되는 흙에 소량의 완효성 비료를 주고 이식해, 햇빛이 잘 드는 장소에서 기른다. 그리고 포기의 크기에 따라서 간격을 조절 하는데, 잎과 잎이 서로 맞 닿도록 하는 것이 좋다.〈사진1〉

*증식법

여름에 파종으로한다.

〈사진1〉

방향성이 있는 꽃을 맺는다
킬던서스

과명 : 피안화과　분류 : 구근 여름 파종
개화기 : 1~2월
심는 곳 : 1~12월 양지 〈여름에는 반 그늘〉
이식, 분갈이 : 4~5월, 9월 이식
손질 : 9월 중순~10월 파내기, 분구

*형태 및 특징

남아프리카 원산인 반 내한성 구근 식물이다. 겨울에서 봄에 피는 것과 여름에서 가을에 피는 것이 있으나, 일반적으로 겨울과 봄에 피며, 방향성을 가진 매케니와, 그 교배종이 많이 재배되고 있다.

가늘고 긴 잎은 상록이고, 겨울에 약 30cm의 꽃대 끝에 6~10송이의 꽃을 맺는다. 꽃색은 분홍, 오렌지, 살구색, 황색, 상아색, 백색 등이 있다.

킬던더스

킬던더스

*실패하지 않는 관리요령

구근은 4~5월과 9월에 이식한다. 적옥토, 부엽토, 훈탄 각각 5:2;3의 비율로 배합토를 만들고 5호 화분에 5구근을 목표로 구근의 어깨 부근이 보일 정도로 얕게 심는다.

그리고 햇빛이 잘 드는 곳에 두고 화분 표면의 흙이 마른듯 하면 물을 듬뿍 주지만, 여름동안은 다소 부족한 듯 주고 건조한 상태로 관리를 한다.

비료는 봄과 가을에 묽은 액비를 수회 주는 것으로 충분하다. 겨울에는 남부 지방에서는 화분 흙위에 짚을 깔아주는 것으로 월동이 가능하다. 추운 곳에서는 햇빛이 잘 드는 곳 실내 창가에 두고 관상 한다.

이것이 포인트~남부지방에서는 월동이 가능. 분갈이는 4~5월과 9월이 적기이다.

꽃꽂이와 드라이 플라워 용 꽃
수레국화

학명 : Centaurea cyanus L.
별명 : 도깨비 부채, 콘 플라워
과명 : 국화과, 분류 : 1년초
화초 키 : 30~100cm, 개화기 : 4~6월
종묘의 구입시기 : 10~16월, 이식 : 3~4월, 10~11월
꽃색 : 청색, 보라색, 핑크, 백색, 황색
관상 : 화분심기, 화단심기, 꽃꽂이, 드라이플라워 용

수레국화

*형태 및 특징
봄에 포트 종묘를 심으면 초여름에 꽃이 피고, 가을에 종묘를 심으면 월동 후 다음해 봄에 꽃이 피고 여름에 시든다. 특히 꽃꽂이용으로 최적이고, 꽃색 또한 풍부해서 화분에 심어 즐길 수 있지만, 화단에 정돈해 군식하면 보기에 참으로 일품이다.

노란꽃의 품종

*기르는 법
수레 국화는 대단이 튼튼해 기르기가 쉽고 햇빛과 배수가 잘되며, 메마른 흙에서도 잘 자란다. 이식하기 전에 부엽토를 흙에 잘 섞어서 배수가 잘되게 해 두고, 밑거름으로 완효성 비료를 소량 준다. 씨앗도 발아가 쉬우므로 직접 노지에 뿌려 직파를 해도 잘 자란다.

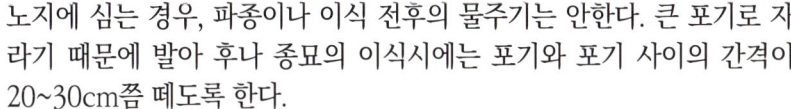
하얀 바탕에 중앙 핑크

노지에 심는 경우, 파종이나 이식 전후의 물주기는 안한다. 큰 포기로 자라기 때문에 발아 후나 종묘의 이식시에는 포기와 포기 사이의 간격이 20~30cm쯤 떼도록 한다.

시앗 발아 직파로도 잘 자란다

화초키가 큰 고성종을 화분에 심는 경우는 바람이 불면 쓰러지지 않도록 지주를 세워준다. 키가 작은 왜성종은 지주가 필요 없다. 추위와 병충해에도 강하지만, 봄이나 초여름에 진디가 붙는 일이 있으므로 올트란 입제로 예방한다. 1년초이지만, 떨어진 씨앗으로도 증식 할 수 있다.

잘잘한 잎 사이에서 핀 꽃

에리카

학명 : *Erica spp. cv.*
과명 : 진달래과 별명 : 히스
분류 : 상록 저목 반 내한성
개화기 : 1~3월
심기 : 1~3월 하순 양지 11~12월실내
이식, 분갈이 : 3월 하순~4월
손질 : 3월~하순

*형태 및 특징

내한성에 약간 부족한 점에서, 주로 화분 꽃으로 많이 애용 된다. 크게 나누면, 겨울에 피는 품종과 봄에 피는 품종이 있으나, 현재 유통되고 있는 것은 대부분이 겨울에 피는 품종이다.

*계통, 품종의 여러가지

1~3월에 화분 꽃으로서 출하 되므로 꽃 색거나 모양 등을 보고 꽃봉오리가 많이 붙어 있는 것을 고른다.

카나리 히스   파이야 히스

*실패하지 않는 관리요령

설치장소~봄부터 가을까지는 햇빛이 잘 드는 실외에 둔다. 남아프리카가 원산인 에리카는 다소 추위에 약해 0도c 이하면 고사한다. 0도c 이상이면 생육은 되지만, 가능하면 5도c 이상에서 햇빛이 드는 창가에서 월동을 시킨다.

물주기~물 부족은 금물이다. 화분이 마르면 물을 준다.
비료~다비도 금물이다. 1월과 8월에 완효성 비료를 준다.

*꽃이 끝나면,

다음해에 꽃을 즐기려면 꽃이 끝난 후에 전정을 해 새 분갈이를 해준다. 적기는 추위가 덜한 3월하순~4월, 밀식된 부분은 속가지를 솎아내고 꽃이 핀 가지를 2/1정도 길이로 잘라서 모양을 정돈 한다.

분갈이~산성토를 좋아 하므로, 녹소토에 피트모스를 3할정도 섞어서 한다. 또 뿌리가 잘기 때문에 매년 분갈이를 해준다. 분갈이를 안해주면 뿌리가 가득차서 수세가 약해진다. 그리고 꽃맺음이 안될 뿐 아니라 고사해 버리고 만다.

월리엄시과버스

은방울꽃 에리카

아케보노 에리카

*이것이 포인트

1. 봄부터 가을까지는 실외에 두고, 겨울은 햇빛이 잘 드는 실내에 드려놓고 관리 한다.
2. 물 부족은 금물이다. 비료는 지나치리 않을 정도로 적당히 주어야 한다.
3. 분갈이를 태만이 하면 즉시 분 가득이 뿌리가 차므로, 반드시 매년 분갈이는 필수이다.

튼튼해 기르기 쉬운 화단용 허브
야로우〈톱풀〉

학명 : *Achillea sibirica Ledeh.*
과명 : 국화과, 다년초
원산지 : 한국, 일본, 시베리아
개화기 : 5~9월 화초 키 : 60~80cm
종묘 구입 시기 : 4~6월 9~10월
꽃색 : 적색, 핑크, 백색, 황색, 오렌지
관상 : 화분심기, 화단, 꽃꽂이
증식 : 포기나누기 4~6월 9~10월 파종

고귀한 야로우 꽃

*형태 및 특징

봄에 종묘를 심으면, 여름과 가을까지 꽃이 피고, 가을에 종묘를 옮겨 심으면 여름에서 가을까지 꽃이 핀다. 겨울은 지상부가 마르지만, 매년 다시 꽃이 핀다. 파종은 가을에 하고 월동후 다음해 여름 꽃이 핀다. 봄 가을에 포기 나누기로 증식.

핑크색과 초록색 잎과의 대비가 아름답다

*기르기

야로우는 대단이 튼튼해 한번 심으면, 그 다음해에는 그대로 두어도 잘 자란다. 햇빛과 배수가 좋은 곳에서는 큰 포기가 되지만, 약간의 그늘이나 메마른 땅에서도 잘 자란다. 지하 줄기에서 점점 주위에 퍼지므로 노지에 심는 경우는 포기와 포기 사이를 4~50cm쯤 띄우든가 그렇잖으면 미리 흙속에 판자 등으로 칸막이를 해준다.

노란색의 야로는 염색에 사용한다

노지에는 심을 때만 물을 주고 화분에는 화분 표면이 마를만 하면 물을 준다. 개화 기간이 길고 2~3회 피므로 1회 필 때마다 꽃껍질 따기를 겸해서 가지채 잘라 꽃꽂이나 드라이플라워를 해도 좋다.

여름이 끝날 무렵 포기 밑동에서 잘라주면 가을에 새싹이 나오기가 쉬워진다. 화분에 심기는 뿌리가 가득차기 쉬우므로 1년에 포기 나누기 겸 분갈이를 해준다.

적색의 야로우는 화단에 어울린다

여름부터 가을까지 핀다
황색 코스모스

별명 : 황색 가을 벚꽃
분류 : 국화과 1년초
개화기 : 6~11월 이식 : 6~9월
화초키 : 30~100cm
꽃 색 : 황색, 오렌지
관상 : 화분, 화단심기, 모아심기
증식 : 파종4~5월

꽃대를 딸때는 다음에 필 꽃순이 있는 줄기와의 경계

*형태 및 특징

봄에 포트묘를 심던지, 꽃이 핀 포기를 이식 하던지 하면 여름부터 가을 늦게까지 꽃이 핀다. 생육이 빠르고 파종 후 약 60일이면 꽃이피므로 4~5월쯤에 씨앗을 뿌려도 여름의 화단을 풍성하게 해 준다.

*기르기

황색의 코스모스는 대단이 튼튼해 기르기 쉽고, 종묘를 옮겨 심으면 그 다음에는 거의 손보지 않아도 되므로 초보자 기르기의 꽃이다. 햇빛과 배수가 잘 되는 곳에서는 메마른 땅에서도 꽃이 잘 핀다.

비료도 거의 줄 필요없고 밑거름도 소량을 주면 된다. 약간 건조 상태가 좋으며, 화분 심기에는 흙의 표면이 마른듯 하면 준다. 노지는 이식 전 후만 주면 된다. 개화 중에는 꽃이 잇달아 피기 때문에 꽃 껍질을 부지런이 따주어야 한다. 꽃만 따내도 되지만, 꽃대가 남기 때문에 다음의 꽃순이 보이는 곳 위에서 잘라주면 좋다. 여름 무더울 때는 가지가 엉켜서 물크러지기 쉬우므로 가지를 적당이 정리해 통풍이 잘 되도록 해준다.

색이노란 품종 엘로우엔젤

선명한 주적색의 품종

꽃 모양이 매우 재미 있다.

맨드라미

학명 : *Celosia cristata* 1년초
과명 : 비름과 별명 : 세로시아, 카라아이
개화기 ; 6~10월 화초 키 : 20~120cm
종묘 구입시기 : 4~6월 이식 : 4~6월
꽃색 : 적색, 핑크, 황색, 오렌지
관상 : 화분과 화단심기, 꽃꽂이
증식법 : 파종 4~6월

*형태 및 특징

봄에 종묘를 심으면 여름과 가을까지의 사이에 1~2개월간 피고 겨울에 시든다. 이식에 약하므로 종묘의 이식은 종묘가 작을 때 파종은 봄에서 가을까지 가능, 시기를 늦추어서 파종하면 여름에서 가을까지 꽃을 관상할 수 있다. 이식에 약하므로 직파를 하는 것이 좋다.

계두〈닭벼슬〉의 이름과 같이 닭의 볏과 같은 모양을 한 정열적인 맨드라미로 기억 되지만, 꽃〈花冠〉이 깃털과 같은 품종도 있고 색도 적색, 핑크, 황색, 오렌지 등 갖가지 생명력이 넘쳐나는 선명한 발색에는 태양의 은혜가 부족하지 않다.

맨드라미 재래종

*맨드라미 기르기

맨드라미는 여름, 화분에 심은 꽃이 핀 포기를 구입하면 1~2개월은 꽃을 감상 할 수 있으나, 곧 시들어 버린다. 포트묘를 봄에 화단 등에 이식하면 봄과 초여름까지 생장하는 모습을 관상 할 수 있고, 여름에는 화려한 화단이 만들어지고 성수기에는 꽃꽂이로 해서 관상할 수 있다.

이식에 약하기 때문에 종묘는 그다지 크지 않은 것을 고른다. 배수가 잘되는 흙에 종묘와 종묘 사이를 10~20cm쯤 떼어서 이식한다. 직근성이라 뿌리가 곧게 뻗기 때문에 흙은 가능한 한 깊게 갈아 놓는다.

밑거름으로 완효성 화학 비료를 소량 흙에 섞고 이식 전후에는 물을 듬뿍 준다. 그 후에는 흙이 바싹 마르지 않는 한 물주기는 금한다. 햇빛이 잘 들면 쑥쑥 잘 자라고 꽃 색이 아름다워 진다. 씨앗으로 간단하게 기를 수가 있고, 봄에서 여름까지 오랫동안 씨앗을 뿌린다.

닭 볏과 같은 맨드라미

깃털과 같은 맨드라미

봄에 뿌리면 여름에 꽃이 핀다. 초여름에 뿌리면 가을에 꽃이 피므로 씨 뿌리는 것을 조절하는 것도 생각해 볼 일이다.

*맨드라미 관리

1. 노지에 심는 경우는 흙의 산성을 싫어 하기 때문에 이식하기 전에 고토석회를 주고 땅을 잘 갈아 놓는다. 화분에 심는 경우는 시판중인 배양토를 사용한다.

2. 배수가 잘되는 흙에 밑거름을 주고 이식 하지만, 맨드라미는 직근성〈뿌리가 땅속 깊이까지 똑바로 뻗는 성질〉이므로 화분이 깊이가 있는 것에 깊게 심는다.

3. 노지에 심는 경우 10~20cm 간격으로 심고 뿌리 밑동을 약간 높게 해 이식 한다〈사진1〉화분에 심는 경우나 노지에 심는 전후에는 물을 주지면 그 후에는 건조가 심하지 않는 한 물을 줄 필요는 없다.〈사진2〉 그리고 밑거름을 충분이 주었으면 웃거름은 줄 필요가 없다.

4. 햇빛이 잘 들수록 잘 자라고 꽃색도 선명해 진다.

병, 해충

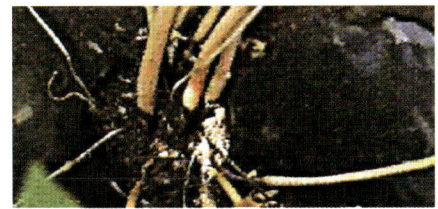

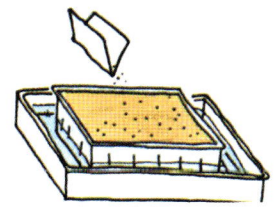

〈사진1〉

*모자이크 병
증상 : 모자이크 모양이나 기형
원인 : 바이러스
대책 : 발생한 포기는 처분한다.
발생부위 : 잎, 새싹, 줄기, 가지
약제 : 올트란제 등 진디예방약

*경부병
증상 : 포기 밑동에서 부패한 것 처럼 마른다.
대책 : 한곳에서 계속 기르지 않는다.
발생부위 : 줄기와 가지 오소사

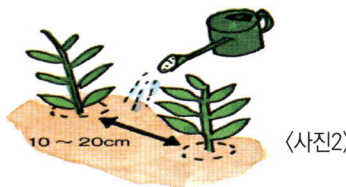

〈사진2〉

해를 무던히도 닮은 꽃
해바라기

학명 : *Helianthus annuus* L.
과명 : 국화과 별명 : 썬플라워
화초 키 : 50~300cm 1년초
개화기 : 6~10월
종묘 구입시기 : 4~8월
이식 : 4~5월
꽃색 : 황색, 오렌지
관상 : 화분과 화단심기, 꽃꽂이
증식법 : 4~6 파종

해바라기

*형태 및 관리

여름의 꽃으로 잘 알려진, 해를 무던이도 닮았다해 해바라기로 불리는 해바라기는 씨앗으로 간단하게 기를 수 있다. 봄에 씨앗을 뿌리면 초여름부터 가을까지 꽃이 피고 겨울에 시든다.

노지에 심는 경우라면 키가 큰 왜성종을, 화분에 심는 경우는 키가 작은 왜성종이 좋다. 직근성이므로 이식에 약하기 때문에 파종을 직파로 햇빛이 잘 드는 곳에 부엽토를 섞어서 잘 간 후 20~30cm간격으로 2~3알씩 뿌리고, 그리고 물과 비료를 잘 흡수 하기 때문에, 화분이면 흙 표면이 마르면 물을 준다.

밑거름 웃거름도 소량 준다. 노지는 이식 할때만 물을 주면 된다. 너무 건조하면 생육이 나빠지고 병충해도 발생하기 쉬우니 물 부족이 되지 않도록 한다. 꽃이 지면 서둘러 껍질을 따고 곁의 싹에서 꽃이 달리게 한다

*해바라기 기르기

1. 씨앗으로 기르기가 일반적이다. 씨앗으로는 직파를 하고 햇빛이 잘 드는 장소에서 부엽토와 밑거름을 섞어서 잘 갈아준 흙에서 기른다.
2. 해바라기는 비료를 흡수하는 힘이 강하므로 웃거름을 주지 않아도 꽃은 맺지만, 만일 잎 색이 나빠지면 고형비료를 준다. 노지에 심는 경우는 주위에 다른 꽃이 있으면, 해바라기가 거름 기운을 흡수 하는 경우가 있으므로 주의를 해야 한다. 그리고 해바라기가 너무 밀식이 되면 생육이 지장이 있으므로 본잎이 나온 단계에서 솎아 내어 밀식을 피해야 생장에 지장이 없다.〈사진1〉
3. 화분의 경우는 흙 표면이 마르면 물을 주고, 노지에는 줄 필요가 없다.
4. 꽃이 끝나면 부지런이 꽃 껍질을 따 주고 곁눈의 생장을 도와준다.

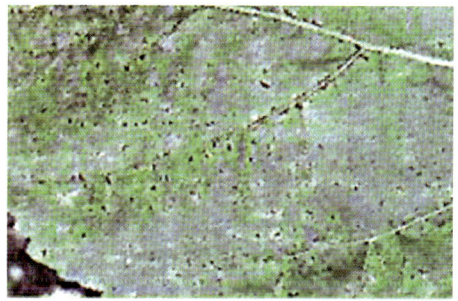

사계절꽃기르기 | 213

심어만 주면 잘 자라는 꽃
포추라카

분류 : 쇠비름과 1년초,
별명 : 쇠비름 꽃, 모스로즈
화초 키 : 20~30cm
종묘구입시기 : 4~8월, 이식 : 5~6월
꽃색 : 적색, 핑크, 백색, 황색, 오렌지
관상 : 화분과 화단심기, 모아심기
증식법 : 5~9월 삽목

줄기 끝을 따주면 곁에서 계속 줄기가 나와 꽃이 핀다

태양빛을 받아 꽃이 피었다가 저녁에는 오므라진다

줄기를 흙에 꽂는것으로 뿌리를 내린다 한분에서 번식

*형태 및 특징

이식은 종묘가 마련되어 심으면, 여름에서 가을까지 계속 꽃이 피고 겨울엔 시든다. 겨울이 되기전에 삽목을 해서 종묘를 만들고 실내에서 기르면 월동이 가능하다. 솔이 모란과 유사한 포추리카는 더위에 강하다. 태양빛 아래서 꽃을 시도 때도 없이 피우니, 행잉바스켓에 적합하다.

기르기~ 포추리카는 비료와 물주기가 거의 필요 없다. 초심자들이 기르기에 알맞은 꽃이다. 단 햇빛을 받지 않으면 꽃을 피우지 않으니 필히 햇빛이 닿는 곳에서 길러야 한다.

화분에 심은 것은 흙이 마를만 하면 물을 준다. 노지에는 이식 할때만 주지 그 후는 필요가 없다. 그대로 방치해 두어도 꽃이 계속 피지만, 줄기가 뻗어서 보기 싫은 경우에는 줄기 끝을 잘라서 모양을 정돈해 준다.

이렇게 하면 곁에서 싹이 나와 꽃이 달리고 볼륨감이 있다. 자른 줄기는 흙에 꽂으면 수일 내로 뿌리가 내리고 다시 새 꽃을 피운다. 단 화분에서 삽목으로 얼마던지 증식이 가능 하다.

미국 부용

학명 : *Hibiscus moscheutous L.*
과명 ; 아욱과, 다년초 별명 풀 부용
원산지 : 북 아메리카
화초 키 : 90~120cm, 개화기 : 7~9월
이식 : 5~7월, 꽃색 : 적색, 핑크, 백색
관상 : 화단심기, 모아심기
증식법 : 3~4월 포기 나누기, 파종 4~5월

기르기~큼직하고 훌륭한 꽃 미국 부용, 아침에 피었다가 저녁에 시드는 하루살이 꽃이다. 그렇지만 매일 반복해서 피기 때문에 한 포기로도 충분이 꽃을 관상할 수 있으나 큰 포기로 자라기 때문에 이식 장소와 화분 크기를 고려하고, 햇빛과 통풍이 잘되는 곳에서 기른다.

이식전 흙에 부엽토를 섞어서 배수가 잘되게 한다. 밑거름으로 완효성 비료를 소량 주고 꽃이 피는 동안에는 월 1~2회 웃거름으로 액비를 준다. 꽃 껍질은 꽃이 달린 뿌리에서 따 준다. 그리고 물은 마를만하면 준다.

가이랄디어

과명 : 국화과, 별명 : 천인 국화
화초 키 : 60~80cm 개화기 : 7~10월
종묘 구입 : 4~6월
꽃색 : 황색, 이식 ; 5~6월
관상 : 화단과 화분심기
증식법 : 삽목, 포기 나누기 모두 9~10월
파종 : 4~5월

기르기~여름에서 가을까지 화단을 선명하고 화려하게 해주는 가이랄디어는 꽃의 모습이나 꽃색이 풍부하다. 튼튼해 기르기 쉽고 햇빛과 배수가 잘되면 큰 포기로 자란다.

화분에 심으려면 4~5분에 한포기, 노지에 심으려면 포기 사이를 20~30cm간격으로 심는다. 건조에는 약하므로 흙이 마르면 물을 준다. 노지에는 과습이 되면 안된다. 꽃껍질을 안따면 흉하므로 다 핀 것부터 따준다. 추위에는 강하므로 실외에서 월동이 가능하고 봄과 가을은 삽목과 포기 나누기 증식

자란

학명 : *Bletilla striata Thunb.*
분류 : 난과, 다년초 화초키 : 20~30cm
개화기 : 3~5월 종묘구입 : 2~4월 이식 : 3~4월
관상 : 화분, 화단심기 꽃색 : 핑크, 백색
증식 : 10~11월 포기 나누기

*형태 및 기르기

야외에서 자생하는 자란은 유사 란이지만, 대단이 튼튼해 기르기 쉽고 화단에 한번 심으면 매년 봄에 꽃을 즐길 수 있다. 햇빛이 잘 들고 적합한 습기가 유지되는 장소에서 잘 자란다.
종묘를 이식 할 때에는 흙에 부엽토를 섞어 둘 것. 증식의 방법은 포기 나누기로 2~3년에 1회 화분갈이를 해 심고 포기 나누기를 하면 꽃도 잘 달린다.

램즈 이어

별명 : 스타키스, 솜 두루미 냉이
과명 : 자소과, 다년초 화초키 : 30~40cm
개화기 : 5~7월 종묘 구입 : 3~4월 9~10
관상 : 화분과 화단심기, 모아심기
증식 : 4~5월 삽목, 포기 나누기

*형태 및 기르기

줄기나 잎이 은색으로 보이는 "어린 양의 귀"의 이름 그대로 푹신 푹신한 감촉이 유니크한 허부이다. 화단이나 모아심기로 하면 은색 광택이 잘 어울려서 화려하고 멋진 분위기로 이식은 봄이나 가을에 햇빛과 배수가 잘 되면 거의 수고를 들이지 않고 매년 봄에 꽃이 핀다.
여름에 꽃은 시들지만, 잎이나 줄기는 겨울에도 남는다. 봄에 삽목이나 포기 나누기로 증식 한다.

보리지

학명 : *Borage officinalis L.*
원산지 : 시리아 별명 : 유리상자
과명 : 지치과 1년초 화초키 : 50~100cm
개화기 : 4~7월 종묘구입 : 3~4월 8~9월
이식 : 3~5월 8~10월 꽃색 : 청색, 백색
관상 : 화분 화단심기
증식 : 4~5월 9~10월 파종

*형태 및 기르기

파란 별 모양의 아름다운 꽃인 보리지는 꽃도 먹을 수 있는 허부이다. 봄에 꽃 달린 종묘를 심으면 다음해 봄에 각각 꽃이 피어 여름에 시든다. 직근성으로 이식에 약하기 때문에 종묘를 옮겨 심으려면 묘가 작을 때 한다.

햇빛과 배수가 잘되면 잘 자라고 노지에 심으면 큰 포기가 된다. 화분에 심으면 흙의 표면이 마르면 물을 준다. 고온다습에 약하므로 꽃 껍질을 따줌과 동시에 가지를 정리해 주고 통풍이 잘 되게 한다. 씨앗은 굵어서 발아가 잘 되므로 파종으로 간단하게 증식 시킬 수 있다.

자양화

별명 : 수국, 하이드린지어
과명 : 범의귀과 낙엽 저목 개화기 : 6~7월
화초키 : 100~200cm 종묘구입 : 3~7월
이식 : 4~7월 꽃색 : 청색, 보라, 핑크, 백색
관상 : 화분심기, 정원수, 꽃꽂이
증식법 : 5~7월 삽목

*형태 및 기르기

일반적으로 자양화는 꽃이 핀 그루로 기르지만, 다음 해에도 꽃을 피게하는 포인트는 전정이다. 꽃이 진 직후에 지상 30cm쯤에서 가지를 자른다. 이렇게 하면 곁에서 나온 가지에서 다음 해 꽃이 많이 핀다.

그리고 흙의 산도에 의해 꽃의 색을 조절 할 수 있다. 푸르게 하고 싶을 때는 녹소토나 피트모스를 섞어서 산성을 강하게 하고 꽃색을 붉게 하고 싶을 때는 고토석회를 섞어서 알칼리성을 강하게 하면 된다.

칼미아

학명 : *Kalmia latifolia L.*
원산지 : 미국 동북부 과명 : 진달래과 상록저목
별명 : 미국 석남화 마운틴 로렐
종묘구입 : 3~6월 개화기 : 4~6월
이식 : 4~5월 9~10월 꽃색 : 백색, 적색
관상 : 화분, 정원수, 꽃꽂이 증식 : 4~5 삽목

*형태 및 기르기

칼미아는 5각형의 예쁜꽃이 핀다. 정원수로 키우면 키가 많이 큰다. 화분에 심었다가 커지면 옮겨 심으면 좋다. 흙의 산성에 강하므로 특별이 산도를 조절할 필요는 없다.

햇빛이 잘 드는 곳에서 기르고 흙 표면이 마르면 물을 듬뿍 준다. 비료는 봄과 가을에 완효성 화학 비료를 치비로 준다. 심한 추위와 더위에 약하다.

그러므로 여름은 시원한 반 그늘, 겨울은 찬바람을 맞지 않는 하우스나 기타에 넣고 관리를 해야 한다.

베로니카

학명 : *Veronica spicata L.*
과명 : 현삼과 단년초 별명 : 아씨 호랑이 꼬리
화초키 : 60~9cm 개화기 : 5~8월
종묘구입 : 7~9월 이식 : 7~9월
꽃색 : 청색 보라 핑크 백색 관상 ; 화단 꽃꽂이
증식 : 3~9월 포기 나누기 5~6월 파종

*형태 및 기르기

곧게 뻗은 줄기 끝에 꽃이 이삭 모양으로 피는 베로니카는 화단에 어울리는 꽃이다. 허브와 함께 심어도 어울린다. 봄에 씨앗을 뿌리던가 여름에 종묘를 이식하면, 월동을 해 다음해에도 아름다운 꽃이 핀다.

햇빛과 배수가 잘 되는 곳에서는 큰 포기로 자란다. 이식 전 부엽토를 잘 흙과 잘 섞어서 배수가 좋게 해주고 포기 사이는 20~30cm를 떼고 밑거름으로 완효성 화학 비료를 준다.

봄과 가을에 포기 나누기로 증식을 시켜 주어야 다음해 풍성한 꽃 구경을 할 수 있다.

모날다

학명 : *Monarda didyma L. var. alba Hort*
과명 : 꿀풀과 다년초 키 : 60~100cm
별명 : 베르가못, 횃불 꽃 개화기 : 6~10월
종묘구입 : 3~4월 9~10월
꽃색 : 적색, 핑크, 백색 이식 : 3~5월 9~10월
관상 : 화단, 꽃꽂이, 허브 차
증식 : 4~5월 9~10월 삽목, 포기 나누기,

*형태 및 기르기

마치 횃불과 같은 모습으로 피는 모날다는 허브의, 베르가못이라는 이름으로 불리우기도 한다.

종묘의 이식은 봄과 가을에 햇빛과 배수가 잘 되고 약간 물기가 있는 곳에 심는다. 포기 사이는 40~50cm를 떼면 된다.

물과 비료를 잘 흡수 하는데다가 개화 기간도 길기 때문에 밑거름과 웃 거름을 충분이 주어야 한다. 밑거름으로는 완효성 화학 비료를 주고 개화 기간에는 월 1~2회 주면 꽃수가 많이 달린다. 겨울에는 지상부가 마르지만, 지하 줄기는 살아 있으므로 다음 해 초여름 다시 꽃이 핀다.

꽃담배

과명 : 가지과 1년초 별명 : 니코치아나
학명 : *Nicotina alata Link et Otto*
원산지 : 남아메리카 원산종의 원예품종
개화기 : 5~11월 꽃색 : 적색, 핑크, 백색, 황색
종묘구입 : 4~7월 이식 : 5~8월
관상 : 화분과 화단심기. 증식 : 3~4월 파종

*형태 및 기르기

별 모양의 예쁜 꽃이 많이 달리는 꽃 담배는 개화 기간이 계속 꽃이 피기 때문에 모아심기에 최적이다.

봄부터 초여름에 출하되는 종묘를 심으면 가을까지 꽃이 계속 피어 관상할 수 있고, 겨울에 시든다. 햇빛과 물빠짐이 좋으면 잘 자라고 꽃들도 풍성하게 달린다.

화분에 심으면 물이 마르면 듬뿍주고, 노지에 심는 경우는 이식 전후만 물을 주고 그 후에는 자연에 맡긴다.

비료를 잘 흡수 하기 때문에 밑거름, 웃거름을 충분이 주고 꽃껍질도 부지런이 따준다.

솔체꽃 松蟲草

과명 : 솔체꽃과 1년초 또는 다년초 종류에의함
별명 ; 스카비오사 화초키 30~10cm
꽃색 : 청색, 적색, 핑크, 백색, 황색
종묘구입 : 3~6월 증식 : 3~4월 포기 나누기

*형태 및 기르기

화단 등에 심으면, 아름다운 솔체꽃은 풍성하게 핀다. 현재 자생하고 있는 것은 2년초이지만, 가정에서 기르고 기르기 쉬운 것은 1년초인 서양 솔체 꽃이나 다년초인 코카사스 솔체꽃 등이다.

종묘를 봄에 심으면 여름부터 가을까지 아름다운 꽃을 관상하며 즐길 수 있다. 햇빛과 배수 수분이 적당이 있는 곳을 선정해 심기 전에 고토석회로 흙의 산성을 중화해 두어야 한다.

이식을 싫어 하기 때문이니 종묘의 이식할 때에는 묘가 어릴 때 해야한다. 서양 솔체꽃은 가을에 씨앗을 뿌리면 다음해 가을에 꽃이 피고 겨울에 시든다. 코카사스 솔체꽃은 매년 여름에 꽃이 피고 봄에 포기 나누기로 증식한다.

홍화〈잇꽃〉

학명 : *Carthamus tinctorius* L.
과명 : 국화과 1년초   원산지 : 이집트
별명 : 써플라워, 스애춤 꽃
개화기 : 5~7월 화초키 ; 40~100cm
종묘구입 5~6월 이식 : 5~6월 꽂색 ; 황색
관상 : 화단, 꽂꽂이 증식 : 9~10월 파종

*형태 및 기르기

홍화 씨 기름으로 유명한 잇꽃은 드라이플라워에 폭넓게 활용되고 있다. 가을에 씨앗을 뿌리면 월동해 다음 해 초여름에 꽃이 피고 가을에 시든다.

햇빛과 배수가 좋고 비옥한 땅에서 잘 자란다. 퇴비 등을 흙에 잘 섞어두면 좋다. 이식에 약하므로 파종은 직파이고 종묘의 이식은 어릴 때 한다.

건조에는 강하므로 이식 때 주는 것으로 충분하다. 꽃은 처음 필때에는 황색이지만, 차츰 적색으로 변해 간다. 꽂꽂이나 드라이 플라워로 하려면 피기 시작 할 때 가지채 잘라서 이용한다.

털머위

학명 : *Farfugium japonicum L.*
과명 : 국화과 다년초
원산지 : 한국 남해안, 일본, 중국, 일본, 대만
화초키 : 50~70cm 개화기 : 10~12월
종묘구입~대체로 1년 내내 꽃색 : 황색
관상 : 화분, 화단심기, 곷색 ; 황색
증식~3~4월 9~10월 포기 나누기로 한다.

*형태 및 기르기

털머위는 큰 잎이 특징이다. 음지에서 잘 자라며 평상시는 수수 하지만, 가을에 꽃대가 쭉 자라서 황색 꽃을 피운다. 배수 습기가 있는 곳에서, 종묘를 심을 때에는 부엽토를 잘 섞은 다음 이식을 한다.

마른 잎과 꽃이 진 후의 줄기는 잘라주고, 꽃이 피는 기간이 이외는 상록의 잎을 하초로서 즐긴다. 봄과 가을에 포기 나누기로 증식한다.

멜랑포지움

과명 : 국화과 1년초 별명 : 밀리언 골드
꽃 키 : 15~40cm 개화기 : 5월 중순~10월
파종 : 3월 중순~5월 중순

*형태 및 기르기

중미가 원산지로 꽃이 계속 피어, 자연스럽게 반 구형의 풀 모습이 된다. 배수가 잘 되는 비옥한 흙을 좋아하고, 건조를 싫어 하므로 여름에는 충분이 물을 준다. 씨앗은 펜지와 같은 요령으로 뿌린다. 비료는 원비 외에 화초용의 액체 비료를 추비한다. 한 여름에 날개 진드기가 발생하는 일이 있다.

*근부증상

밑거름으로 완숙 퇴비사용
증상 : 순조롭게 자란 포기가 밑동 에서 원기가 없어지고 마른다.
대책 : 발생한 포기는 뽑아내 처분 하고 배수와 통풍이 잘되게 한다.

봉선화

학명 : *Impatiens balsanina L.*
원산지 : 인도, 마레시아, 중국
과명 : 봉선화과 별명 : 손톱 다홍 1년초
화초 키 : 20~60cm
개화기 : 6~7월 파종 : 4~5월

봉선화는 인도 북부가 원산지로 홀겹 외에 겹꽃도 있다. 수분만 많으면 토질과 장소를 가리지 않고 잘 자란다.

특히 비옥하고 햇빛이 잘 드는 곳이 크게 자랄 뿐 아니라 꽃이 많이 달린다. 씨앗은 모란채와 같은 요령으로 뿌린다.

이식에 약하므로 화단에 직파한다. 비료는 원비로 충분하다. 그리고 병해충은 없다. 흰가루병과 날개 진드기가 간혹 발생하는 경우가 있으니 주의를 해야 한다.

과거 봉선화는 처녀들 손톱을 빨갛게 물을 들이기도 했었다.

스트로베리 캔들

별명 : 홍화힐초, 크림손, 클로우버
과명 : 콩과 1년초 가을파종
화초키 : 50~60cm
개화기 : 4~5월
파종 : 9~10월

*형태 및 기르기

유럽이 원산인 클로바의 유사 식물이다. 햇빛과 배수가 잘 되는 흙을 좋아한다. 심어서 점점 포기가 커지므로 포기 사이를 약 20cm정도 띄워둔다. 펜지와 같은 요령으로 씨앗을 뿌리고 약간 두텁게 흙을 북돋아 준다.

이식을 좋아하지 않으므로 화단에 직파를 한다. 포트 종묘를 심을 때는 뿌리를 흩트리지 않고 심는다. 약 알카리성 토양을 좋아 함으로 석회를 뿌려 흙을 중화 시킨다. 비료는 원비로 충분하고 병해충은 없다.

초봄부터 꽃이 피어, 여름을 유혹하는
풀협죽도〈프록스〉

학명 : *Phlox paniculata*
과명 : 꽃고비과 분류 : 1년초 또는 다년초
개화기 : 4~9월 화초키 : 10~100cm
파종 : 9월~10월

*형태 및 기르기

미국 동부 중부가 원산지 식물로 단순히 '프록스"라고 할 경우 1년초를 말하는 것이다

기르기~풀협죽도는 양지를 좋아하고 배수가 잘되는 비옥한 흙을 좋아 한다. 또한 산성의 흙을 싫어 하므로 옮겨심기 전에 석회를 뿌려서 땅을 중화 시킨다. 씨앗은 펜지와 같은 요령으로 뿌린다. 비료는 원비로도 충분하다. 병, 해충은 없으나 간혹 흰가루병이 발생하는 경우가 있다.

크레오

별명 : 서양 풍접초 과명 : 풍접초과 1년초
개화기 : 7~9월 화초키 : 80~150cm
파종 : 4월 중순~5월 중순

*형태 및 기르기

여름철 내내 우아한 자태의 꽃을 피우는 열대 미국 원산의 식물이다. 햇빛만 잘들면 어느 토지를 불문하고 잘 자란다. 씨앗은 모란채의 요령으로 뿌린다.

이식에 약하므로 직파를 하던가, 화분에 뿌리를 흩으리지 말고 그대로 심는다. 그리고 포기가 쓰러지기 쉬우니 지주를 세워준다. 비료는 원비로 충분하고 진디가 붙기 쉬우므로 올트란제로 방지 한다.

가을에 탐스러운 꽃을 잇달아 피운다
에스터
Callistephus Chinensis

과명 : 국화과 1년초 또는 다년초
화초키 : 30~150cm 기후 : 양지
개화 : 6~10월 8~9월
심기 : 3~4월 거름 : 5~6월 9~11월

*형태 및 특징

에스터는 중국이 원산지로 근년에 와서 꽃색과 모양이 다양하게 원예 품종으로 개량 생산되고 있다. 부르는 이름은 에스터라고 하지만, 유사〈애조 국화속〉이다.

햇빛이 잘 드는 좋은 토질의 배수가 잘되는 비옥한 곳을 좋아한다. 씨앗은 코스모스와 같은 요령으로 뿌린다.

비료는 원비 외에 화초용의 액비를 월 1~2회 준다. 특히 에스터는 연작을 싫어 하므로 피해야 한다.

*위조병

연작을 하지 않는다
증상 : 흙에서 균이 식물에 침입하고 뿌리가 갈색이 되어 부패한다.
대책 : 발생한 포기 뽑아서 처분한다. 줄기의 도관부가 갈색됨.
원인 : 곰팡이
발생부위 : 식물 전체

*입고병

완숙된 퇴비 사용하다
증상 : 잘 자라던 포기가 물에 젖은 듯한 반점이 발생. 암갈색이 된다
대책 : 발병한 포기 뽑아 처분. 같은 장소에 연작을 피하고 배수를 좋게 한다
원인 : 곰팡이
발생부위 : 식물 전체

채송화

학명 : *Portulaca grandiflora Hook*
원산지 : 브라질, 아르헨티나, 우루과이
과명 ; 쇠비름과 별명 : 손톱깍기 풀
종묘구입 및 이식 : 5~7월
꽃색 : 적색, 핑크, 백색, 황색
관상 : 화분과 화단심기, 모아심기
증식 : 삽목 ; 6~7월 파종 4~6월

*형태 및 특징

채송화는 초여름의 화단을 화려하게 만들어 준다. 키가 작고 옆으로 기는듯이 뻗기 때문에 그라운드를 장식하는데 최적이다.

씨앗으로 간단하게 기를 수 있지만, 봄에 종묘를 구입해 심어 삽목으로 늘려 가는 것이 훨씬 더 일찍 꽃을 관상할 수가 있다.

햇빛과 배수가 잘되는 곳에 심고, 그대로 방치해 두어도 잘 자란다. 다육 식물이므로 노지에 심으면 물주기는 이식할 때 외에는 줄 필요가 없다.

그리고 꽃 껍질은 특별이 딸 필요는 없다. 겨울에는 지상부가 시들지만 떨어진 씨앗으로 다음 해 봄 다시 증식이 된다.

*기르기

1. 밑거름을 극히 소량을 주고 이식해 물을 듬뿍준다. 노지에 심는 경우는 15cm간격으로 심는다.
2. 노지에 심는 경우는 햇빛과 배수만 잘되면 방치해 두어도 잘 자란다. 화분에 심는 경우는 흙이 마른 후 물을 주고, 월 1회정도 액비를 준다.
3. 따로 꽃 껍질을 따줄 필요는 없다.

*채송화는 줄기기 땅을 덮을 것 같이 자라므로 화단이나 모아심기의 하초下草로써 적합하다.

파종과 삽목으로 증식한다

모아심기에 적합하다

천일홍

학명 : *Gomphrena globosa L.*
원산지 : 아메리카, 아시아,
과명 : 비름과 1년초, 봄 파종
화초키 : 20~60cm
개화기 : 7~10월
파종 : 5월

황하 천일홍   스트로베리필즈

*형태 및 특징

열대 아메리카가 원산지 식물이다. 더위에 강한 꽃의 대표적인 것으로 여름 화단에 부족함이 없는 꽃이다. 화단에 어울리는 고성종과 컨테이너에 적합한 교성종이 있다. 최근에는 오렌지색과 붉은 꽃이 피는 황화 천일홍도 만들어지고 있다.

*기르기

여름의 강한 광선과 고온과 건조를 아랑곳 않고 잘 자라는 식물이다. 배수가 잘되는 곳에 심어 관상한다. 씨앗 파종은 코스모스와 같은 방법으로 화단과 포트에 뿌린다.
자가 채집 종자인 경우는 모래와 섞어 비벼 놓는다. 포트 종묘의 경우는 화분의 뿌리를 허물지 않고 그대로 이식을 해야 한다.
꽃은 오래 피어 있다. 꽃이 상하거나 상처가 두드려진 것은 따버린다. 비료는 소량으로 주어야 한다. 원비 준 것으로 충분하다.

*천일홍 관리

1. 밑거름으로 완효성 비료〈마그팬K〉를 소량 주고 노지에 심는 경우는 10~20cm간격으로 심어 간다.
2. 햇빛이 잘 드는 곳 그리고 물은 이식할 때 듬뿍주면, 그 후에는 주지 않아도 되고 웃거름은 줄 필요가 없다.
3. 7월 경 줄기를 짧게 자르고 통풍이 잘 되게 하면 가을의 꽃 맺음이 좋아진다.
4. 시든 꽃 껍질은 따준다〈사진1〉그래야 꽃이 오래 핀다.

〈사진1〉

금계국

학명 : *Coreopsis drummondii L.*
과명 : 국화과 1년초 또는 숙근초
키 : 20~120cm 개화기 : 5~9월
파종 : 3~4월 9월 하순~10월 상순
원산지 : 북아메리카

*형태 및 기르기

뱀의 눈모양을 한 금세국은 북미가 원산지이고 1년초이다. 현재 유통되고 있는 것은 청크트리아이다.

햇빛만 잘들면 토질은 아무곳이나 잘 자란다. 더 나아가 배수가 잘되면 더할 나위없이 좋다. 포기 밑동이 벌어지기 쉬우므로 다른 화초와 혼합 해서 심으면 좋다. 비료는 원비로 충분하고 병해충은 특별이 없다. 꽃껍질은 부지런이 따주어야 꽃을 오래 관상 한다;.

불가사의 한 진디

어느 식물에서나 반드시라고 말해도 좋을만큼 발생하는 것이 진디이다. 특히 초봄에는 잠깐이라도 주의하지 않으면 즉시 발생하고 불어나 무척 놀라고 당황하게 된다.

통상적으로는 활동이 둔하고 스스로는 활동과 움직이는 것도 힘들지만, 기생하고 있는 식물이 마르면 날개를 내서 다른 식물로 이동을 한다.

작은 파리라고 생각하는 것이 실지로는 진디이다. 물론 날개가 나오지 않는 종류도 있다. 이와같이 진디에는 대단히 변하는 성질이 있다.

예를들면 초봄의 진디는 암컷밖에 없다. 그래도 산란하지 않고 연달아 새끼를 낳아 증식한다. 초여름이 되면 날개가 돋은 암컷이 발생해 자유로이 날라 다니며 여기 저기로 이동을 한다.

가을이 되면 이번에는 수컷이 출현해 교미하며 알을 낳고 알 상태로 월동을 한다. 이처럼 대단하게 불가사의한 특징을 가진 벌레이지만, 그것만으로도 여러가지 식물에 발생을해 피해를 입힌 끈질긴 해충이라고 말을 할 수 있다.

펑펑 연달아 피는 귀여운 꽃
데이지

학명 : *Bellis perennis L. var fistulosa*
과명 : 국화과 1년초   원산지 : 남부 유럽
별명 : 아기국화 베리스
개화기 : 12~5월 키: 10~20cm
묘구입 : 12~4월 이식 : 12~4월
꽃색 : 적색, 핑크, 백색
관상 : 화분과 화단심기, 모아심기
증식법 : 9~10월 씨앗을 뿌려 증식

*형태 및 특징

묘의 이식은 겨울부터 이른 봄에 걸쳐서, 그리고 봄 늦게까지 계속 꽃을 피우고 초 가을에 마른다. 추위에 강해 실외에서도 월동이 가능하다. 초 봄에 진디가 발생하기 쉬우므로 올트란 입제를 살포해 예방을 한다.

데이지는 지면에서부터 쭉 뻗은 줄기 끝에 동그란 꽃이 피어 대단이 귀엽고 사랑스러운 꽃이다. 우아한 색상과 꽃 모양이 봄을 실감케 하는 꽃이기도 하다.

아기 국화라고 부를만큼 정감이 가는 꽃으로 꽃이 피는 기간이 긴 것이 매력이다.

*데이지 기르기

데이지는 튼튼해 기르기 쉬울뿐만이 아니라 손질만 잘해 주면 오랫동안 관상하며 즐길 수 있는 꽃이다. 겨울부터 이른 봄에 이르러 판매되는 꽃 달린 묘를 구입해 옮겨 심어 기르는 것도 편리 하다.

양지와 배수가 잘되고 약간 습기가 있으면 잘 자란다. 노지에 심으려면 심기 전에 땅에 부엽토를 섞어넣고 배수와 물기가 있게 해 놓는다. 원비로 완효성 화학 비료를 소량 주고 옮겨 심은 후 물을 준다. 흙이 너무 건조하면 꽃이 시들기도 하고 진디가 발샐하기 쉽다. 그러므로 화분의 흙이 마르지 않도록 해야 된다.

개화 기간이 길기 때문에 개화 중 액비를 월 2~3회를 주어야 한다. 꽃이 계속 피므로 꽃 껍질을 부지런히 따 주어야 새로운 꽃을 기대할 수 있다. 다 핀 꽃은, 꽃이 달렸던 줄기를 뿌리에서 잘라낸다.

*데이지 기르기

1. 햇빛과 통풍이 잘되는 곳이라야 꽃이 풍성하게 맺는다. 밑거름을 주고 이식 할 때 부엽토를 섞는다.
2. 노지에 심는 경우, 이식할 때 물을 듬뿍 주면 그 후에는 많이 건조하지 않는 한 물을 주지 않아도 된다. 화분의 경우는 표면이 마르면 물을 듬뿍 준다.
3. 개화 기간이 길기 때문에 웃거름으로 월 2~3회 액비를 준다.
4. 꽃이 연달아 피기 때문에 꽃겁질은 꽃대가 달린 뿌리에서 따 준다.〈사진1〉 관리를 잘해주면 꽃을 대단이 오래 관상하며 즐길 수가 있다.

꽃이 끝나면 꽃대를 자른다

꽃색은 백색, 핑크, 적색 등 색채가 풍부하다

화단에 심을 경우에는 묘와 묘 사이를 10~20cm를 뗀다

잘라준다

보통은 밝은 잎이 라임 그린이 된 변이종
듀란타 "라임"

별명 : 바늘축제 과명 : 곰 칡과
분류 : 반 내한성 상록 중저목
개화기 : 1~12월
심기 : 1~3월, 11~12월 실내 4~10월 양지
손질 : 6월 삽목

*형태 및 특징
북미의 플로리다주에서 서인도제도, 멕시코, 브라질에 걸쳐서 자생하고, 수고 3m정도가 되는 상록 저목의 래펜스가 기본종이고 본종은 잎이 밝은 라임그린이 된 변이종이다.

*꽃 종묘 고르기
마디 사이가 가득찬 가지가 균형있게 뻗고 아름다운 잎이 많이 붙어 있는 것을 고른다. 화분 심기의 관엽 식물로서 출하되고 있으나 최근에는 여름의 모아심기로 인기를 얻고 있다. 온도가 충분해 잘 생육하면 아름다운 라벤다 풍의 꽃을 피운다.

보종

라임

*실패하지 않는 관리요령
생육 기간의 4~10월은 될 수 있는대로 햇빛이 잘 드는 곳에 둔다. 겨울에는 무상지대無霜地帶에서는 실외에서 월동이 가능 하지만, 일반적으로 실내에서 월동이 정석이다.
생육 기간에는 물을 충분히 주고 비료도 월 1회 유기 배합 비료를 웃거름으로 준다.

*분갈이
월동한 포기는 기온이 높아지는 4월부터 실외에 내 놓고 기온이 높아진 5~6월에 부식질 풍부한 새로운 배양토에 분갈이를 해준다.

*이것이 포인트
햇빛을 좋아 하므로 10월까지는 햇빛을 쪼인다. 강한 빛을 쪼이면 노란색이 된다. 겨울에는 실내에 들여 놓는다.

작약 (芍藥) 미나리아재비과 Paeonia lactiflora Pall.

사용법

근육의 경련통과 위경련, 담석통, 신경통 등에는 작약 3g, 감초 3g을 끓여서 1일 양으로 하여 1회 복용한다. 생리불순 등에는 작약 3g에, 당귀(당귀의 건조근), 천궁(천궁의 건조근), 지황(지황의 건조근) 각 3g을 1일량으로 하여 컵3의 물로 반이 될 때까지 끓여서 1일 3회로 나누어 복용한다.

이용부위 - 뿌리

*약효

근육 경련통, 위경련, 담석통, 신경통, 생리불순, 냉성

*채취·보존

9~10월, 뿌리를 캐내어 물에 잘 씻어서 햇볕에 말린다. 이것을 작약이라고 한다. 일본에서는 외피를 제거하여 미지근한 물에 담그고 나서 햇볕에 말린 것을 진작이라 하여 구별한다.

중국에서 도래하여, 약용, 꽃꽂이로서 밭에서 재배되고, 또한 관상용으로 정원에서 재배되는 여러해살이풀로. 줄기는 직립하여 높이 60cm 정도가 된다.

잎은 호생, 1~2회 출복엽으로, 소엽은 깊이 찢겨져 있는 일이 많고, 톱니는 없다.

초여름, 가지 끝에 대륜의 꽃이 상향으로 핀다. 백(白)작약, 산(白)작약, 호(胡)작약, 적(赤)작약의 총칭.

*가을에 뿌리를 캐어 약용으로 한다.

글라디올러스 붓꽃과

학명 ~ *Gladiohus hybrid Hort.*
원산지 ~ 원예품종 우간다, 케냐, 아프리카

특징

화단에 심어 관상하는 춘식 구근 관화 식물이다. 절화용으로도 이용한다. 개화기는 7~8월이다. 꽃 색은 붉은색, 흰색, 보라색, 노란색 등이다. 많은 원예종들을 가지고 교배 육성하여 만든다. 원예 품종에는 화이트 핑크라인 글라디올러스 레드 아티스트 등 수만종이 있다. 매우 기르기 쉬운 구근 화이다.

심기~물빠짐이 좋은 흙에 밑거름으로 완효성 비료를 주고 심는다. 심는 기간은 3~7월이다. 화분에 심기는 5호분에 3구를 심는다. 온도는 5도c이상에서 구근을 월동 시켜야 하며 10~20도c에서 잘 자란다. 양성 식물이므로 햇빛이 있는 곳에서 잘 자란다. 관수는 보통이고 공중 습도는 약간 습하게 하고 번식은 분구나 조직 배양으로 한다.

시마로사

프레보 밤비노

브롬페보릿

화분과 컨테이너에 꽃을 모아심어 즐겨 보자!!

생활 공간에 넓은 정원이 없어도 화분이나 플랜터에 꽃을 심어 미니가든을 만들어 즐길 수 있다. 한번 당신도 이러한 꽃 기르기를 도전해 보지 않겠는가?

*화분에 심기라면 아무 장소에서도 기를 수 있다.

화분에 심기라면, 놓을 장소에 간단하게 옮길 수 있어야 하고, 추위에 약하거나 강하거나 계절에 따라서 각각 원하는 곳으로 옮기가 가능하도록 하여야 한다.

그리고 대체로 집안 북쪽이나 남쪽이나 필요에 따라서 이동이 편리 하다. 정원이 없는 경우나 토양이 그다지 꽃 기르기에 적합치 않아도 화분에 기르기 하면 그 누구라도 기를 수가 있다.

짙은 핑크색 프리뮬러를 단식 심기.

펜지 한 종류만을 심은 화분 두개를

대형 컨테이너에 펜지와 무스카리를

*물 주기에 주의를 한다.

화분에 심는 조건은 한정된 곳에서 기르는 것이기 때문에 정원에 심는 것보다 훨씬 많은 노력이 필요하다. 제일 중요한 것은 물 주기다. 물 주기의 기본은 화분의 흙 표면이 마르면 화분 밑구멍에서 물이 흘러 내릴 때까지 충분이 주어야 한다.

물주기의 요령은 예를 들면 〈식물이 원하면 주도록 한다〉라는 말을 꽃을 좋아하는 사람의 말인데, 거기까지 도달하려면, 매일 애정을 가지고 관찰하는 것이 첫째의 조건이다.

물과 비료를 듬뿍 주었는데 꽃이 피지 않는 경우가 더러 있다. 비료는 적당히 주어야지 질소분을 많이 주면 웃 자리기만 허지 꽃이 잘 맺지 않으며, 겨울에 과다한 물 주기는 뿌리가 썩는 원인이 되므로 주의해야 한다.

*변화가 많은 화분과 플렌터

화분과 플렌터의 모양은 여러가지 것들이 시판이 되고 있다. 그러므로 자기가 원하는 목적에 맞도록 선택한다. 화분의 모양과 재질에 따라서 관리하는 것이 달라진다.

조금 질감이 다른 화분에 비올라를 심어 돋보이게 하고 있다.

예를 들면, 플라스틱 화분은 화분의 흙이 잘 건조해지지 않지만, 유약을 바르지 않고 저열로 구운 화분은 흙은 대단이 마르기 쉬우므로 물주기에 주의가 따른다. 그리고 뿌리가 직근성은 깊은 화분이 적합하다.

멜랑포디움과 불루펜 플라워가 매력적이다.

등나무 동굴이 화분 커버로 컬렉션한 화분에 심어진 페라고늄이 한층 꽃의 아름다움의 정감을 더해 주고 있다.

*플랜터에서 꽃 재배를 즐긴다

플랜터라고 하면, 장방향형의 55~60cm가 일반적이다. 미니 플랜터로 넓은 도로변, 둥근 모양의 나무 용기 그리고 꽃만이 아니고 채소를 기르는 사람들도 최근에는 많이 있다.

화분의 소재들도 플라스틱에서 유약을 바르지 않고 저온에서 구운 용기 그리고 목제, 이태리제의 대리석 등 대형으로 중량이 가벼운 FRP제 등 갖가지가 있다. 그러므로 심는 꽃과 놓는 장소 주택의 상황을 고려해 선택을 해야 된다.

스탠드 위에 플랜트를 놓으면, 물 빠짐도 좋고, 식물도 쾌적.

스트로베리 용기와 것에 꽃들을 모아심기해 공간을 이용했다

플라스틱 소재는 가볍고
취급하기 쉬운 것이 장점

플라스틱 중에서도 FPR, 화이버 글라스, 수지 등으로 된 것은 가벼워서 바꾸어 심기가 편리하고 이동이 간단하다. 그리고 색채가 다양하고 내구성이 강한 것 등의 이점이 많다.

그러나 장기간 사용시 노후한 때의 폐기 방법을 충분히 고려해 두어야 한다.

유약을 바르지 않고 저온에서 구운 플렌터는
분위길 내는데 최적이다.

유약을 바르지 않고 저온에서 구운 플렌터는 어느 장소나 잘 어울리고 또한 식물의 선택 폭이 넓은 것이 매력이다. 그리고 자연 소재의 내추럴한 감을 주고 최근에는 디자인과 크기가 여러가지들이 시판이 되고 있다. 아울러 통기성과 배수성이 좋아 식물의 생육에 편리하게 이용되고 있다.

목제 플랜터는 많은 모양이 있고
이용이 편리하다.

나무 플랜터도 아무데나 어울리기 쉽고, 취급이 쉬운 용기의 하나다. 소제는 간벌제로 자연보호를 중시한 플랜터라고도 할 수 있다. 최근에는 많은 모양을 한 장방형과 6각형 벽걸이 등이 시판되고 있다.

장소와의 조화를 생각 해 질감과 모양을 중시 한다.

예전에는 우리나라에서 유약을 바르지 않고 저온에서 구운 화분이 붐일 때, 테라코타 화분에 의해 그 이미지가 많이 변했다. 현재에는 다종 다양한 것들이 시판되고 있고, 사용하는 용도와 놓는 장소, 기르고자한 식물에 맞는 화분을 고르고 선택하는 것이 중요하다.

또한 유약을 바르지 않은 화분의 매력과 장점은 내추럴한 분위기를 낼 수 있는 것이다. 건물과 복도 벽 등의 색조와 소재의 통일감을 생각하고 위화감이 들지 않도록 하는 것이 중요하다.

그러나 뭐니뭐니 해도 화분과 그린 등을 돋보이게 하는 것이 포인트이다. 단식인가 모아심기인가에 따라서 화분의 선택도 달라져야 한다. 단 유약을 바르지 않는 화분은 대부분의 식물과 잘 어울리기 때문에 초심자도 이용이 용이 하다.

한마디로 유약을 바르지 않고 저온에서 구운 화분이라해도, 딱딱한 것에서 부드럽게 구워낸 것 등 질감도 다종 다양하다. 심는 식물에 따라 화분을 선택하는 것은 물론이지만, 중량감이 있어 바람 등에 넘어지지 않는 장점을 살려 현관이나 어프로치 테라스의 코너 등에 두면 잘 어울린다.

팬지와 튤립을 합해 보다 화려한 모아심기가 되었다.

유약을 바르지 않고 저온에서 구운 화분으로 꽃 기르기를 즐긴다.

꽃이 풍성하게 달린 베고니아, 셈파풀로렌스가 아름답다

같은 플렌터를 줄지어 놓고 품종이 다른 펜지를 심는다

담담한 색의 팬지를 심어 그 존재감이 화려하다

반대 색의 팬지를 심어 개성이 있는 화분심기이다.

일상의 관리를 고려해야 한다.

유약을 바르지 않고 저온에서 구운 화분은 플라스틱제의 화분과 비교하면, 중량이 있기 때문에 안정감을 낼수가 있다. 단 다음에 이동 할 것도 생각 해 두어야 한다.

또한 통기성이 좋으므로 식물에 있어서는 화분 표면의 흙이 마르기 쉽기 때문에 물주기에 신경을 써야 한다. 심는 용토는 다소 보수성이 좋은 것을 사용토록 한다.

내구성과 사용 후의 처리를 고려해야 한다.

유약을 바르지 않고 저온에서 구운 화분은 깨지지 않도록 신중히 다뤄야 한다. 내용 년수耐用年數는 플라스틱제보다 길고 화분의 표면에 이끼 등이 끼어 품격이 있어 보인다. 만일 분이 깨지면 잘게 부수어 자갈 등과 함께 섞어 사용해도 좋다.

넘칠 듯이 피어있는 프록스가 봄의 분위기를 자아낸다

란타나와 헤리크리샴 그리고 패티오라데를 모아심기

플라스틱 화분에 꽃을 심어 즐긴다

플라스틱제 화분은 유약을 바르지 않고 저온에 구운 화분에 비하여 모양이나 색이 다양하고 손쉽게 취급하기 좋고, 관리 면에서도 장점이 많다. 단 환경 문제를 생각하면, 가능한 오래 사용할 수 있는 것을 선택해 함부로 버리지 않는 준비도 필요하다.

다종 다양한 플라스틱 화분

플라스틱 화분이라 해도 사용되고 있는 소재도 수지, 화이바 글라스, FRP등 다종 다양하다. 식물의 높이를 자유로이 조절할 수 있는 하이 포트형식 등의 연구를한 것, 그리고 지금까지 없는 색의 변화를 많게한 구형과 장방형 등의 변화된 것들을 사용하게 되었다.

페추니아는 높이 심어도 잘 어울린 꽃이다.

화분 일상의 관리와 놓는 장소

플라스틱 화분은 유약을 바르지 않고 저온에서 구운 화분에 비해 중량감이나 자연스러운 맛은 다소 떨어지지만, 누가 뭐라해도 해도 손쉬운점이 제일이다. 더러워지면 물로 씻기도 편하고 닦아주는 것도 좋다.

유약을 바르지 않고 저온에서 구운 화분에 비하면 흙의 건조도 원만 하므로 물주기도 편하다. 또한 저면 급수 등을 활용하면 관리도 더욱 도 편리하다.

플라스틱 화분으로 정원에 놓으려면 너무 크거나 숫자가 많고, 각자지 색과 모양이 다양해 자칫 번잡해져 분위기를 망치는 경우가 되기도 한다.

그러므로 정원의 중심과 테라스, 어프로치, 플라워 박스, 현관 등등 그 장소에 맞는 화분의 종류와 소재, 색채 수량을 검토와 점검이 필요하다.

황색 크로커스를 단식으로 심었다.

하이비커스는 나무가 크므로 이동하기 편리한 곳에 둔다.

사용 목적에 맞추어 심는다.

실내나 실외의 놓는 장소에 따라서 선택 방법이 달라진다. 실내이면, 바닥의 구멍이 없는 화분 커버 형식의 것이 사용하기 쉽고, 그리고 소재의 표면도 매끄럽고 실내의 가구와의 조화를 고려해야 한다.

실외이면, 화분에 직접 흙을 넣기 때문에 소재도 내추올스러운 것들이 많다. 색채와 모양이 너무 현란한 것은 피한다.

큰 화분을 놓는 경우는 미리 놓을 장소를 고려해 생활에 방해가 되지 않도록 주의 한다. 반대로 작은 화분을 많이 놓는 경우는 물과 비료 등에 대한 관리에도 충분한 생각이 있어야 한다.

모양이 있는 프리뮬러와 튜우립 등의 봄 꽃을 보탠다.

코니파의 인기 품종 "골드 크레스트"

문짝에, 각종 가벼운 플라스틱 화분에 꽃을 심어 즐긴다

각종 플라스틱 화분에 원종 튤립과 펜지를 모아심기

펜지, 튜울립, 한련화를 화분에 모아심기

화분에 꽃을 모아심기로 즐긴다

화분과 플렌터에 자기 마음에 드는 꽃을 모아심기를 하면, 작아도 훌륭한 정원이 된다. 유럽에서는 화분과 플렌터를 컨테이너라고도 하고, 그리고 컨테이너에서 꽃 재배를 하는 것을 컨테이너 가든이라고 부르고 있다. 모아심기는 웬만한 컨테이너 하나만으로도 현관이나 테라스가 분간 못할 정도로 화려해 진다.

작은 꽃들만을 골라서 모아심기

스탠드위에 올려진 화분에 펜지와 스위트 아릿삼을 심기

초심자는 꽃의 종류가 약간 적을 정도로 한다.

꽃 심기를 모아심기로 즐길 때, 초심자는 간단한 조합으로 시작하는 것이 바람직 하다. 무난하게 할 수 있는 것은 같은식물〈펜지만이라든가〉,그리고 다음에 같은 식물이라도 같은 계통의 화색으로 정리한다.

팬지라면 엘로와 오렌지, 거기에다 레몬 엘로의 꽃을 더해 보는 등, 화색을 추가해 본다. 팬지만으로 부족할 때는 흰 수레국화나 구레코마, 아이비, 와이어 플렌츠 등의 잎을 주로 관상키 위해 조합해 변화를 주는 것도 좋을 것이다.

단, 덩굴성 식물은 너무 길게 자라기 때문에 화초와의 바란스를 보아 가면서 적당하게 길이를 조절해 주는 것이 좋다. 화색을 많이 하면 할 수록, 완성은 힘들어진다. 반대 색을 넣는 경우에는 상반되는 서로의 색을 잘 연결해 주어야 바란스가 잘 맞는다.

대형 나무 통인 용기에 비올라, 금어초 등 모아심기

모아심기의 기본을 알아 두자.

꽃 기르기가 조금 익숙해져 가면, 메인으로 키가 큰 식물 그 주위를 구성하는 것 화초 2~3종류, 거기에다 그 주변을 구성하는 작은 화초, 변화를 주기위해 실버와 라인 색의 식물 등을 선택 하도록 하면 바람직 하다.

배색은 머릿속에서는 이해 되어도 대단히 어려운 것이다. 원예점이나 홈 쎈타에서 선택할 때는 먼저 메인을 무엇으로 하는가를 정하고 여러가지 포트 종묘를 실제로 모아서 심는 것이 좋다.

패추니아의 선명한 색이 돋보인 모아심기

크고 작은 화분을 조합해 정원 같은 분위기를 낸다.

화원의 가게 앞이나 홈 쎈타에서는 계절의 변화에 맞추어 꽃들이 판매되고 있다. 그 행태들을 보면, 화분 심기에 적당한 작은 것부터 큰 것 또는 비닐 포트에 심어진 것들이 디스풀레이 되고 보다 입체감이 있는 것처럼 진열되어 있다.

일반 가정이나 생활 주변에 화분들을 잘 조합해서 꽃 심기를 하면 의외로 간단하게 할 수 있다. 우선은 화분의 크고 작은 것을 잘 사용하는 것이 우선적인 기본이어야 한다. 큰 화분의 밑을 작은 화분에 심어진 식물들로 보이지 않게 해 자연스럽게 만드는 것이 중요하다.

아울러 큰 화분에서 작은 화분에의 흐름이 자연스러운 안주 레이션〈파도처럼 물결치는 모습〉을 만드는 것이 이 작업의 포인트가 된다. 꽃만이 아니고 그린과 꽃과의 조화가 되게하고, 사계절을 통해 그 변화를 느낄 수 있도록 한다.

집 문앞을 유약을 바르지 않고 저온에서 구운 플렌터와 화분 그리고 행잉 등에 여러가지 꽃들과 코니피류를 심어 화려함을 자아낸다.

현관 문을 향하는 계단에 펜지 등 여러가지 꽃들을 심어서 분위기가 있는 집이 되었다.

사계절꽃 기르기 | 243

베란다의 벽에 네트를 붙여 화분을 배치 공간을 유효하게 이용.

맨 앞의 화분은 스탠드에, 뒤 화분은 계단

가능한 한 꽃들이 건강하게 자라도록 주변을 잘 관리하는 것이 중요하다.

화분을 놓을 때 너무 많이 놓지 않도록 한다. 그리고 일상의 물 주기는 매우 중요하다. 그리고 심는 꽃과 그린과의 조화를 잘 고려해야 한다. 너무 많은 색과 분의 종류도 너무 많이 두지말고, 주변의 환경과 높낮이를 충분이 고려해 효과적인 장식이 되어야 한다.

빈번하게 꽃과 그린을 교체해 넣고 끝내도록 한다. 그리고 1년초와 다년초의 조화도 생각해서 심어야 할 것이다. 또 항상 식물들의 상태를 보기 위해서 장식하는 장소는, 평상시 가까이 있는 것이 좋다. 화분과 화분의 사이가 적당도록 한다. 그래야 햇빛과 통풍이 잘 되어 식물이 왕성하게 생육한다. 그리고 간혹 화분의 위치도 바꾸어 주어야 한다.

오스펠맘을 중심으로 리나리아 등 작은 꽃을 꽂는다.

흰 꽃을 중심으로 한 상쾌한 모습으로 꾸며 보았다.

행잉 바스켓Hanging Baske에 꽃을 모아심어 즐긴다.

최근에 와서 행잉 바스켓〈메다는 바구니〉에 꽃 기르기를 하는 것을 많이 볼 수가 있다. 펜스와 문 그리고 트레리스에 걸기도 하고 파고라 등에 메달아 놓기도 해 꽃을 입체적으로 기르고 있다.

행잉 바스켓에는 메다는 벽 걸이식 화분이 있다. 일반적으로 꽃을 장식이 어려운 공간에 유효하게 장식들을 하고 있는 장점이 있다. 뭐니 뭐니해도 행잉 바스켓의 장점은 화분 꽃의 볼을 즐길 수있다

그리고 메다는 바구니에 꽃을 심는 것은 무게가 영향이 있으므로 가능한 한 가벼운 흙을 사용해야 한다. 이유는 바구니의 무게가 견딜 수 있는 것이 가장 중요하기 때문이다.

펜지와 페추니아를 중심으로 한 밝은 색의 행잉 바스켓

"샤론" 등의 개성적인 펜지를 모아심어 걸었다.

수지제로 만든 바스켓이 일반적이다

바스켓의 자재들이 여러가지가 있다. 놓을 장소와 목적에 따라서 자재를 선택도록 한다. 거의가 플라스틱이나 야자 껍질 등이 사용되고 있다. 측면으로 들어가는 스리트에 화초를 심어 넣는 설계가 되어 있고, 초심자라도 손쉽게 모아심기를 할 수 있도록 되어 있다.

화분의 뿌리를 허물지 잃고 심이 넣기 때문에, 만드는 즉시 호화로운 꽃을 즐길 수가 있다. 용량이 크고 많은 꽃수를 사용하면 무거워져 벽면에 단단이 고정이 필요하고 충분한 고려와 주의가 필요하다.

그 밖에 와이어제와 야자 껍질을 시트 모양으로 한 것과 부직포와 우레탄 등을 내장하고 있는 것들도 있다. 볼 등의 생활 굿즈에 물 이끼 등을 이용하면 대단이 내추럴 하고 멋진 행잉 바스켓이 된다.

초심자는 심어 넣는 꽃의 종류를 적게하면 관리가 편하다. 베란다에 놓는 경우는 안전하게 놓는 것이 중요하다.

3색의 비올라로 만든 행잉 바스켓을 걸었다.

행잉 바스켓은 건조하기 쉬우므로 물 주기에 주의를 한다.

메달려 있는 행잉 바스켓은 통풍이 좋아 마르기가 쉽다. 그러므로 물 주기에 신경을 써야 한다. 물을 줄 때에는 가능하면 메달려 있는 것을 내려서 밑에서 물이 흘러 나올 때까지 듬뿍 준다.

식물들이 물을 골고루 먹지 못하면 생장이 흐트러져서 울창한 행일 바스켓이 되지 않는다.

*바스켓을 놓는 장소는 문 밖의 양지, 잎 사이로 비치는 햇빛이 드는 반그늘, 직사광선이 닿지 않는 곳 실내의 창가 밝은 실내 등 그 식물이 건강하게 생육 할 수 있도록 한다.

옮겨 심기는 다년초와 화목류는 바꾸어 심을 연도를 표시하고 있다. 포기 나누기가 가능한 종류는 이 시기가 포기 나누기의 적기이기도 하다.

관리 방법~즉 손질은 〈꽃 껍질 따기와〉〈잘라 되심기〉등 아름다운 상태를 유지하기 위한 작업과, 구근이라면 휴면 후의 〈파내기〉라고 한 것은 다음 해에도 꽃을 풍성하게 피워 즐기기 위한 것이다.

로볼을 사용한
식물 옮겨심기의 기본

초보자라도 모아심기는 간단히 만들 수 있고, 손질도 쉬운 것이 모아심기이다. 화분 중앙에 키 큰 화초를 그리고 그 주위에 작은 화초들을 배치하는 기본적인 디자인으로 옮겨 심기를 해 보자!!

*준비물
샐비어, 파리너세아, 페추니아, 버베나, 로볼의 용기, 배양토, 흙, 완효성 화학 비료, 화분 바닥에 깔 네트

1. 심을 곳의 배치를 정한다.

비닐 포트에 든 묘를 로볼에 그대로 놓고 바란스를 보면서 배치를 결정 한다.

포트가 기울어지지 않도록 화분 바닥에 신문지 등을 깔면 작업 하기가 편리하다.

2. 화분에 흙을 넣는다.

화분의 흙은 배수가 잘 되게 하고 뿌리가 잘 뻗도록 해 넣는다. 화분 바닥 밑에 네트를 깔고 나서 흙을 넣는다. 흙의 양은 화분 바닥이 덮어질 정도가 좋다.

3. 배양토를 넣는다.

화분에 뿌리가 제일 큰 포기를 놓고 화분 가장 자리에 2cm가 될 정도의 높이가 되도록, 배양토에 미리 완효성 화학 비료를 혼합해 둔다

4. 옮겨심기 개시

종묘의 뿌리가 비닐 포트에서 뽑아서 그것을 화분 안의 배양토 위에 올려 놓는다.

5. 화분 뿌리를 푼다.

사진처럼 뿌리가 자라서 꽉 차 있는 경우는 화분 뿌리의 바닥면의 중앙에 손가락을 넣어서 가볍게 풀고 나서 이식 하다.

8. 물주기

물뿌리게로 물을 준다. 아직 포기가 뿌리를 내리지 않았으므로 포기 밑동을 향해 구멍에서 물이 흘러 나올 때까지 물을 충분하게 준다.

6. 포기 밑동을 맞춘다

이식이 끝났을 때에 포기 밑동의 포기가 울퉁불퉁 않도록, 화분의 뿌리가 적은 종묘는 바닥에 배양토를 보태어 넣고 높이를 조절해 가면서 심어 간다.

9. 심기완성

2~3일은 직사광선이 닿지 않는 장소에서 관리하고, 그 후는 양지에서 기른다.

7. 흙을 보탠다.

모든 종묘의 배치가 끝나면, 화분 뿌리 사이에 흙을 보탠다. 용토의 표면이 평평하도록 용토를 젓가락 등으로 쑤신다.

*물주기를한 후에 흙이 가라앉자 뿌리가 나온 곳은 흙을 보탠 준다.

꽃 기르기 매일의 손질1
꽃 찌꺼기 따주기

모아심기로 예쁘게 핀 꽃을 오래 즐기기 위해서는 매일 꽃찌꺼기를 따 주어야 새로 핀 꽃을 즐길 수가 있다.

꽃이 피어 있을 때에는 부지런히 꽃 찌꺼기를 따주고, 떨어진 꽃 찌꺼기는 제거해 준다. 꽃 찌꺼기를 따주지 않고 그대로 놔두면 보기도 흉할 뿐만이 아니라, 다음에 꽃이 아름답게 피어주지를 않는다.

떨어진 꽃 찌꺼기를 그대로 썩히면 병균이 생길 수도 있다. 식물에 따라 꽃 찌꺼기를 따는 위치가 각기 다르므로 그 기본을 설명코자 한다.

꽃 찌꺼기를 방치하면 씨앗이 생긴다.

꽃 찌꺼기를 따 주지 않으면 사진과 같이 씨앗이 달린다. 씨앗을 맺는 일에 양분을 뺏겨서 꽃수가 적어져 버리는 결과를 만든다.

페추니아는 꽃을 피워 가면서 씨앗이 생기고 가지도 무럭무럭 자란다. 꽃수를 유지하기 위해 꽃 찌꺼기는 달린 뿌리 부근에서 자른다.

마가레트 꽃 찌꺼기 따주기

꽃의 중심 부분이 갈색으로 물들어가면 꽃대의 제일위에 달려 있는 잎의 바로 위에서 자른다.
그리고 꽃 찌꺼기를 따면, 새싹이 자라서 다음에 꽃이 필 준비가 빨리 생긴다. 꽃이 완전히 시들어 버리기 전에 따주도록 한다.

*체크 포인트

꽃 목과 줄기가 달린 뿌리가 아니고 제일 위에 달려 있는 잎의 바로 위를 가위로 자른다.

마가레트와 같이 줄기가 단단한 식물은 손으로 따는 것이 아니고 가위로 자른다. 꽃의 목을 왼손으로 잡고 줄기를 잡아 당기도록 하면 잘 잘린다.

Before

꽃이 지고 흰 꽃잎이 시들어서 갈색이 된 상태. 중심의 노란 두화만이 눈에 띄인다.

After

꽃 찌거기를 따기가 끝난 상태. 액체 비료를 월 2회 정도 주면 자른 마디에서 새 싹이 자라서 꽃눈이 생긴다.

아게라툼의 꽃 찌꺼기 따주기

줄기가 부드러운 것은 손으로 따도 된다. 단 페추니아는 만지면 끈적거리기 때문에 가위를 사용해야 한다. 아게라툼은 꽃의 색이 칙칙해 가는데서 차례로 하나씩 손으로 따준다. 개화가 일단락 되면 이번에는 꽃대가 달린 뿌리에서 잘라낸다. 그래야 다시 꽃대가 자라서 개화를 할 수 있다.

꽃봉오리가 상하지 않게 조심하면서 꽃 찌꺼기를 하나씩 따준다. 줄기와 줄기 사이에 꽃 찌꺼기와 마른 잎이 달려 있으므로 주의 해서 따준다.

아게라툼의 사이에 백합의 구근을 심었다. 백합이 피었을 때도 아게라툼의 꽃이 함께 피도록 부지런히 꽃 찌꺼기를 따주어 건강하게 만들어야 한다.

아게라툼의 꽃 색이 칙칙하거나 갈색으로 변색이 되고 있다. 처음 필 때보다 다 핀 후가 더 눈에 띤다. 작업이 종료되어 꽃수는 줄었으나 예쁜 꽃만 남아 상쾌하다.

꽃 찌꺼기 따주기의 포인트

*꽃 찌꺼기 따주기는 식물의 종류에 따라서 각기 방법이 다르다.

꽃송이 상태로 달린 것은 끝난 꽃부터 차례로 따고 마지막 꽃이 끝나면 꽃대가 달린 곳에서 잘라낸다.

튜울립 등의 구근은 꽃 머리에서 잘라준다. 잎과 줄기는 구근을 굵게하기위해 남긴다.

장미꽃 껍질은 가지 제일위에 있는 5잎의 위에서 잘라낸다.

펜지와 프리뮬라는 꽃대가 달린 뿌리에서 따 준다 꽃대를 꺽지 않고 가능한 한 줄기도 부러뜨리지 말고 주의 해서 한다.

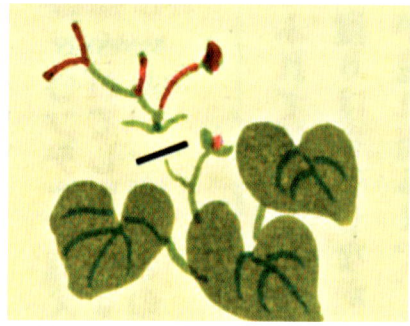

4계절 꽃피는 베고니아는 결실하기 쉬우므로 꽃이 끝나면 즉시 따준다. 개화가 일단락 되면 싹 위에서 줄기를 잘라 준다.

꽃 찌꺼기 따 주기를 게을리 하면...

꽃이 진 뒤의 꽃대 등 여분의 부분을 방치해 두면 병충해에 걸릴 확률이 높아진다.

그리고 꽃수가 줄거나 화수 모습이 흐트러지기 쉽다. 꽃의 화려한 것을 오래 즐기려면 꽃 찌꺼기 따주기를 게을리 해서는 절대로 안된다.

물주기와 비료주기

큰 화분에 심은 화초는그대로 방치해 두면 원기가 없어질 뿐만이 아니라 시들어 버린다. 모아심기한 화초들을 아름다운 꽃을 피워 보고 즐기려면, 물주기와 그리고 간혹 비료 주기는 필수적이므로 잊지 않아야 한다.

물주기의 기본

아침에 일어나면, 반드시라고 할만큼 물주기는 필수적인 것이다. 물주기의 기본은 〈흙의 표면이 마르면 준다. 가 기본이다. 더러는 무성한 화초에 가려 흙이 안보일 때는 손 끝으로 만져서 습기가 없을 때는 화분 밑 구멍에서 물이 흘러 나올 정도로 준다.

물주는 시간은 오전이 좋다. 그리고 화초에 따라서 물을 좋아하고 않고를 알아서 물주기를 해야 한다.

물주기는 포기 밑동에서 주어야 한다. 물뿌리개의 입을 포기 밑동의 흙에 대고 부드럽게 준다. 넓은 화분은 흙 표면 전체에 물이 골고루 배이도록 준다.

화초위에 마치 비가 오듯이 뿌려서는 안된다. 자칫 꽃이 지면 병의 원인이 될 수도 있다.

행잉 바스켓에 물주기는?

노지에 놓은 화분 보다도 행잉 바스켓에 통풍이 잘 되 흙이 마르기 쉽다. 흙의 건조 상태를 체크해 물주기를 한다.

여름의 물주기

여름은 오전이라 해도 해가 뜨면, 곧 기온이 상승한다. 그렇게 되고나서 물주기를 하면, 화초들이 뭉크러져 포기가 약해지는 경우가 있다. 그러므로 서늘 하다고 느껴지는 이른 아침에 물주기를 하면 된다.

물주는 타이밍을 놓쳤을 때는 저녁에 물주기를 해도 된다. 반대로 겨울에는 따뜻해지면 큰 통에 받아놓은 물로, 물주기를 하고 가급적 저녁 때에 물주기는 피하는 것이 좋다.

흙의 표면에 수태를 깔아주면 수분의 증발을 어느정도 막아주기 때문에 건조가 빨리 되는 것을 막아준다.

싸이폰식 급수

조금 높은 곳에, 양동이에 물을 담아두고 가는 호수로 화분으로 댄다. 줄의 한 끝은 반드시 양동이로 내려야 한다.

베란다 등 콘크리트 바닥은, 깔대와 판자 등으로 밑 받침을 해준다. 그러므로 통풍이 잘 되고 식물의 더위가 감소 된다.

페트병에 물을 담고 시판중인 물주기용 뚜껑을 닫는다. 꺼꾸로 놓으면 500mL로 일주일은 안심.

자동적으로 하는 워터 키퍼를 셑트 한다. 사진은 오리 모양의 도자기로 물이 조금씩 나오도록 한 구조이다.

비료 주는 법

비료는 장기간 계속피는 화초에 맞추어 준다.

비료는 기름 찌꺼기〈깻묵〉등 자연적인 유기 비료와, 화학적으로 만들어진 화학 비료가 있다. 화학 비료는 액체인 것과 고형인 것이 있다.

이것의 용도는 주는 시기와 목적에 따라서 밑거름과 웃거름으로 나뉜다.

밑거름은 종묘를 이식할 때 흙에 섞어주는 것을 말하고, 이 밑거름은 뿌리가 흙에 착근해 생장 하도록 도와 주는 것이다. 웃거름은 그 후의 식물이 생장 하는데 부족한 양분을 보충 해주는 역할을 한다.

완효성인 고형 비료를 준다. 물을 줄 때마다 조금씩 녹는다. 그리고 천천히 장기간의 효과를 기대 한다.

포기 밑동에서 떨어진 가장자리에서 흙 표면에 가볍게 올려 놓으면 된다.

웃거름은 종묘가 뿌리를 내리면 주지만, 꽃이 피기 시작하면 소량을 준다. 단 오래 피는 화초에는 개화 중에도 액체 비료나 고형 비료를 준다.

모아심기에서는 화기가 긴 화초에 맞추어 주는 것이 좋다. 그리고 너무 많이, 적게 주어도 기대한데로 효과가 나타나지 않는다. 그러므로 적당한 시기에 적당량을 주는 것이 중요하다.

액체 비료는 효과가 속효성이 있으나 효과가 짧기 때문에 정기적으로 주어야 한다.

물로 묽게해서 주는 것과 그대로 주는 스트레트의 방법이 있다.

밑 거름은 규정된 양을 잘 섞고 나서 사용 한다. 비료가 미리 섞여 있는 배양토에는 줄 필요가 없다.

벽 걸이 바스켓 Hanging Baske

좁은 공간의 벽에 거는 행잉 바스켓을 사용하면, 모아심기로도 가능하다.

바스켓의 소재에는 여러가지가 있지만, 초보자라도 누구나 손쉽게 사용 할 수 있는 플라스틱제의 바스켓과 와이어 바스켓에 대해 설명을 한다.

지금부터 바스켓에 어울리는 모아심기를 해 보자!!

슬릿 타잎의 플라스틱제

플라스틱제의 바스켓은 가벼워서 취급하기 편리하다. 측면에 슬릿이 들어간 타잎은 종묘의 화분 뿌리를 흩트리지 않고 심을 수 있기 때문에 손쉽게 이식을 할 수가 있고 뿌리를 상하지 않게 하는 것이 큰 장점이다.

하나의 바구니에 많은 포기들이 심어지기 때문에, 심고난 다음 즉시 꽃을 관상하며 즐길 수가 있다.

청순한 백색과 오렌지 색을 곁들인, 붉은 임파체인지에 밝은 그린의 넉줄 고사리가 잘 배치가 돼 서로의 대비가 모아심기의 최고라 하겠다.

측면에 슬릿이 들어간 플라스틱제의 바스켓, 흙이 흘러 나오지 않도록 우레우탄 매트를 부착했다.

꽃, 색과 모양이 같은 것 끼리 조합하고, 늘어진 식물을 조금 넣어 뉘앙스와 운치가 풍기도록 했다.

*야자껍질 매트 붙임의 와이어 바스켓

야자 껍질을 씨트 상태로한 바스켓이다. 일반적으로 화분에 심는 감각으로 손쉽게 사용할 수 있으나, 건조하기 쉬우므로 물주기를 게을리 해서는 안된다.

될 수 있으면 건조를 싫어하는 식물을 피하는 것이 좋다. 옮겨 심은 바스켓은 상당히 무겁기 때문에 거는 장소에 단단이 고정이 필수이다.

*준비할 것
임파첸스〈적색, 백색〉투데이, 헤리크리샴, 플라스틱제 바스켓, 배양토, 흙, 넉줄 고사리, 화분 네트.

5. 바스켓의 부속인 링을, 2분한 투데이의 갈라지는 경계를 넘는 것 같이 하면서 상단에 끼워 넣는다.

1. 쎌트되어 있는 우래탄 매트를 슬릿의 위치에 맞추어 붙이고 우래탄 매트의 하단 정도까지 경석을 넣는다.

6. 상부에 심은 임파체인지화분 뿌리가 들어가는 깊이까지 용토를 넣고 종묘를 약간 앞을 향하게 해 심는다.

2. 슬릿의 하단까지 용토를 넣고 슬릿을 눌러 펴서 종묘의 줄기가 슬릿 사이에서 나오도록 하단에서 포기를 심는다.

7. 건조를 방지하기 위해 상부의 종묘 포기 밑동을 적신 수태로 덮어준다. 수태는 싸 넣는다는 식으로 듬뿍 넣는다.

3. 헤리크리샴을 좌우에 심으면 측면의 슬릿에 배색을 생각해 가면서 임파체인지를 균형 있게 심어 나간다.

4. 투데이는 측면의 윗쪽에 배치하고 상부에서 2분해 잎이 측면과 상부에서 나오도록 나눈다.

메다는 바구니 완성

큰 화분에 모아심기 이론과 실제

큰 화분에 모아심기의 이론과 실제를 설명 하고자 한다.
큰 화분은 깊이가 있기 때문에 그에 따라서 화초의 키 또한 커야만이 균형이 잡히고 흙도 많이 넣는다. 그러므로 화초뿐만이 아니라 화목花木이나 수목樹木도 주역으로 같이해 심기가 가능하다.

*준비할 것

코스모스, 셀비어, 공작 아스타, 세네시오, 용기, 배양토, 적옥토, 피트모스, 혼합토, 완효성 비료, 흙, 화분바닥 네트, 버미큐라이트

1. 화분 바닥에 네트를 깔고 흙을 조금 넣는다.

2. 화분에 흙을 절반 가까이 넣고, 무게의 경감을 잰다. 그리고 용토를 더 보탠다.

사계절꽃기르기 | 259

3. 배양토에 비료가 들어가 있지 않는 경우에는 완효성 화학 비료를 넣고 그 위에 흙을 덮어서 종묘의 뿌리에 비료가 닿지 않도록 해야 한다.

6. 코스모스의 주위에 샐비어, 파리세아나를 거기다 화분의 주위에는 세네시오, 공작과 꽃을 교대로 심어 넣는다.

4. 심을 모든 종묘를 진열해 레이아웃을 결정한다.

7. 포기 사이에 용토를 넣으면서 젓가락을 사용해서 흙을 쑤셔 골고로 되도록 하고 화분 표면의 흙이 평평하게 한다.

5. 최초에 화초의 키가 제일 큰 코스모스를 화분 중심에 놓고 높이와 꽃의 방향을 보고 균형 있게 배치한다.

8. 다 심은 다음 물을 포기 밑동에 골고루 듬뿍 주어서 화분 밑구멍에서 물이 흘러 나오도록 주고 약 3일정도 그늘에서 관리한다.

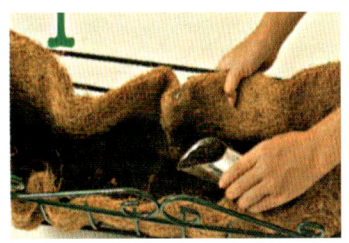

1. 바스켓에 야자 껍질 매트를 쎄트해서, 종묘를 심을 깊이까지 용토를 넣는다.

2. 일일초는 아래로 늘어지도록 한다. 장식 와이어 부분을 빠져 나가게 해 조금 앞을 향하게 배치한다.

3. 일일초를 좌우의 가장자리에도 심으면, 용토를 조금 보태서 다시 상부 중앙에 배치한다.

4. 일일초의 사이에 니코치아나를 배치하고 포기 사이에 용토를 보태면서 손으로 가볍게 누르면서 심어 간다.

5. 좌우에 제가각 헤리크리샴과 헤데라를 심는데, 좌우 대칭이 아니고 헤데라를 언바란스하게 심는 것이 보기에 멋이 있어 보인다.

헌 종이 포트 부착의
와이어 바스켓

야자 껍질 대신에 헌 종이로 만든 포트가 세트 된 것, 헌 종이 포트는 가벼워서 취급이 쉽고 소박한 감각을 즐길 수 있다. 그리고 자연스러운 이미지의 모아심기에 어울린다.

적색과 연두색을 기조로한 씸풀한 배합, 헤데라로 변화를 주어, 도회지적인 이미지. 〈제라늄, 펜지, 헤데라〉

*헌 종이 포트를 부착한 와이어 바스켓, 헌 종이 포트는 오래 사용해 낡아지면 땅에 묻으면 자연으로 환원 된다.

우드 컨테이너로 내추럴한 감을 연출해 본다!!

우드 컨테이너는 다양한 모양이 있으나 일반적으로 〈야성미 넘치는 화초가 잘 어울린다〉라고 하는 특징이 있다.
여기서는 목재 터브와 캘리포니아식의 래드 우드 컨테이너에 새로운 모아심기를 시도해 본다.

술통을 세로로 반절 가른 터브는 스탠드와 셋트가 되어서, 높이를 살린 연출을 했다. 움직임이 나오는 엽채를 사용하면 효과적이다.

목재 터브를 이용해 풍성한 화초의 새로운 모아심기의 정번!!

터브는 위스키나 와인을 만들어 담는 술통의 총칭이다. 술이 새지 않도록 나무로 짜여져 있기 때문에 대단이 튼튼 하다.

최근에는 원예용으로 만들어져 많이 보급이 되고 있는 현실이다. 터브가 갖는 묵직한 소재감은 볼륨 가득한 모습의 모아심기에 적합하다. 존재감이 강하므로 정원이나 현관 앞 또는 지방자치에서 활용들을 많이 하고 있다.

바꾸어 심을 때 터브에 방부제를 바르면 오래 사용을 할 수 있다.

스탠드로 모아심기를 즐긴다
샌드 플랜터

모래를 굳혀서 만든 얕고 펑퍼짐한 용기를 샌드 플랜터라고 말한다. 화분 바닥이 둥굴고 보통의 용기와 같이 평범하지 않으므로 스탠드에 올려서 이용한다. 스탠드의 높이와 디자인을 변화 시켜서 다양한 분위기를 낼수 있다.

샌드 플랜터는 깊이가 없으므로 평범한 식물일 것이라는 이미지로 보기 쉽다. 플랜터의 가장 자리에는 아래로 늘어 뜨리는 잎사귀와, 줄기를 뻗어 꽃을 피우는 화초를 혼합 하면 균형이 있는 모아심기가 된다.

그 위 분의 중앙을 약간 높게 흙을 쌓아 올려서 심으면 입체적인 모아심기로 배수성과 보수성이 있기 때문에 건조를 좋아하는 화초의 재배가 바람직스럽다.

*시니어를 단식으로 모아심기, 페어의 좌우로 퍼짐을 느끼게 한 코디네이트이다.
준비물~펜타스, 란타나, 유리축제, 프레크트란시스, 페추니아, 시피니어, 샌드플랜터〈스탠드 부착〉심어 올려놓기 용 스탠드, 배양토, 화분 네트 등

〈심는 준비물〉

스탠드 위에 모아심기 이론과 실제

1. 낮은 스탠드에 심어서 얹고 작업을 한다. 먼저 화분 밑의 네트를 놓고 화분 밑에 경석을 조금 넣는다.

2. 용토를 화분의 7~8부정도 넣는다.

3. 화초의 키가 큰 펜타스를 플렌터의 뒤쪽에 배치하고 전면에서 보아서 균형이 좋은 방향을 결정 한다.

4. 유리 축제와 사피니아, 페추니아, 란타나, 프레크트 시스를 차례대로 심는다. 화분 가장 자리의 식물은 약간 바깥쪽에 기우려서 심는다.

5. 화분의 흙 건조를 막기위해 화분 흙의 표면에 수태를 깐다. 수태는 물을 적셔서 두고 가볍게 짜서 사용한다. 마지막으로 물을 주고 그늘에 2~3일 둔다.

동양적인 식물을 샌드 플랜터에 심어서 서양식으로 어레인지, 중앙의 흙을 높게 쌓아올려 심으면 보다 입체적으로 보인다.
*코스모스, 국화, 맥문동, 측막대, 좌목.

샌드 플랜터에 메다는 철사를 붙여서, 메다는 화분으로 이용, 화려한 꽃바구니와 같은 모아심기. *제라늄, 아이비 종이학 란.

트레리스를 사용해서 식물을 입체적으로 심는다.

트레리스란, 덩굴성 식물을 얽어 메어 유인하기 위한 격자 울타리란 말이다.

최근에는 다양한 형태의 트레리스가 만들어져 시판이 되고 있다.

식물에 트레리스를 세워서 입체적으로 기른다.

배경이 갈색 트레리스에, 실버의 잎색인 유카리스와 유리옾스테이지, 새빨간 포인세티아가 두드러진 크리스마스용의 트리이다.

유카리스는 줄기가 부드럽게 휘늘어지기 때문에, 트레리스를 세워서 유인해서 원하는 모습으로 기른다.

식물의 분위기에 맞춰서 트레리스를 골라 사용 한다.

섬세한 이미지의 아이안제의 것과 목제의 부채 모양으로 만들어진, 트레리스 등 소재와 모양이 각기 다른 분위기로 만들어진 소재에 따라서 도회적이기도 목가적이기도 한다. 식물의 선별은 모아심기에 어울린 것을 고른다.
그리고 심는 화분의 높이와 바란스도 중요하다.
수목의 마른 가지와 대나무, 덩굴 식물의 가지 등을 배합한 것을 이용하면, 시판되고 있는 것과는 한 껏 다른 모아심기를 만들어 관상할 수가 있다.

크리마티스를 아이안제인 트레리스에 얽어서 대나무처럼 만들어 보았다. 처음은 소형의 것을 사용하고 크리스마티가 커지면, 큰 트레리스를 보충해 2중으로 사용한다.
*크레마티스, 미니장미, 아침 안개초, 로베리아.

야생화를 상기 시키는 화초를 나뭇 가지를 짜 맞추어 트레리스와 배치해 전체적으로 목가적인 분위기가 되도록 했다.
*크레마티스, 유리축제, 로베리아, 피카스, 프미라.

우드 컨테이너〈대형화분〉
밝은 색이 인기인 레드우드

캘리포니아식인 레드 우드는 부패가 안 되는 건축용 자제로서도 많이 사용된다. 레드 부라운의 밝은 색조는 어떤 화초류와도 잘 어울리기 때문에, 초심자라도 화초를 골라 심는데 편리 하다.
우드의 모양과 크기는 다양하다. 모양이 서로 다른 몇 개인가를 놓으면 그것으로 멋진 미니 정원이 된다.

청보라색의 샐비어와 그리고 노란 코스모스와 헤리크리샴의 서로 반대되는 색을 대비해 화려한 모아심기, 샐비어의 밝은 잎색이 서로 하모니를 이뤄 한층 아름답고 산뜻한 이미의 모아심기가 완성 되었다.

겨울~봄까지 계속 피는 꽃
팬지/비올라

제비꽃과, 1년초, 개화기 11/6월

팬지와 비올라는 많은 색채들을 갖고 개화기가 가장 길고 꽃의 크기로는 팬지와 비올라로 나뉘어진다. 품종 개량이 많이 되고 둘의 성질의 차이는 없다.

다만 비올라가 내서성이 강하고 봄 늦게까지 피는 경향이 있다. 팬지의 대륜계는 겨울에 꽃이 적게 피니, 꽃을 많이 피게 하고 싶다면, 중소륜계를 골라 기른다.

10월에 출하되는 종묘는 연약한 것이 많기 때문에 조금 기다렸다가 11월에 출하되는 종묘를 구입하는 것이 종묘의 품질이 좋다.

펜지   비올라

겨울에서 봄까지 피는 팬지/비올라의 품종

에리카

진달래과 상록/저목
개화기/11/4월, 수고 20/150cm
*배합 OK, 팬지/비올라, 흰 탄생화

에리카의 종류는 많다. 그리고 개화 시기와 내한성이 미묘하게 다르다. 11월 경에 출하되는 자노메 에리카는 색은 비교적 수수 하지만, 내한성은 강해 기르기 쉽다.

키가 큰 것은 큰 화분에, 키가 작은 것은 행잉 바스켓용으로 적합하고, 꽃이 잘고 빽빽하게 달리는"담설"과 꽃이 이삭 모양인 "크리스마스 퍼레이드" 등이 있다

수선화

석산화과
가을에 심는 구근, 개화기/3~4월 상순, 키/15~50
품종에 따라서 개화 시기와 화초의 키가 차이가 있고, 큰 잔, 나팔송이 피기 등 여러 계통으로 나뉜다. 작은 화분에 모아심기는 크지 않은 계통이 좋다. 개화 후에는 추운곳에 두는 것이 꽃이 오래간다. 그리기 위해 1~2월에 출하되는 화분의 꽃은 의외로 오래 간다. 구근은 10월에 심는다.

스토크

유채과/1년초
개화기/11~4월, 화초키 10~60cm

감미로운 향기와 클리어 한 꽃이 매력적이다. 12월까지 꽃이 달린 종묘를 구입하면, 추위 때문에 개화가 더디기 때문에 봄까지 즐긴다.

꽃봉오리가 단단한 종묘의 개화는 다음 해 봄, 오래 꽃을 즐기려면 분지성이 좋은 품종을 고른다. 행잉 바스켓과 컨테이너에는 왜성의 품종이 좋다. 배수가 잘 되는 흙으로 건조하지 않도록 관리가 필요하다.

꽃 배추, 유채과/1년초,

개화기/11~4월, 키 15~80cm *OK 팬지, 스토크

일본에서는 설날에 선물로 많이 애용한다. 서양풍의 화초와 배합시키는 경우는 자른 잎 모양의 "상고"와 "공작"이라는 품종이 좋다. 한번 심으면 방향이 바뀌지 않기 때문에 관상하는 각도에서 높이를 잘 조절해서 심어 넣는다.

관리를 잘하면 봄까지 꽃을 피워 즐길 수가 있다.

히야신스

백합과/가을에 심는 구근
개화기/3월 화초 키 15~20cm
궁합OK, 스위트 아릿샴/팬지/비올라

봄의 향기를 먼저 감돌게 하는 구근 식물이다. 강한 비바람을 맞으면 이삭이 부러지기 쉽다. 그러므로 비가 오면 비를 피하게 해준다. 구근의 이식은 10월까지 끝낸다. 초봄에는 이삭이 자란 포트묘를 구입해도 좋다.

화수와 잎이 생각외로 자라기 때문에, 다른 식물과의 혼식의 경우에는 포기 사이를 충분이 둔다. 크로커스도 마찬가지지만, 수경 재배에는 큰 구근을 사용 한다.

프리뮬라

줄리안 앵초과/다년초
개화시기/12~4월 화초 키/5~15cm
궁합 *흰 탄생화/스위트 아릿삼/팬지.

대부분의 색이 갖추어져 있는 칼라풀한 소형의 꽃이다. 그리고 홑꽃과 겹꽃으로 피는 것도 있다. 대형인 포리안사보다 추위에는 강하나 온실에서 높은 온도로 육묘된 것은 갑자기 추위를 만나면 약해진다.

놓는 장소는 햇빛이 잘 드는 처마 밑이 최적이다. 방안에 넣으면 단번에 웃 자라서 꽃이 끝난다. 다음에서 다음으로 꽃봉오리가 올라 오므로 부지런히 꽃 껍질을 따 주어야 다음의 꽃을 기대 할 수 있다.

크리샨 세맘

국화과/1년초
개화기/12~6월 키/7~30cm
궁합*튤립, 팬지, 리나리아

12월부터 다음 해 6월 상순까지 엄동설한기를 제외하면 계속 꽃이 피는 강한 식물이다. 웃자란 포기는 베어 정리 한다.

"스노랜드"라고 하는 품종은 보통종보다 대륜이고 꽃 모양이 콤팩트하다. 꽃이 위를 향해 피기 때문에 행잉바스켓에 심으면 안된다.

크리스마스 로즈

미나리아제비과/다년초
개화기/3~4월 키/15~40cm
궁합*스위트 아릿삼, 리나리아

최근 많은 원예 품종이 시판되고 있다. 진한 자주, 녹색 등, 꽃색도 다양해 인기가 높은 꽃이다. 이른 봄에 피는 오리엔탈리스가 제일 튼튼하다.

일찍피는 니겔 종은 시들기 쉽다. 세련된 색상은 모아심기에 어울리고 꽃이 피어 있는 포기를 구입해 모아심기를 해 관상 하면 좋다.
큰 화분에 올려서 반 그늘에서 관리 한다. 작은 포기를 심으면 2~3년은 꽃이 피질 않는다.

크로커스

붓꽃과/가을에 심는 구근
개화시기/2~3월 화초 키/7~10cm
궁합 *단식을 권함

날씨가 춥지만, 이 꽃이 피기 시작하면 봄이 오고 있음을 실감 할 수가 있다. 꽃이 피기 시작하고 나서 끝까지 2주일이면 짧고, 개화 후에는 추운곳에 두는 것이 꽃이 오래 핀다.

10월에 구근을 심던가 봄에 꽃봉오리가 달린 종묘를 구입해 심던지 한다. 황색계의 품종은 약간 일찍 피므로 혼식하는 경우에는 품종마다 정돈해 심지말고 완전히 혼합 시키는 것이 재미가 있다.

프리뮬러/마라코이데스

앵초과/1년초 개화기/12~4월, 키/15~30cm
궁합*리나리아, 프리뮬러, 줄리안, 스위트 아릿삼.

실외에서도 2월부터 피기 시작하는 "휘파람 새"라는 품종은 꽃 색은 약간의 선명성이 떨어지지만, 비에도 강하고 강한 품종임을 말한다. 4월이 꽃이 피는 시기에는 너무 아름답다. 그리고 떨어진 씨앗으로도 이듬해 증식을 한다.

종래의 품종은 추위에 약하지만, 꽃색이 선명해 콤팩트하게 정리되는 것이 많다. 그 중에는 사람이 잎에 닿으면 염증이 생기는 사람도 있으나 오브코니카 만큼은 별로 심하지 않다.

초봄부터 여름까지 화려하게 피는 꽃

튤립, 백합과/가을에 심는 구근
개화기/4월 화초 키/15~60cm

종류도 품종도 많지만, 개화 시기는 각각 다르다. 구근의 상태로 복수의 품종을 혼식해 개화를 맞추는 것은 어렵지만, 백합계의 꽃은 비교적 늦추어지기 쉽다.

화기는 통상 10일 정도이기 때문에 다른 화초와 혼식을 해도 된다. 꽃이 끝나면 구근을 캐내어도 된다. 비교적 키가 큰 식물과 혼식하면, 잎이 보이지 않고 줄기만이 솟아 올라와서 관상 가치가 높다.

꽃 양귀비〈포피〉

앵초과/1년초 개화기/3~5월
화초 키/15~60cm
궁합*스위트 아릿삼, 바코바

색채가 유달리 밝아서 사람들의 눈길을 끈다. 바람에 살랑거리는 모습은 우아 하지만, 꽃잎은 지고 포기도 약해져 버린다.
뿌리가 잘 뻗기 때문에 큼직한 컨테이너에 키가 작은 "칵텔'이라는 품종을 권한다. 가을에서 이른 봄에 종묘를 구입해서 심든가, 봄에 개화 포기를 구입 하던가 한다.

아네모네

미나리아제비과/가을에 심는 구근
개화시기/3~5월 화초 키/15~40cm
궁합 *불루 데이지, 유리옆펠맘, 팬지/비올라

봄의 구근 식물로서는 화기가 길고 양지쪽에 놓고 비료기가 떨어지지 않도록 한다.그러민 잇따라 꽃이 올라온다.

가을에 구근을 심던가, 겨울에서 봄에 판매되는 포트묘를 구입한다. 화초의 키가 커지므로 행잉 바스켓에는 어울리지 않는다.

칼세오라리아

현삼과/1년초 개화기/3~6월 키/15~50cm
궁합 *리나리아, 헬리옾트러프, 불루 데이지.

실외에서 비교적 비에 강한 황색 미다스 등의 품종을 4월 초순부터 5월에 걸쳐서 심는다. 이른 봄에 키가 크는 노란 꽃은 의외로 작고 귀중하다.

보라색의 헬리오트러프배합은 최고의 매칭이다. 미다스보다 일찍 출하되는 대륜의 그랜드 풀로리계는 추위와 비에 약하므로 실내에서 기르기 한다.

스위트 아릿삼

유채과/1년초 개화기/11~6월
화초 키/3~15cm
궁합 *팬지, 데이지, 물망초.

건조해 지면 꽃이 지고 포기가 급속히 약해져 버린다. 유채과의 식물에 잘 붙는 병해충에 요 주의, 종묘를 구입할 때는 뿌리 밑동이 흔들리지 않는 종묘를 고른다.

꽃이 끝나면 잘라 되 심으면 잊을만 할 때 피어 나므로 장기간 관상 할 수가 있다. 모아심기에 이 꽃을 첨가하면 좋다.

특히 흰 꽃은 어느 꽃에나 잘 어울린다. 파스텔계의 꽃 색은 같은 모양의 팬지와도 잘 어울린다.

크리샨 세맘/몰티코레
국화과/1년초
개화기/3~4월 화초 키/7~15cm
궁합 *니모피라, 네메시아, 팬지/비올라.

추위에 약하므로 3월이 되고 나서 꽃봉오리가 달린 것을 심는다. 팔드삼에 비하면 성질은 약간 약허고 배수가 나쁜 흙에서는 선체로 말라 죽는 일이 있으므로 과습에 주의 한다.
종묘를 구입할 때는 잎이 상해 있는 것은 피한다. 꽃대가 작으므로 대륜의 꽃과 배합하는 것보다 소륜의 비올라 등과 잘 맞춘다. "문라이트"는 파스텔계의 배합에 좋다.

데 이 지
국화과/1년초 개화기/3~5월
화초 키/7~20cm
궁합*팬지, 리나리아, 부로니아.

 옛날에는 봄 꽃이라고 하면, 데이지였으나 지금은 팬지만큼 인기는 없다. 꽃색이 수수하고 내한성이 낮고 더위에 약한 것 등이 그 이유이지만, 한번 더 데이지를 제 인식해 보는 것도 좋을 듯 싶다.
 특히 소륜의 평평 피는 품종은 섬세해 색도 좋고 보라색 계통의 비올라 등과 배합하면 세련된 봄 치장을 할 수가 있다.

나스타티움〈한련화, 금련화〉

학명 : TrOPACOLUM MAJUS L.
능소엽련과/1년초
개화기/4~7월 화초 키/10~30cm
궁합 *로베리아, 헤리 크리샴, 마리골드. 헤리크리샴

품종에 따라 덩굴이 잘 자라는 것과 콤펙트한 꽃 잎 위로 잘 나오는 것이 있다. 용도에 따라 구분 사용된다. 난지에서는 여름에 꽃이 피지 않는다.

4월에 꽃이 달린 것을 구입해 봄에 피도록 한다. 웃자란 종묘는 행잉 바스켓 외에 다른 식물과 혼합해 심으면 잘 자란다. 질소 비료와 물을 너무 많이 주면 잎만 무성하고 꽃이 피지 않으니 주의 한다.

흑종초〈니겔라〉

미나리아제비과/1년초
개화기/5~6월   화초 키/40~90cm
궁합 *중국 물만초, 델피니움.

이 니겔라는 희미한 색채가 눈길을 끈가 하면, 포근하고 아름답다. 품종으로는 왜성인 "펜산주엘"이 기르기 쉽다. 꽃꽂이로서 많이 이용되고 있으나, 종묘 판매는 그다지 많지 않다.

비료는〈질소는 .조금주고 과습이 되지 않도록 관리해 주면 꽃수는 다소 적은 편이지만, 자연스러운 장방형 화분에는 어울리는 식물이다.

네모필라

파아슬리초과/1년초
개화기/4~5월 화초 키/7~15cm
궁합 *크리샨 세맘, 메네시아, 리나리아,

큰 장방형 화분 가장 자리에 심으면 45~50cm나 아래로 "안녕 하십니까" 하고 인사 하는 듯 고개를 늘여뜨린다. 키가 작은 화분에서는 지면에 닿을 정도로 뻗는다.

온도가 높은 하우스에서 기르는 것은 웃자라서 꽃이 적게 달린다. 개화 시기에는 좋은 종묘가 거의 없다. 그러므로 이른 봄에 잘 키워진 종묘를 구입하면 좋다.

서리에 약하므로 추운 곳에서는 방한을 해 주는 것이 필수다.

브라키캄

국화과/1년초 또는 다년초
화초 키/10~45cm
개화기/3~6월, 10~11월
궁합 *라미움, 마드리카리아, 스윗트 아릿삼

브라키캄은 많은 종류가 있으나, 1년초인 이베리포리아는 서서 자라고 보라색, 하늘 색, 흰색 등의 꽃 색이 있다. 물티피다는 연보라 빛, 분홍, 노란색, 레몬색 등으로 내려 뜨린다. 품종에 따라 강도가 상당이 다르다. 서서 자라는 성질이 있는 것은 큰 화분에 심어 아래로 늘어 뜨리는 모양은 행잉 바스켓이나 큰 컨테이너 가장자리 부분에 적합하다. 배수가 잘 되는 흙에서 기르고 겨울에는 방한을 해 주어야 한다.

후크시아 〈초롱꽃〉

바늘꽃과/다년초
개화기/3~6월 10~11월
화초 키/20~70cm
궁합 *한련화, 헤리 크리샵, 로베리아, 페티오라

원래는 여름꽃이지만, 저온에 강하고, 3월 말부터서 6월에 걸쳐 심는다. 더워지면 심히 약해져서 여름 나기가 어렵다. 꽃이 아래로 늘어지므로 봄에 행잉 바스켓에는 최적이다.

스탠드로 꾸민 것은 큰 화분에도 적합하다. 서는 성질과 아래로 늘어뜨리는 성질 등 많은 품종이 있으나 적화 동엽의 트리피라 종은 더위에도 비교적 강하다. 심을 때에 가지가 찢어지기 쉬우므로 주의를 해야 한다.

프리지어 〈한 겹, 두겹의 꽃 모습이 아름답다〉

외떡잎식물 백합목 붓꽃과의 구근초
개화기/3~5월 화초 키/20~50cm
궁합 *프리뮬러, 주리안, 부로니아. "꾀꼬리"

추위를 만나면 꽃이 상하므로 11월 경부터 출하되는 온실에서 기른 것은 실내에서 관상 하지만, 저온에서 관리하고 햇빛을 자주 쪼이지 않으면 1주일 정도면 꽃이 끝나 버린다.
잘 관리만 하면 화기가 비교적 길다. 가을에 구근을 직접 심어넣고 서리를 맞지 않게 하면 봄에는 감미로운 향기가 점철대는 행잉 바스켓의 꽃을 즐길 수 있다.

마가레트

국화과/다년초 개화기/3~6월 키/15~60cm
궁합 *페추니아, 라미움, 브라키캄.

백화는 청초해 어떤 꽃과도 궁합이 맞는다. 배합하는 식물에 따라 네추럴하고 화려하기도 한다. 잎이 약간 은색으로 꽃이 작은 모양이고 다화성이어서 행잉 바스켓에 잘 어울린다.

노랑 꽃과 분홍 꽃그리고 겹꽃도 있다. 꽃이 6월까지 계속 피기 때문에 부지런이 꽃 껍질을 따주어야 다음 꽃을 기대 할 수가 있다.

마트리카리아

국화과/1년초 개화기/3~7월 꽃 키/7~70cm
궁합 *금어초, 페추니아, 스위트 아릿삼.

여름의 흰 국화라고도 한다. 원래는 초 여름 꽃이지만, 2월 경부터 판매된다. 비교적 추위에 강하므로 3월 상순 경부터라면 실외서 기르기가 가능하다.

고성종은 컨테이나에 왜성종은 바스켓에도 좋다. 황금 마가레트라는 허브의 취급점에서 구입이 가능하다. 잎이 라임 색으로 불루계의 꽃과 잘 어울린다. 핑크와 연보라색의 우아한 꽃색이 함께 잘 어울린다.

무스카리

백합과/가을에 심는 구근 개화기/3~4월 꽃 키/10~15cm
궁합 *튜울립, 팬지/비올라, 스위트 아릿삼

튼튼한 봄의 구근 식물로 그 종류도 많다. 푸른색의 꽃은 아르메니아캄, 흰 꽃은 보트리오이데스계의 "알바"자주 이용된다. 너무 일찍부터 심으면 잎이 너무 길어지므로 10월 하순부터 11월에 걸쳐서 심는다.

개화기가 알맞기 때문에 튜울립과 모아심기를 권한다. 일찍 피는 품종은 2~3월에 포트묘로 판매되고 있으므로 이것을 구입해 심어 즐길 수 있다.

꽃이 끝난 후 심은채로 놔두어도 다음해에 또 고맙게 싹이 나 자라서 꽃을 피워준다.

유리옾스 데이지

국화과/다년초 개화기/3~6월 꽃 키/60~80cm
궁합 *에리카, 어류, 스위트 아릿삼

선명한 노란 색이 아름답고 추위에도 강한 튼튼한 꽃이다. 줄기는 목질화다. 구입한지 얼마 안된 화분류는 화초의 키도 작고 꽃수도 적지만, 1년이 지나서 큰 포기가 되면 꽃이 빽빽이 달린다.

여름에 베어내면 평평해져 모두 갖추어져 핀다. 뿌리의 생육이 왕성하고 오랜 시간 작은 화분에 심은채로 놔두면 약해진다. 뿌리가 크므로 밀식형인 모아심기에는 어울리지 않는다.

라난큐라스

미나리아제비 과/가을에 심는 구근
개화기/3~5월 화초 키/20~60cm
궁합 *대륜 팬지, 바코바, 크리샨 세맘,

색채가 풍부하고 볼륨 만점의 화려한 꽃이다. 봄 일찍부터 판매가 되지만, 추위에 약하고 노지에는 4월 하순부터 꽃이 핀다. 꽃이 존재감이 확실하고 다른 식물과의 혼식 보다는 색이 서로 다른 것과의 배합이 무난하다.

단 연한 색의 품종은 혼식에도 사용 되지만, 너무 섬세한 꽃과의 배합은 하지 않는 것이 좋다. 행잉 바스켓에도 키가 커 부적절 하다.

리나리아

깻잎초과/1년초 개화기/3~5월
화초 키/20~60cm
궁합*크리샨세맘, 물티코레, 네모피라, 팔드

원래는 야성미가 강하고 대단이 튼튼해 노지에서는 5월에 꽃이 피지만, 근지에는 3월에도 비닐 하우스에서 개화를 시킨 연약한 포트묘가 많이 생산되고 있어 인기가 있다.

빨라도 4월이 되고나서 꽃이 그다지 피지 않은 단단한 포기를 구입하는 것이 좋다. 씨앗으로 기르려면 혼합의"페리아부케"가 파스텔계의 복색종을 많이 기르기를 권한다.

로즈마리

자소과/상록 저목
개화기/11~9월
나무높이/10~120cm
궁합 *단식을 권유

잎과 꽃이 강한 향기를 뿜는 대표적인 허브식물의 하나이다. 남부 지방에서는 꽃이 거의 일년 내내 시도 때도 없이 핀다. 많은 품종이 있지만, 꽃을 피우는 품종은 포복성인 크리핑 로즈마리이다.
건조를 좋아하므로 과습은 싫어한다. 햇빛이 잘 드는 곳에 둔다. 뿌리의 생육이 왕성해 다른 식물과의 혼식은 좋지 않으므로 단식 기르기를 권한다.

물망초

지치과/1년초
개화기/4~5월 꽃 키/10~30cm
궁합 *튜울립, 마가레트, 팬지, 비올라

꽃이 매우 튼튼 하지만, 심을 때에 뿌리의 흙을 부수워 자칫 잘못하면 상하게 해 죽이는 수가 있다. 구입시에 잎 끝이 갈색으로 변색된 것은 뿌리가 상했을 염려가 있으니 주의를 해야 한다.
꽃의 자연 개화는 4월 상순~중순부터이고 3월에 종묘를 구입해서 심는다. 불루의 꽃은 적색과 황색의 튜울립, 백색의 마가레트 등과 매치가 잘 된다.

수 국

범의귀 과/낙엽 저목
개화기/3~7월
꽃 키/25~80cm
궁합 *단식을 권유

근년에는 화분에 심어진 것이 판매되는 품종이 증가 했기 때문에 이용이 편리 해졌지만, 관리가 의외로 어렵다. 조금 건조한 것만으로도 쉽게 시든다.

그리고 과습이 되면 부패하기 쉽다. 그러므로 완전이 적응할 때 까지는 주의가 필요하다. 모아심기는 큰 용기에 심고, 이 때 충분이 포기 사이를 떼 주는 것을 명심하고 다른 관엽 식물과도 잘 어울린다.

아가판사스

백합과/다년초 개화기/6~7월
화초의 키/60~150cm
궁합 *단식이 바람직,

초 여름에 피는 시원한 불루의 꽃은 가히 환상적이다. 강해서 뿌리가 잘 뻗기 때문에 나른 식물과 혼식하지 않고 단식으로 심는편이 바람직 하다.

대형 테라코타 화분에 심어서 3~4년 놔두고 생육이 나빠지면 흙을 갈아준다. 겨울에는 지상부가 시드는 품종도 많다. 백화종 등 많은 품종이 있으나 튼튼한 것은 재래의 불루의 대형 종으로 품종 명은 붙어 있지 않다.

매 발톱 꽃

미나리아재비과/1년초 또는 다년초
개화기/5~6월 꽃 키/15~20cm
궁합 * 캠페눌라, 류, 옥잠화.

매 발톱 꽃은 실로 많은 품종이 있다. 키가 크고 변화된 색채의 교배종에서 왜성으로 낙착된 느낌의 미야마 매 발톱 꽃등이 있다. 화기는 비교적 짧으나 서양풍과 동양풍에도 어레인지 하기 쉽다.
단기간 어레인지먼트적으로 모아심기를 즐기는 소재, 종묘는 많이 생산되지 않기 때문에 개화 포기를 구입해 그대로 심는다.

안개꽃

패랭이꽃과/1년초 또는 다년초
개화기/5~11월 화초 키/25~100cm
궁합 *처녀 도라지, 금어초, 네메시아

고성인 숙근 안개꽃과 1년초 꽃꽃이 용이고 모아심기에는 키가 낮고 울창하게 무성한 무라리스계의 품종이 많이 이용된다. 엷은 핑크색의 꽃으로 4계절 피는 성질이 강한 겹꽃의 "집시"와 홀꽃의 "가든 브라이트"가 있다.
 떨어진 씨앗으로도 싹이 나 자랄 정도로 튼튼해 가을에도 꽃이 핀다. 꽃은 소립으로 어느 쪽인가 하면 수수하므로 주역인 꽃에 첨가해 컨테이너의 가장 자리가 넘쳐 나도록 기르면 보기에 ㅋ좋다.

캠패눌러, 메디움

도라지과/1~2년초
개화기/5~6월 꽃키/25~100
궁합 *단식을 권유

풍림초라고도 부르는 볼륨감이 풍부한 만추의 꽃이다. 봄에 포트의 묘가 판매되고 있으나 가을에 충실한 포기를 정식하면 큰 포기로 자라고 꽃수도 증가 한다. 겨울은 실내에서 관리 한다.

대형 화분에 부엽토와 퇴비를 40%정도 섞어서 심는다. 키가 크기 때문에 지주를 세운다. 화기는 3~4주 판매하는 화분에 심는 개화 포기는 키가 작게 만들어져 있다.

옥잠화

백합과/다년초
개화기/6~8월 꽃 키/10~100
궁합 *라미움, 덤불란, 리시마키아, 눈무라리아, 단지산호.

동양이나 서양식에 알맞고, 잎도 꽃도 관상을 한다. 많은 종류가 있으나 내형인 것은 장방형 큰 화분에 직힙하다. 화기는 짧으나 종류에 따라서는 초 여름에 피는 것과 한 여름에 피는 것이 있다.

잎이 타거나 얼룩을 일으키기 쉬운 품종이 많고 그러한 것은 반 그늘에 둔다. 가을부터는 잎이 상하여 관상 가치가 떨어지고 겨울에는 지상부가 시든다.

금어초

깻이풀 과/1년초
개화기/5~7월 꽃 키/15~80cm
궁합 *다이안시스, 마리골드, 라미움

4계절 꽃이 피는 성질이 강하고, 높이 20cm정도 밖에 안 되는 "프로럴샤워"라고 하는 품종이, 꽃을 맺은 포트 종묘로 많이 팔린다. 고성종인 개화 포기는 그다지 판매되지 않기 때문에 초봄에 종묘를 구입해 이식 한다.

꽃이 끝난 뒤, 잘라서 되 심으면 몇번이고 꽃이 핀다. 과습에는 약하기 때문에 배수가 잘 되는 곳에 심는다.

델피니움

미나리아제비과/1년초 또는 다년초
개화기/5~7월 꽃 키/50~100cm
궁합 *마가레트, 버베나, 임파첸스

화려한 꽃을 컨테이너에서 의외로 간단하게 길러 꽃을 피게 할 수 있다. 가을에서 겨울에 판매되는 충실한 종묘를 구입해 심으면 4월 하순에는 꽃 이삭이 올라온다.

꽃이 끝나면 잘라서 되 심으면 여름에 다시 한번 꽃이 핀다. 쓸어지지 않도록 지주를 세워준다. 스프레이 꽃인 베라돈나 종과 "블루미라"는 한 포기만 서서 피는 품종에 비하여 꽃을 많이 즐길 수 있다. 본래는 다년초이지만, 냉한지이외에서는 1년초로 취급한다.

로베리아

도라지과/1년초 또는 다년초
개화기/4~6월 꽃 키/15~25cm

웃자라지 않고 단단한 종묘를 고른다. 꽃이 달리기 전에 심으면 오래 간다. 용토는 마르지 않는 것을, 장마 때까지 임파첸스, 제라늄과 배합하면 좋다.
아래로 늘어 뜨리는 모양으로 바스켓에 최적이다. 그중에서도 "불루스타"와 "그린불루"는 여름에도 강한 난지용의 로베리아로 숙근으로 하지만, 약간 꽃수는 적다.

루피니스

콩 과/1~2년초
다년초
개화기/5~6월
꽃 키/60cm

루피니스는 많은 품종이 있으나 택사스 원산인 "불루보네트"는 화초 키 20~30cm밖에 안되며 개화기는 3~5월로 길기 때문에 큰 컨테이너에는 최적이다.

진한 분홍색인 품종도 있다. 숙근계의 랏셀 종은 가을 파종으로는 개화하기 어렵다. 배수가 안되는 흙에서는 선체로 시들기 쉽다.

루피니스는 직근성으로 옮겨 심는 것을 싫어 한다.

늦은 봄에서 가을까지 오래 즐길 수 있는 꽃
페추니아

가지과~1년초 또는 다년초
개화시~4~11월 꽃 키~7~30cm
궁합 *후크시아, 브라키캄, 제라니늄

비를 맞은 꽃은 시들기 쉬우나, 소륜계의 품종은 회복이 빠르다. 사파니아 등의 아래로 늘어 뜨리는 타입은 결심하고 꽃이 어느정도 핀 다음엔 되 잘라 심기를 반복하지 않으면 포기 밑동의 꽃이 없어진다.

장마철에 비를 맞거나 물 부족이 되면 포기가 심하게 상하고 만다.

그리고 여름에는 심지어는 시들어 버리는 일도 있다. "밀리온 벨" 등의 카브리코의 종은 페추니아의 근연종으로, 반 내한성의 반 저목이다.

관리는 페추니아에 따른다. 그리고 어느 것이나 비료기가 부족하지 않게 하는 것이 이들 꽃 기르기의 정석이다. 물론 물주기는 더 말할 것도 없다.

마리골드

국화과/한해살이 풀
개화시기/5~10월
화초의 키/10~80cm

고성, 대륜의 아프리카 종, 왜성, 소륜의 프렌츠 종 등이 있다. 가을이 되면 꽃수가 많아지고, 꽃 색까지도 하나의 꽃이 오랫동안 피기 때문에 꽃 껍질의 대부분이 눈에 띄지 않게 된다. 여름에 더운 곳에서는 가을에 관리하는 편이 훨씬 진가를 발휘한다. 건조하면 진드기가 발생을 한다. 그리고 질소 비료나 물이 너무 많으면 잎만 무성해지기 때문에, 비료를 많이 주어야 하는 것과는 배합이 맞지 않는다.

아게라툼

쌍떡잎식물 초롱꽃목 국화과1년초

작은 꽃이 모여서 공처럼 둥글게 핀다. 멕시코, 페루가 원산으로 현지에서는 다년초이지만, 우리나라에서는 한해살이 풀

아게라툼 기르기 하면서 질소분의 비료는 절대 삼가치 않으면 안된다. 만일 질소분이 많으면 잎만 무성하지 좀처럼 원한대로 꽃이 피질 않는다. 그리고 햇빛이 잘 닿지 않으면 키가 큰 것과의 혼식은 피해야 한다.

행잉바스켓에도 심기가 가능 하지만, 건조에 약해서 좋지 않다.

컨테이너 가장 자리에 심는 것은 매우 환영할 만한 일이다. 특히 마리골드와의 배합은 색채적으로 최고로 궁합이 짝짜궁 하고 잘 맞는다.

임파첸스

조선초과 한해살이 풀로, 밝은 그늘에서도 잇달아 꽃을 피우고, 초 여름부터 가을의 화단을 풍성하게 만들어 준다.

임파체인스는 튼튼하고 기르기 쉬운 식물이다. 행잉 바스켓이나 컨테이너에 심기는 최고다. 근자에는 내서성이 강한 품종이 나왔지만,여름에는 한 낮의 햇빛은 피해 주어야 한다.

한 포기가 자라면서 상당이 커지기 때문에 다른 식물과는 모아심기는 부적절 하다. 적색과 백색 중에서 20가지 정도의 색이 있기 때문에 미묘한 색의 차이를 구분 심기 하는 것이 요령 중에 요령이다.

코리우스

자소과/한해살이 풀
관상 시기/5~11월
화초 키/7~60cm
궁합*베고니아, 데란쎄라 지니어, "프로퓨존"

코리우스는 꽃보다도 잎을 관상한다. 4월 초부터 종묘가 판매가 되는데, 5월이 되어 날씨가 따뜻해지면 심는다. 조건이 좋으면 너무 웃자라기 때문에 다른 식물과 배합해 심으려면 너무 서둘러서는 안된다.

화초의 키가 50cm 이상이 되는 것과 개성적인 모습으로 보이는 것 등은 삽목으로 증식이 되어 판매가 되는데, 여름의 발색에는 상당한 차이가 있다. 식물이 너무 자라면 되 잘라 심는다.

샐비어, 스프렌댄스

자소과/한해살이 풀
관상 시기/5~11월
화초 키/10~80cm
궁합*미리골드, 어게라툼 신비타리아.

샐비어는 적색계의 품종이 더위에 강하나, 분홍, 백색, 보라, 복색계는 초 여름에 컨티이너에 심으면 바람직 하다. 꽃이 끝나고 나서 이삭을 따 주면 2~3주정도는 새로운 이삭이 올라오지 않음으로 꽃이 끝난 이삭에서 차례로 꽃 껍질 따 주기를 한다. 여름에는 꽃의 수명이 짧고 포기가 약해지기 쉽다. 그리고 비료기가 없으면 쇠약해 진다.

샐비어, 파리나세아

자소과/한해살이 풀
개화 시기/5~11월
화초의 키/10~90cm
궁합*베고니아, 어게라툼, 임파체인스

원예점에서 불루 샐비어라는 이름으로 팔리고 있다. 왜성인 "스트라타" 중성인 "빅토리아" 고성으로 더위에 강한 "불루 멧다" 등의 품종이 있다.

여름에 약해지기 쉬우므로 건조가 되지 않도록 주의한다. 만일 약해지면 잘라 되 심으면 가을에 재차 꽃이 핀다. 꽃은 끝난 이삭은 일찍 따 버린다. 기온이 내려가면 화색이 진해진다.

4계절 꽃이피는 베고니아

추해당과/1년초 또는 다년초
개화 시기/5~11월
화초 키/7~40cm

옛부터 와이어 바스켓이 정번이다. 식물로 5~6월에 심어 넣으면 누구나 행잉 바스켓 기르기를 할 수 있다. 과습이 되면 잎만 무성해 진다. 햇빛이 잘 들게해 건조를 예방하면 겹꽃의 품종인 "다브래드"는 콘페이당과 같은 꽃이 피어 귀엽고 내서성도 있다.

컬러 코디네이트에는 부족함이 없는 식물이다. 한 여름에 뿌리 밑동이 부패하기 쉬우므로 너무 웃 자라면 8월 상순까지 한번 잘라 되 심는다.

지니어, 리네아리스

국화과/한해살이 풀
개화 시기/5~11월
화초의 키/10~50cm

식물이 너무 자라서 방치하면 쓰러지기가 쉽다. 아래로 늘어 뜨리는 성질이 있는 것은 행잉 바스켓 용이다.

 여름에 파종을 해서 가을에 꽃이 피게 한 것은 색이 아주 화려하다. 그리고 된 서리가 내릴 때까지 꽃이 계속 핀다.
백일초와의 교배종 "프로푸존"은 꽃도 크고 여름에 더위에도 강하므로 기르기를 권유한다. 핑크의 품종은 여름에 꽃 색이 변하기 쉽다.

숙근 버베나

마편초과/다년초
개화 시기/5~10월
화초의 키/10~30cm

"타이안"과 "레인보우" 등 옆으로 퍼지는 품종이 색도 풍부하다. 그리고 기르기가 그다지 어렵지 않다. 컨테이너에서는 넘쳐 나도록 신나게 핀다. "화수구"는 생육이 왕성해서 물 부족이 되기 쉬우므로 주의가 필요 하다.

이품종은 메다는 바구니에는 좋지만, 만일 혼식을 하면 덩굴이 너무 자라서 균형 잡기가 어렵다. 많은 품종은 한 여름에는 꽃이 피지 않는 경우가 있다. 가을에는 흰가루 병이 생기기 쉽고, 관상 기간은 10월 상순까지이다.

토레니아

깻잎초과/한해살이 풀
개화 시기/6~10월
화초 키/10~30cm

여름에 피는 꽃으로서는 청순 가련하고, 잡초의 분위기도 난다. 반 그늘이 적합 하지만, 웃자라기 쉬우므로 수시로 화초의 키를 반절로 잘라 준다. 컨테이너 가장자리 등에 심는데, 바스켓에서 기르기는 그다지 좋지 않다.

다소간의 습기가 있는 것을 좋아하고 너무 건조 시키면 포기가 약해져서 회복 불능 상태가 된다. 기온이 내려가는 10월 중순에는 시들기 시작 한다.

바 코 바

깻이초 과/여러해 살이 풀
꽃피는 시기/10~6월
화초의 키/7~25cm
궁합*프리뮬라, 제라늄,
   스위트 아릿삼, 팬지.

비교적 내한성이 강한 여러해 살이 풀이다. 따뜻한 곳에서는 겨울에도 꽃이 계속 피지만, 전성기에는 가을에서 초 겨울 그리고 봄에도 잘 핀다. 품종도 다양하고 재래의 백화종 외에 라벤다 색의 대륜종과 얼룩 무늬가 들어간 잎도 간혹 있다.

비료를 끊지만 말고 어느정도 피면 잘라서 되 심는다. 더위에는 약하므로 한 여름은 반 그늘에서 관리를 한다. 실외에서 아래로 늘어뜨려 기르면 한결 운치가 있어 매력적이다.

불루 판플라워

초비과/여러해 살이 풀
개화 시기/5~10월
화초 키/5~20cm

궁합*올리브, "길드엣지"
수유나무

잘 기르기를 만들면 행잉 바스켓에 60~70cm아래로 늘어뜨려 멋스러운 작품을 만들 수 있다. 여름 더위와 건조에 강하고, 생육은 왕성 하지만, 정식 후의 생육은 약간 더디다.

건조한 반 그늘을 좋아하고 화목을 메인으로한 모아심기의 뿌리 밑동에 활용하면 좋다. 과습을 싫어 하므로 물주기는 흙 표면이 마르고 나서 준다. 겨울에는 잘라서 되 심고 햇빛이 잘 드는 실내나 베란다에 들여 놓는다.

유리축제

갯 질경이과/살록, 화목
개화 시기/5~11월
수고/15~200cm

온도만 맞으면 언제든지 꽃이 달리는 반 덩굴성 식물이다. 한차례 꽃이 피면 잘라 되 심으면 3~4주 후 다시 피어난다. 한 여름에는 더위와 습기로 인해 화기가 짧고 꽃색이 희미해 진다. 뿌리 퍼짐이 강해 뿌리가 가득 차기 쉽다. 뿌리가 약한 식물과의 혼식은 피한다. 큰 화분에서 기르고 겨울에는 위를 바짝 잘라서 실내에 들여 놓는다.

**한 여름에도 쉬지않고
건강하게 피는 꽃**

일일 초

협죽도 과/한해살이 풀 개화기/6~10월
화초 키/7~40cm 궁합*단식을 권함.

더위에 강한 여름 꽃이다. 10월에 기온이 내려가면 시든다. 근자의 개량종은 꽃잎이 둥글어지고 색이 선명해 이국적인 모아심기에 적합하다.

비를 맞아 흙이 잎에 묻으면 시들기 쉽다. 오래된 흙을 사용을 금한다. 꽃이 볼륨이 있어서 다른 식물과의 모아심기는 좋지 않다.

칸나

칸나과/봄에 심는 구근
개화 시기/7~10월
화초 키/50~100cm

궁합*이포메아, 하이비커스, 크로톤

대형 컨테이너 용으로 화분이 작으면 꽃이 피지 않으므로 깊이가 30cm이상의 용기에 심는다. 가능한 한 왜성의 품종을 고르는 것이 중요하다.

동엽의 품종은 잎만으로도 트로피칼한 연출을 할 수 있다. 꽃 껍질을 부지런히 따주어야 다음에 계속 꽃이 핀다.

캣트텔

등대초과/여러해살이 풀
개화시/6~10월 화초 키/10~25cm
궁합*크로톤, 하이비커스, 관상 고추

아리파의 유사 식물로 포복성인 열대 식물이다. 꽃이 고양이의 꼬리를 닮았다는데서 이 이름이 붙여져 있다. 영국명은 사마라보이다.

개화 시기가 길어 대단이 튼튼하다. 자주 햇빛을 쪼이는 것이 중요하다. 컨테이너의 가장 자리와 행잉 바스켓 용으로 알맞다.

줄기가 가늘기 때문에 다른 화초와는 위화감이 없기 때문에 모아심기에 좋다. 겨울에는 햇빛이 잘 드는 실내에서 관리하고 물주기는 삼가한다.

크루크마, 샤롬

생강과/봄에 심는 구근
개화 시기/6~10월
화초 키/40~80cm
궁합*카라디움, 토레니아, 코리우스

카레분의 원료인 심황의 유사식물이다. 샤롬은 여름에서 가을까지 피는데 그늘에서 관리한다. 최근 진한 분홍색과 흰 꽃도 판매가 되고 있다. 구근으로 기르는데 싹을 틔우는데, 고온이 필요하고 5월 이후에 심으면 8월이 되면 꽃이 핀다.
6월부터는 꽃이 달려 있는 화분도 판매하고 있다. 화초의 키가 크기 때문에 컨테이너의 중앙에 심는다. 용토는 약간 습한 것이 좋다.

쿠페아

부처꽃 과/상록, 저목
개화 시기/5~6월
화초 키/25~80cm
궁합*란타나, 천일홍, 지니어, "프로푸죤"

온도만 맞으면 개화를 잘하는 반 내한성 식물이다. 그리고 종류가 많다. 베니조지는 같은 색의 이삭 꽃 종류이고 꽃은 약간 드문드문 핀다. 멕시코 꽃 버들은 핑크와 백색의 귀여운 꽃이 핀다.

전체적으로 수수 하지만, 화초의 모습이 열대 식물답지 않으므로 다른 화초들과 배합해도 위화감이 없다. "다이나마이스"는 붉은 꽃이고 키가 커지면 컨테이너 가장 자리에서는 넘어진 상태로 자라서 보기에 볼륨감이 있어 보인다.

천일홍

비름과/한해살이 풀
개화시기/6~10월
화초 키/10~60cm

천일홍은 고성종과 왜성종이 있는데, 컨테이너에는 주로 왜성종을 심는다. 고성종으로는 "로즈네온"이 튼튼하고 존재감이 있다. 여름의 더위를 잘 참고 피지만, 건조에는 약하다.

햇빛이 나쁘면 꽃이 맺지 못한다. 10월에 들어가면 서서히 원기가 없어진다. 같은 속인 아메리카 천일홍인 "스트로베리필드"는 고성종으로 붉은 이삭이 사람의 눈길을 끌고 가을 늦게까지 핀다.

들 모란

들 모란과/상록, 저목
개화시기/7~10월
나무높이/25~100cm
궁합*듀란다, 마리골드, 라임.

들 모란은 많은 품종이 있고 개화 시기나 성질도 품종에 따라 다르다. 여름 늦게부터 가을에 걸쳐서 피는 시콘들 모란이 일반적으로 뿌리의 생육이 왕성해 건조하기 쉽다. 그리고 뿌리가 화분 안에 꽉 차기 쉬우므로 주의해야 한다.

"리틀엔젤"은 가을과 겨울에 피는 종이다. 별 속인 아씨 들 모란은 포복성으로 메다는 화분에 적합 하다. 어느 것이나 햇빛을 잘 받으면 꽃 맺음이 좋다. 노란꽃과의 배합은 콘트라스트가 볼 만 하다.

쇠비름 꽃

메꽃 쇠비름 꽃과/한해살이 풀
개화시기/6~9월
화초 키/5~20cm
궁합*단식을 권함

더위와 건조에 강한 식물이다. 그리고 화려한 색채로 여름을 손짓 한다. 포추리카라고 부르고 근자에는 겹꽃 피는 종과 대륜종도 있다. 추위에는 약하고 10월이 되면 꽃수가 적어진다.

6월에 종묘로 심는다. 햇빛이 없는 곳은 안된다. 컨테이너 가장 자리에 심으면 넘칠만큼 화려하게 핀다. 색갈별로 한 것보다 혼색으로 심는 것이 훨씬 아름답다. 오후부터 꽃이 시들어 버리는 것이 큰 결점이다.

솔잎 모란

메꽃 쇠비름 꽃과/한해살이 풀
개화시기/6~9월
화초 키/5~20cm
궁합 *단식을 권함

더위와 건조에 강하고 그리고 메마른 땅을 좋아한다. 예날부터 전해져오는 식물이다. 최근에 등장한 "사이다이알"은 꽃이 반 겹꽃의 거대륜으로 오후에도 꽃이 닫히지 않고 종일 피어 있다.

개화 시기도 비교적 길기 때문에 행잉 바스켓에도 많이 심는다. 쇠비름 꽃에 비해 색조가 강하므로 배합은 더위에 밀식이 되지 않도록 한다.

멜랑포지움

국화과/한해살이 풀
개화시기/6~11월
화초 키~10~40cm
궁합 *단식을 권함

조금은 소륜이지만, 더위에 약한 마리골드의 노란 꽃계의 대역으로서 아주 귀중 하다. 튼튼한 식물로 키가 자라지 않는 "밀드온 골드"라고하는 품종이 심어진다.

그렇지만 장기간 기르면 30~40cm가 되고 반절 정도 잘라 되 심으면 다시 꽃이 핀다. 꽃이 다소 적어 와일드한 분위기가 있으므로 컨테이너에 자연풍인 어레인지로 어울린다.

란타나

마편초 과/상록, 저목
개화시기/6~11월
화초 키/10~100cm
궁합 *듀란타, 멜랑포지움, 붉은 잎 천일홍

대단히 튼튼한 반 내한성 목본 식물이다. 개화된 꽃수는 많지 않지만, 여름에는 쉬지 않고 꽃을 피운다. 가을이 와 서늘해지고 나서 다량의 꽃을 피운다.

많은 품종 중 얼룩 무늬가 들어간 것은 컬러리프로도 이용된다. 스탠드 위에 심기에도 알맞다. 대충 꽃이 피면 2~3마디 아래서 되잘라심고 비료를 주면 다시 왕성하게 꽃을 피운다.

가을을 풍성하게 장식하는 꽃

국 화

국화과/여러해살이 풀
개화시기/6~11월
화초 키/15~90cm

한국을 대표하는 꽃이다. 꽃봉오리가 물들기 시작하고 나서 꽃이 끝나기까지 1개월 정도 밖에 피지 않는 것이 안타까운 일이다.

많은 종류들이 있지만, 스프레이 국화와 요나맘은 서양식으로 소국과 포트맘은 어레인지에 맞다. 특히 분재 만들기는 컨테이너 가장 자리에 양초 꾸미기와 스탠다드 제작물은 중심에 두고 높이를 내는데에 이용 한다.

노란 코스모스

국화과/한해살이 풀
개화시기/6~11월
화초 키/15~90cm
궁합 *마리골드, 멜랑포지움.
　　　샐비어, 파리나세아.

최근의 왜성종은 반 겹꽃으로 야성미가 줄었고 기존 코스보다 콤펙트하게 정리되었다. 직파한 것은 강하지만, 포트의 묘를 심으면 심을 때 상처가 발생하고 착근이 잘 되지 않는 일이 있으므로 주의를 한다.

코스모스

국화과/한해살이 풀
개화시기/6~11월
화초 키/20~150cm
궁합*샐비어, 래우캰사,
　　공작 아스타, 대란세라.

최근에 봄부터 화분에 심어진 것이 일부 판매가 되고 있으나, 역시 뭐니뭐니 해도 코스모스 하면 가을을 대표하는 풍물 시 라해도 좋을 만하다. 백화 꽃은 계절에 관계 없이 자연스러운 어레인지에 잘 맞는다.

모아심기에는 키가 작은 콤펙트한 것을, 그리고 씨앗이 많이 달리면 약해진다. 여름 전부터 초가을에 핀 것은 높이 10cm정도 남기고 잘라 되 심으면 가을에 한 번 더 꽃이 핀다.

주의할 것은 비료를 많이 주면 꽃 맺음이 나쁘다.

코바노 란타나

곰칡과/상록, 저목
개화시기/6월 10~11월
나무높이/10~40cm
궁합 *비댄스, 샐비어
　　구아라니치카, 국화

반 내한 덩굴성 식물이다. 4월부터 화분에 심어진 것이 판매되고 있다. 단일성이므로 여름에는 꽃 피는 것을 쉬고 10월 초순 경부터는 자연스럽게 피기 시작 한다.

꽃 맺음, 꽃 색, 꽃 가짐과 함께 가을에 아름다움을 발휘 한다. 따뜻한 곳에서는 노지에서도 월동을 한다. 백파 색도 있고 진한 잎 색과의 콘트라스트가 이 꽃의 매력 포인트가 아닐 수 없다.

사르비아, 레우칸샤

자소과/여러해살이 풀
개화시기/6~11월
화초 키/15/100cm
*궁합/코리우스, 관상고추, 지니어, 리네아리스

화수에 광택이 있어서 비로드 쎄이지, 또는 맥시칸부시 쎄이지라고도 한다. 단일성이 강하고 늦가을이 되고나서 꽃이 피기 시작해 서리가 내릴 무렵까지 핀다. 화초의 모습은 약간 흐트러진 상태이고, 줄기가 찢어지기 쉽다.

7월 상순 경에 삽목을 하고 8월 중순까지 2회 정도 싹을 따주어야 꽃을 콤펙트하게 피울 수가 있다. 월동은 꽃이 핀 줄기를 뿌리 밑동에서 잘라내고 그대로 둔다.

참억새

벼 과/여러해살이 풀
개화시기/9~12월
화초 키/20~150cm
*궁합싸리, 용담, 여랑화

가을을 연출 하는데 없어서는 안되는 참억새의 종류가 많으나, 컨테이너에 심는 것은 잎에 가로로 황반이 들어간 매의 깃 참억새와 가는 잎 실 억새 그리고 야쿠시마 억새가 있다.

모아심기는 고성인 것과 잘 맞고 그리고 싸리, 늦게 피는 여랑화 용담 등이 궁합이 잘 맞다. 노지에 심으면 큰 포기가 된 후 어려운 일이 생기므로 주의 할 것.

비덴스

국화과/1년초 또는 다년초
개화시기/3~6월, 10~12월
화초 키/20~50cm
*궁합 샐비어, 래우캰샤
 구아라니치카, 노개이토

노란 꽃의 펠포리아는 땅에 뻗는 성질로 행잉 바스켓이나 컨테이너의 가장 자리에 심으면 10월부터 꽃이 피기 시작한다. 겨울에도 온도만 맞으면 6월까지 계속 꽃이 핀다.
레몬 색에 흰 복륜이 들어간 "엘로우 쿠핏"등의 고성종은 10~11월에 피는 컨테이너의 메인용이다. 땅에 심으면 다음해에 2m나 자란다.

피라캰샤

장미과/상록, 저목
개화시기/11~3월
화초의 키/15~150cm
*궁합 푸리뮬라, 줄리아, 비올라, 휘탄생화

근자에 적색과 황색의 열매를 섞어서 만든 원예 품종이 화원 앞에 진열된다. 새들의 밥이 되지 않으면 다음해 봄까지 관상 할 수가 있다. 초 여름에 전년에 뻗은 가지에 흰 꽃이 달린다. 붉은 열매는 흰탄생화와 스위트 아릿삼과 합쳐지만 크리스마스나 설날에 어레인지로 최적이다. 다음해에는 큰 화분으로 옮기고 가지를 유인해서 전정을 해주면 된다.

헤리안스, "골든 피라미드"

국화과/여러해살이 풀
개화시기/9~10월
화초 키/30~150cm
*궁합, 지니어, 리네아리스
　　　샐비어, 코리우스

버들 잎 해바라기라고도 하는 땅에 심으면 1.5cm가 되는 식물이다. 근자에는 높이 30~60cm정도의 화분에 심기용이 판매되고 있다. 컨테이너에 심기에 매우 알맞다.

대형인 숙근초계의 샐비어와 코스모스등과 합쳐서 큰 컨테이너에 모아심기를 한다. 화기는 1개월 정도이다. 꽃이 끝나면 땅에 심든가 큰 화분으로 옮겨 심어야 한다.

유선 국화

국화과/여러해살이 풀
개화시기/9~10월
화초 키/15~60cm
*궁합, 용담, 해변국화, 단국화

미국이 원산이지만, 우리나라에서 흔히 볼 수 있는 들국화의 풍정이 있다. 화기는 2~3주일로 짧지만, 초 겨울 무렵 가을다움을 느끼기에는 손색이 없는 꽃이다. 들국화가 피기 까지는 이꽃이 대용이 된다.

개화중에 물 부족이 되면 잠깐 동안에 꽃이 끝나 버리므로 주의가 필요 하다. 그리고 화기가 짧으므로 바스켓에는 적합치 않다. 컨테이너에 심어 자연의 경관을 만든다.

붉은 잎 천일향

비름과/여러해살이 풀
관상시기/7~11월
화초 키/15~60cm
*궁합, 듀란타, 쿠페아,
 안개로니아

더위에 강한 열대계의 컬러 프렌츠이다. 여름이면 진한 동엽이지만, 가을이 되면 단풍이 물든 것 같이 붉은 색이 증가하고 만추에는 흰 꽃이 핀다. 핑크의 얼룩이 품종도 있다. 대단히 튼튼해 노란 잎의 듀란타, 라임과의 배합은 트로피멀한 분위기의 만점이다.

가을에는 화초와 같이 배합해도 위화감이 없다. 세로 길이의 화초의 모습이지만, 부지런히 잘라 되 심으면 바스켓에도 좋다.

아스파라가스

백합과/상록, 저목
관상시기/주년 나무높이/30~100CM
*궁합, 제라늄, 란타나

스프런게리는 옛날부터 있는 반 내한성 관엽 식물이지만, 줄기가 길게 자라서 늘어 뜨리므로 대형 바스켓에 심어도 재미 있다. 뿌리의 생육이 왕성하고 장기간 심어만 놓으면 뿌리가 너무 돌아서 화분에서 떼어 내는데 고생할 수 있다.

뿌리가 꽉 차서 물기가 없어 끝이 노랗게 되기 쉬우므로 주의 할 것. 부케에도 이용되는 스마이락스는 덩굴성이다.

코니파류는 다른 식물들을 돋보이게 한다

코니라류
상록, 계엽수

잎의 관상 시기/사시 4철
*궁합, 헤데라, 덩굴 일일초, 팬지, 비올라

코니파류는 컬러리프로써 완전이 제 자리를 잡은 식물이다. 원추형인 것은 컨테이너의 입목으로 좋고 땅으로 뻗는 성질의 것은 노지에서 늘어 뜨리리는 심기의 이용 방법은 많다.

성장이 빠른 것이 많으므로 1년에 한 두번 베어넣고 수형을 다듬는 것이 중요하다. 베어 넣은 뒤에는 완효성 화학 비료를 뿌리 밑동에 준다. 그리고 2~3년 간격으로 옮겨 심어주면 베리 굿이다.

코니파류는 고온 다습을 싫어하고 무더위에 약하기 때문에 통풍이 잘되는 잘되는 장소에서 기른다. 수종이 매우 다양한 편이다.

*장방형 용기에 코니파류를 양쪽에 심고 그 주변에 팬지나 흰탄생화의 꽃들을 모아 심기를 하면 꽃과의 콘트라스트가 어울려 볼만하다.

덩굴 사철나무

화살나무 과/상록, 저목
관상시기/사시4철
나무높이/10~50cm
*궁합, 베어크라스, 팬지,비올라,
  흰 탄생화

사철 나무의 잎이 작은 것 같은 반 덩굴성인 저목이다. 황반인 "에메랄드골드"와 백반인 "하레퀸 등이 있다. 잎에 붉은 기가 띠는 겨울부터 새싹이 나오는 것이 봄에 아름답다. 너무 아래로 늘어 뜨려지지 않도록 관리를 한다.

적당이 얽혀 지므로 산야초적인 기르기도 가능하다. 생육은 완벽하기 때문에 장기적으로 기르기를 할 수 있다. 컨테이너의 가장자리와 소형의 행잉 바스켓에도 심으면 좋다.

이포메아

메꽃과/한해살이 풀
꽃의 관상시기/사시4철
화초의 키/50~150cm
*궁합, 하이비커스, 칸나

이포메아는 겨울이면 많이 먹는 고구마이다. 잎색이 고운 흑엽, 라임엽, 백색과 분홍의 얼룩 무늬가 들어간 3색이 있다. 얼룩 무늬가 들어간 잎은 성장이 완만하고 덩굴이 지나치게 자라지 않기 때문에 기르기 쉽다.
한 개의 잎이 크기 때문에 작은 화초와 모아심기를 하면 언바란스가 된다. 더울 수록 잘 성장하기 때문에 때때로 순을 조금씩 잘라 준다.

올리브

물푸레나무 과/상록, 저목
개화시기/5~6월
나무높이/40~600cm
*궁합, 비올라, 흰 탄생화, 스토크

지중해 연안이 원산지인 상록수로 따뜻한 곳의 컨테이너 용으로 심기에 적합하다. 검은 열매와 잎 뒤가 은색으로 아름답기 때문에 우리나라 관상용으로 인기가 높다.
건조에는 강하나 뿌리가 꽉 차기 쉬우므로 3~5년에 한번 씩 옮겨 심어야 한다. 많은 품종들이 있고 꽃은 피어도 열매가 맺지 않는 일이 있기 때문에 열매를 화분에 심어서 즐기고 싶으면 처음부터 열매가 달린 종묘를 구입해야 한다.

그레코마

자소과/여러해살이 풀
관상시기/4철 내내
화초 키/10~15cm
*페추니아, 브라키캄, 바코바

봄의 잡초다. 카키도오시의 유사 식물로 얼룩무늬가 있는 잎 종류가 아름답다. 백 복륜과 번진 얼룩 무늬가 있는 쪽이 성장이 늦다. 여름 이후엔 관상 가치가 떨어지고 겨울에는 로제트가 된다.

잎이 작고 마디 사이가 길기 때문에 섬세한 꽃과 잘 맞는다. 단기간에 덩굴은 1m이상으로 자라서 곧게 아래로 늘어뜨리므로 바스켓에 적합하다.

흑룡

백합과/여러해살이 풀
관상시기/4철 내내
화초 키/10~30cm
궁합*베어그라스, 덩굴일일초
   푸리뮬러, 줄리안

소엽 맥문동의 원예 품종이다. 잎이 새까만 상록초본이다. 생육은 늦고 성질이 섬세해 과습에 약하기 때문에 건조한 상태로 길러야 한다. 원래는 그늘의 식물이지만, 양지에서도 잘 자란다.

동서양식에 다 맞추기 쉽고 흰 탄생화의 흰 잎과 배합하면 세련된 느낌으로 새싹이 나오면 아랫잎들이 시들기 때문에 뿌리 밑동에서 따내 주어야 통풍이 잘 된다.

흰탄생화

백합과/여러해살이 풀
관상시기/4철 내내
화초의 키/7~40cm
*궁합, 팬지, 모란채, 마리골드

흰 탄생화는 추위에 강해 겨울의 모아심기에는 필수품이다. 봄부터 심어도 더워지기까지는 괜찮다. 초 여름에는 화초의 키가 자라서 노란 꽃을 피우지만, 꽃이 그다지 관상 가치가 없다.

쭉 째어진 모양의 예쁜 "실버다스트"가 일반적이다. 대엽계인 "시라우스"는 볼륨감이 좋다. 같은 잎으로 별속인 실버레이스는 쭉 째어진 모습이 보다 섬세하며 키가 너무 자라기 쉽다.

서양 바위남천

진달래과/상록, 저목
관상시기/일년 내내
나무높이/15~50cm
*궁합, 붙는성질 코니파
　　만년초류

원산지 미국인 바위남천의 유사 식물이다. 노란 얼룩 무늬가 있고, 새싹이 유백색으로 핑크색을 띤다. "레인보"와 가을에서 겨울 사이에는 잎이 암자색이 되는 '가을 시리즈"등이 있다. 그라운드 심기로 이용 된다.

반 그늘 용으로 석양이 닿는 장소에서는 여름의 더위로 약해질 수 있다. 또 건조가 되면 선체로 시들기 쉬우므로 주의가 필요하다.

세네시오, 레우코스타키스

국화과/여러해살이 풀
관상시기/일년 내내
화초의 키/15~60cm
*궁합, 프레크트란시스, 로베리아

한 여름에도 새하얀 잎 색이 상쾌한 여러해살이 풀이다. 흰 탄생화와 유사 식물로 봄부터 가을의 실버리프로서 귀중하다. 그늘에 두거나 비료를 너무 많이 주면 잎의 흰색이 엷어져서 쑥과 같은 잎색이 된다.

동철에도 마찬가지다. 다년초이지만 노화하면 줄기가 단단해져서 부러지기 쉬워진다. 배수가 잘 되는 흙에 심고 건조가 되도록 한다.

투데이

넉줄 고사리 과/다년초
관상시기/일년 내내
화초 키/15~60cm
*궁합 카랑코에, 수국, 서양 진달래

다른 꽃들을 돋보이게 하는 밝은 황록색이 매력이다. 포기가 잘 뻗기 때문에 어떠한 흠도 덮고 즐긴다. 실내에서 모아심기로 즐기는 필수적이다. 대형으로 잎이 너무 뻗은 것은 피하고 작은 화분에서 잘 정돈된 것을 이용한다.

실외에 두는 경우는 갑자기 직사 광선을 쪼이면 잎이 타기 때문에 서서히 내 놓는다. 겨울에는 실내에서 관리하고 너무 자라면 잘라서 되 심는다.

덩굴 일일초

협죽도 과/여러해살이 풀
관상시기/일년 내내
화초 키/10~25cm
*궁합 베고니아 페추니아 코스모스

큰 무늬의 "마졸"과 작은 무늬의 "마놀"이 있다. 제각기 얼룩 무늬가 들어 있는 종과 파란 잎 종이 있는데, 일반적으로 판매되고 있는 것은 마졸의 얼룩 무늬가 들어간 것이다. 마놀의 '일미네이션'이 노란 얼룩 무늬이고 노란 꽃이나 파란 꽃과의 코디네이션에는 어울린다.

어느 것이나 성질은 강건하다. 4월 경 엷은 보라색의 꽃을 짧은 기간에 듬성 듬성하게 맺는다. 덩굴은 똑바로 아래로 늘어 뜨리는데, 삽목을 해서 반년정도 지나지 않으면 내려오지 않는다. 노지에 내리면 옆으로 뻗는다.

듀란타, 라임

곰침과/상록, 저목
관상시기/주년
나무높이/15~100cm

*궁합 란타나 크롯 산드라
이레시내

6월부터 서리가 내리기 까지 실외에서 기르는 아열대 원산인 소저목 이다. 노란 잎을 관상 하는데, 햇빛이 나쁘면 황록색이 된다. 더 위에 강한 햇빛을 받으면 잎색이 한층 아름다워진다.

보다 대형으로 대엽의 황반종은 모아심기의 주역이된다. 실내에 들어가면 아랫 잎들이 떨어지기 쉽다. 작은 화분으로 만들기보다 행잉 바스켓으로 하는 것이 좋다.

테란세라

비름과/여러해살이 풀
관상시기/9~11월
화초 키/7~20cm

궁합 관상고추 국화 덩굴 풀

가을에 붉게 물드는 열대성인 컬러 프렌츠이다. 종래는 황색과 산호색의 2가지 타입이었으나 최근에는 다른색도 만들어지고 있다. 진한 분홍색과 선명한 "젠마이래드"와 백반인 "바리화이트"가 있다.

양 종류 모두 약간 대엽 5~6월에도 발색하고 종래의 것보다 관상기간이 길다. 어느 것도 컨테이너의 언저리나 행잉 바스켓 등의 모아심기에 적절하다.

뉴싸이란

백합과/여러해살이 풀
관상시기/일년 내내
화초 키/40~100cm
궁합, 베고니아, 다이안시스, 풍지초

제멋대로 자란 잎이 멋이 있다. 여러가지 얼룩 무늬가 들어간 것을 즐기려면, 대형인 동엽종과 황반종 이외는 성질이 약하고 뿌리 부패를 일으키기 쉬우므로 주의 한다.

컨테이너 중심에 심어서 높이와 넓이를 내고 주위에 키가 작은 화초를 심으면 좋다. 3년에 한번 분갈이를 한다. 콜지리네, 오스트리아리스도 형태가 비슷해 같이 심으면 된다.

첫눈 덩굴풀

협죽도과/상록, 저목
관상시기/일년 내내
나무높이/5~60cm
*궁합 흑룡, 베아그라스 풍지초

위로 붙어서 뻗는 덩굴성 식물로, 덩굴 풀의 1종이다. 그리고 유백색의 얼룩 무늬가 아름답다. 초기 성장이 완만하고 긴 화분에 어울린다. 음지의 식물이지만, 양지에서도 기른다.

코니파류 뿌리 밑동에 심으면 바짝 죄어진 감으로 서양 바위남천과 아주 닮은 엽채와 모아심기를 하면 좋다. 파란 잎이 나오면 제거해 준다. 발색이 좋은 것은 가을까지 둔다.

프렉트란사스

자소과/여러해살이 풀
관상시기/주년
화초의 키/10~30cm

*궁합 베고니아 임피첸스,
   페추니아

한 여름에도 서늘한 감이 드는 색상의 관엽식물이다. 흰 얼룩 무늬가 들어간 엽종은 관상 가치가 매우 높다. 여름의 더위에도 비교적 강하고 다른 화초와 섞어 심어도 위화감이 안든다.

봄에서 여름에 걸쳐서 삼목한 것은 그 해엔 아래로 늘어 뜨리기가 어렵지만, 초여름에 행잉 바스켓에는 최적이다. 겨울은 실내에서 관리 한다.

베아그라스

금방동사니과/여러해살이 풀
관상시기/주년
화초 키/15~30cm

*궁합 첫눈 덩굴 풀 개 옥잠화. 흑룡

사초의 유사종으로 1년 내내 아름다운 잎 색을 가지고 있다. 건조에는 강하나, 너무 물 부족이 되어 잎 끝이 갈색이 되면 관상 가치가 떨어지므로 주의 한다. 잎이 부드럽고 20~30cm아래로 늘어 뜨리므로 컨테이너의 가장 자리나 바스켓에 적합하다.

상당히 존재감이 있고 한포기 심기로 모아심어 안정감이 든다. 적색계와 보라색계의 꽃과 합쳐져 콘트라스는 볼만하다.

헤데라

오갈피나무과/상록, 저목
관상시기/일년 내내
나무높이/10~100cm
*궁합 제라늄 크리스마스로즈
　　　 카랑코에

튼튼하고 많은 얼룩 무늬가 들어가 있는 품종이 있다. 어느 것이라도 조합이 가능하고 열매를 관상할 가치가 높다. 헤데라만을 남기고 다른 식물들과 바꾸어 심을 수 있어 편리하다.

장기간 그대로 놔두면 뿌리가 너무 퍼져서 다른 식물들을 심을 수가 불편하다. 대엽계로 오카메즈다라고 부르는 카나리엔시스는 대형 식물에 곁들인다. 기온이 5도 이하가 되면 추위로 인해 잎이 보라색으로 변한다.

헤리크리샴 페티오라레

국화과/다년초 관상기/주년
나무높이/10~50cm
궁합 베고니아 페추니아
　　　제라늄 후크시아

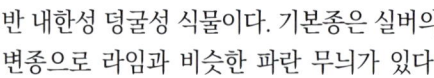

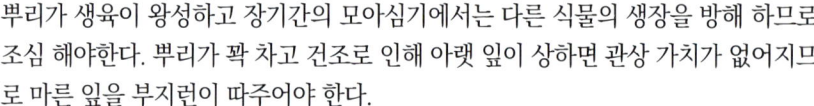

반 내한성 덩굴성 식물이다. 기본종은 실버의 변종으로 라임과 비슷한 파란 무늬가 있다.
뿌리가 생육이 왕성하고 장기간의 모아심기에서는 다른 식물의 생장을 방해 하므로 조심 해야한다. 뿌리가 꽉 차고 건조로 인해 아랫 잎이 상하면 관상 가치가 없어지므로 마른 잎을 부지런이 따주어야 한다.
라임은 생육이 늦지만 봄 가을에는 형용 할 수 없으리만치 아름답다.

멕시코 만년초

꿩의 비름과/다년초
관상기/주년
화초 키/5~20cm
*궁합 팬지 페추니아
　　흰 탄생화

이 만년초는 잡초처럼 매우 왕성하다. 함부로 다루어도 불평없이 커주는 다육식물이다. 5월에 돋아나는 새싹들이 볼만하고 다소 우중충한 노란색의 꽃을 피운다. 꽃이 지고나면 뿌리 밑동에서 꽃껍질을 따준다.

여름에는 더위로 몸살을 앓지만, 가을부터는 다시 아름다워 진다. 모아심기로 자리라 빌 때 땜방하면 좋다. 모아심기에 좋은 것은 흰 얼룩무늬 도끼 만년초와 노란 잎 둥근 잎 만년초 등이다.

라미움

자소과/어러해살이 풀
관상시기/주년
화초 키/10~15cm
궁합 베아그라스 옥잠회
　　스위트 아릿삼

광대 수염의 유시 식물로 키가 작고 땅으로 붙는 성질의 마크라쯔무종에는 은백색 잎으로 분홍색인 "비콘실버" 흰 꽃인 "화이트난시" 노란 잎의 "골든 나케트"등 많은 품종이 있다. 더위에는 약하나 봄의 모아심기에 악센트에 좋다.

가레오브종은 반 덩굴성인 노란 꽃의 은백 잎으로 비교적 더위에 강해서 기르기에 편리하다.

파종을 한다 〈크리스마스로즈〉

1. 4호 깊이 화분에 심는다. 발아까지는 건조를 시키지 않아야 하고, 통기성이 없는 화분에는 고로토를 넣는다.

2. 적옥토의 소립이나 세립을 넣고 물을 많이주어 용토를 충분이 적신다. 그리고 표면을 고르고 파종을 한다.

3. 30~40알의 씨앗을 뿌리고 1cm의 두께로 흙을 덮어준다. 이대로 그늘에 두고 물주기를 계속 한다.

4. 가을 파종을 하는 경우는 4도 이하의 저온에 2개월 가까이 두면, 다음해의 1~2월에는 발아를 볼 수 있다.

5. 이처럼 화분이 가득 차기 전에 본 잎이 1~2잎이 될 때에 3호 포트에 옮긴다. 그 후 화분 늘리기를 계속한다.

종묘를 이식한다.

1. 식물을 심을 장소에 먼저 심을 곳에 화분들을 나란이 배치해 본다.

2. 다음해의 포기를 상정해 심을 장소를 정한다. 포기 사이는 50~60cm로 한다. 지름 40cm 깊이 3cm심을 구멍을 판다.

3. 구멍에 부엽토, 퇴비, 비료를 넣는다. 화분에서 드러내 뿌리가 상하지 않도록 주의하고 큰 포기는 가볍게 흙을 허문다.

4. 주위가 화분 뿌리와 같이 되도록 심는다. 흙과 뿌리의 사이가 없도록 눌러주고 물을 듬뿍 준다.

5. 낙엽수 아래 젖은듯한 양지쪽이 최적인 장소다. 큰 포기가 되면 가을에 큰 분으로 옮긴다.

종묘를 솎아낸다.

1. 씨앗을 파종할 경우, 한 곳에서 2잎 이상의 종묘가 자라는 경우가 있다. 이것을 어느정도 크기가 되면 솎아내기를 해 준다.

2. 종묘가 튼튼하고 좋은 1포기를 남기고 뽑아내면 뿌리마다 뽑혀 버린다. 그러므로 땅 가장자리를 가볍게 누르고 잘라내는 방법이 있다.

3. 화초에 진디와 엉겅퀴 벌레의 방제로 올트란 입제의 살포가 유효하다. 규정량을 포기 밑동 주위에 뿌려 둔다.

적심을 한다

1. 어느정도 본 잎이 나고 키가 커가면, 한 번 포기를 잘라서 돋아나는 싹을 자라게 하고 가지 수를 늘려서 볼륨감을 낸다.

2. 어느정도 잘라야 하는가는 종류에 따라서 다르지만, 싹 위의 한도로 자르면 건조해 자르지 않게되는 일도 있으므로 주의 한다.

꽃 껍질을 따준다.

꽃이 끝난 다음 꽃껍질을 따주는 것은 앞에서 설명한 것과 같다. 볼품만이 아니라 병, 충해의 예방을 위해서도 마른 잎과 줄기를 따준다.

1. 화분에 심은 것의 꽃이 필 무렵에는 기존 화분이 적어 식물과 언바란스가 될 정도로 생작한다. 봄과 가을에 화분갈이를 해준다.

2. 꽃껍질이나 마른 잎과 오래되어 상한 잎 등은 뿌리 부근에서 잘라내고 지상부를 정리해 준다.

3. 화분 가장자리를 두둘기도 하고 주걱으로 쑤셔서 화분에서 포기를 뺀다. 그리고 딱딱해진 뿌리를 조금 풀어서 큰 화분에 심고 표면의 흙을 고른 다음 물을 듬뿍주고 그늘

포기 나누기를 한다.

1. 새싹이 나오기 어렵게 된 크리스마스로즈와 같이 뿌리가 빽빽이 뻗은 큰 포기는 포기 나누기로 갱신해 기른다.

2. 이른 가을 땅 가장자리에 나와 있는 싹을 상하지 않도록 조심하고 솟아 있는 흙을 부수어 굳어진 뿌리를 풀어간다.

3. 포기를 갱신하기 위해서는 2개 정도로 수를 늘리고 싶으면 새싹이 4~5개씩이 되도록 나누고 칼이나 가

잘나 내기를 한다. 1-1그루씩

1. 줄기 끝에 꽃이 맺는 종류는 몇 년이고 기르고 있으면 아래 잎이 마르기도 하고 너무 뻗어서 볼품이 없기 때문에 잘라준다.

2. 최초에 마른 잎 등을 따 내고 관찰한다. 남길 가지를 결정하면 짧게하기 위해 싹이 생긴 부분 조금 위에서 자른다.

3. 가지 수가 많으면 줄인다. 색이 변한 낡은 가지는 미ㄸ 뿌리에서 잘라내고 새 가지로 갱신해 간다.

4. 제라늄의 경우는 싹이 없는 곳에서 잘라도 싹은 나오지 않고 마르지만 싹 위에서 잘라주면 새 싹이 자라나기 시작한다.

1. 마가렛은 생육이 왕성하고 큰 포기가 되면 줄기가 목질화 된다. 아래 잎이 마른 줄기는 자르고 끝을 삽목하여 수를 늘린다.

잘라내기를 한다. 2. 깍아서 손질을해 준다

2. 가지가 달린 뿌리를 잘라내면, 가지 수를 늘리는 일이 없이, 새 가지로 갱신 할 수 있다. 그리고 도중에서 자르면 가지 수가 증가 한다

1. 큰 화분에 심기의 4계절 피기성인 카네이션, 이대로 두어도 가을까지 2번 꽃은 피지만, 여름 나기가 염려가 된다.

2. 줄기를 반절 정도의 높이까지 잘라 준다. 이 정도면 1그루씩 자르는 것도 좋으나 큰 포기라면 싹뚝 잘라 줘도 좋다.

3. 새 용토로 바꾸어 심으면 더욱 좋지만, 이대로 추비와 물주기를 하는 것만으로도 싹이 솟아 자라 간다.

4. 대체로 1개월에 걸쳐서 2번 꽃이 핀다. 다시 한 번 자르고, 마찬 가지로 추비를 한다. 물주기를 계속해 꽃을 피게 하는 것이 가능하다.

잘라서 삽목을 한다.

1. 베고니아, 셈파프로렌스와 같이 여름에 기르기의 약점이 되는 꽃은 포기가 약해 잎이 누렇게 말라 버리는 경우가 있다.

2. 서늘한 장소로 옮겨도 살아나지 않으면 아쉽지만 짧게 잘라준다. 약제의 살포로 병, 해충의 방제도 실시 한다.

3. 잘라낸 가지를 이용해 삽목을 한다. 그래서 새 포기를 만든다. 5~7cm로 가지런이 자르고 아랫잎과 큰 잎을 따준다.

4. 육묘 상자나 평평한 화분에 적옥토의 소립을 넣고, 젓가락으로 구멍을 내 이삭을 꽂는다. 새 싹이 자라기까지 마르지 않도록 물주기에 신경을 기울려야 한다.

삽목의 여러가지_국화의 삽목

갈아 으깬 적옥토의 토양에 발근 촉진제를 섞어서 겨울에 싹의 자른 곳에 바른다.

버미큐라이트를 전부 쳐 바르듯이 발라서 깊게 꽂는다.

베고니아 줄기 덮어 쒸우기

베고니아의 목질화한 줄기를 1~2마디로 잘라서 나눈다. 드라세나 등도 할 수 있다.

버미라이트에 잠재우는 듯 하게 해 발아 하기까지 마르지 않도록 물주기에 주의 한다.

여러가지 구근
구근 심기와 기르기

일부 구근은 매년 꽃을 피우므로 숙근초라고도 할 수 있다. 품종이나 재배 조건에 따라서 1년으로 끝나므로 1년초로 취급을 받는다.

린경〈튜울립〉의 얇은 외피는 모구〈母球〉의 바깥 쪽의 린편, 그 밖에 수선과 무스카리 등이다.

괴경〈글로리오사〉은 지하경으로 박피는 없다. 그 밖에 아네모네와 씨크라멘, 구근 베고니아 등.

구경〈크로커스〉의 외피는 잎이 붙은 뿌리, 그 외에 히야신스와 프리지어.

*옮겨심기의 포인트

싹이 나오는 부분을 화분의 중앙에 옮겨 심는다. 왜성 종이면 5~6호 깊은 화분에서 기른다. 백합은 아래만이 아니고 뻗은 줄기에서도 뿌리〈상근〉를 내므로 화분의 3/1정도로 깊게 심는다. 구근이 묻힐 정도로 흙을 넣고 싹이 자라가면 화분 가장 자리까지 흙음에서 상근을 나오게 한다.

괴근〈다알리아〉은 비대한 뿌리, 그 외에 고구마와 돼지감자 등에서 볼 수 있다.

린경은 상처와 움푹 패인 곳이 있는 뿌리가 나와 있는 그리고 곰팡이가 피어 있는 것 같은 구근은 피해야 한다.

1. 심는다.
인기 있는 구근은 출하되는 시기가 빠르기 때문에, 이식의 적기가 되기까지는 포트에 흙에 묻고 처마 밑 등에 둔다. 봄과 가을의 적기가 되면 이식해 물 주기를 한다. 기본은 구근 3배의 깊이로 2개분의 간격을 떼어서 심는다. 결실 시키기 않게 하기위해 꽃껍질은 부지런이 따 준다.

2. 파내기, 분구
꽃이 끝나도 구근을 비대하게 하기위해 잎을 기른다. 잎이 노랗게 되면 파내 지상부를 자르고 구근을 보관 한다. 구근과 충분한 공간이 있으면 심은채로 놓아 두어도 된다. 밀식한 화분 심기에는 정원에 바꾸어 심던가 다음해에 구근을 새로이 구입한다. 양분을 축적한 구근은 자구〈子球〉를 꼭 붙여 두거나 신구가 생겨서 모근은 없어지기도 한다. 이식하는 구근을 골라 그늘에 말려서 응달에 보관 한다.

구근 화분에 심는다.

1. 바삭 바삭한 상태에서 여름을 나는 라난큐러스와 아네모네는 젖은 물이끼 등으로 묻어서 흡수 시킨다.

2. 천천히 흡수 기키고 이끼의 우측 정도로 부풀면 구근을 포트에 심어서 종묘를 만든다.

3. 본 잎을 전개하고 충분이 이식 가능한 종묘가 되기까지 물주기를 한다. 구근의 저장된 양분으로 자라므로 시비는 아직 주지 않는다.

4. 화분을 준비한다. 화분 바닥에 네트를 깔고 고로토를 넣고 배수가 잘 되는 용토〈적옥토 7:부엽토3〉을 넣는다.

5. 원비로 완효성 화학 비료를 넣고 흙을 넣는다. 포트의 묘인채 화분에 앉혀보고 높이를 조절해 본다.

6. 포트를 살짝 누르고 종묘를 꺼내어 화분 바닥의 네트를 깐다. 뿌리가 상하지 않도록 주의 해서 심는다.

7. 3포기로 모아심기로 해서 호화스럽게 화분을 만든다. 바란스 있게 넣고 틈새에 흙을 넣고 가라 앉인다.

8. 화분을 가볍게 들어 올려서 탕탕 털어 흔들어서 빈틈이 없도록 한다. 그리고 젓가락으로 흙을 채워 넣으면서 공간을 채운다.

9. 조로로 화분 밑구멍에서 물이 새어 나오도록 물을 듬북 주고 빈 곳이 없는가를 다시 한번 확인 한다.

10. 호화로운 개화가 시작 되었다. 3개의 꽃의 개화를 원하면 일단 종묘를 만들어 크기를 맞추는 것이 확실한 방법이다.

모아심기와 옮겨 심기

1. 중앙의 히야신스 주위에 크리샨세맘을 심은, 둥근 화분에, 히야신스는 지금의 한창 만개하다.

2. 크리샨 세맘은 아직까지 꽃이 피어 있는데 히야신스는 꽃이 끝나 버렸다. 그러나 아직 파내기는 이르다.

3. 히야신스 대신에 옮겨 심을 포기를 준비해 큰 화분에 메인티넌스를 행한다.

4. 히야신스의 꽃대가 붙은 뿌리를 자른다. 잎은 마를 때 까지 길러서 구근을 비대하게 하기 위해 자르지 않도록 주의 한다.

5. 잎이 붙은 뿌리를 잡아서 살며시 들어 올려서 이식 삽을 사용해 뿌리가 잘라지지 않도록 히야신스의 포기를 뽑는다.

6. 아직 너무 작은 구근이므로 1포기씩 깊은 화분에 심고 햇빛을 쪼이고 물을 계속 준다. 그리고 파놓은 구멍에 심는다.

7. 모아심기와 같은 요령으로 계절에 부은해 꽃을 바꾸어 심고 말린 잎과 꽃껍질 따기 등의 손질을 해 주면 오래 관상 할 수 있다.

잎이 노랗게 마른 구근을 파내서 보전한다.

1. 크로커스의 꽃이 끝났다. 그리고 잎도 노랗게 시들어 버렸다. 화분 가장 자리를 두둘겨 포기를 빼 낸다.

2. 뿌리 주위에 붙은 흙을 털어 버리고 한 포기씩으로 나누어 통풍이 잘 죄는 장소는 그늘에서 말린다. 지상부의 잎은 잘라서 버린다.

3. 아랫쪽의 바짝 말라버린 부분이 금년에 옮겨 심은 구근이다. 그 위에 붙어 있는 두개의 큰 신구를 보전한다.

4. 신 구근을 살짝 떼어낸다. 신 구근의 수는 금년에 뻗은 싹의 수와 같다. 작은 자구가 생겨나 있는 일도 있다.

5. 벤레트와 톱 진M등 해당이 되는 살균제가 있으면, 규정한대로의 방법으로 소독을 해 주면 바람직스럽다.

6. 소독을 않은 구근은 물로 잘 씻어서 흙을 제거하면 잘 마른다. 그리고 네트 등에 담아서 응달에 메달아 보전한다.

추억의 한국영화 257선

양기주 영화스틸사진 작품집
54 Collectionss of Korean Cinema

사진 **양기주** 편저 **조연조**
전6권 각권 값 20,000원

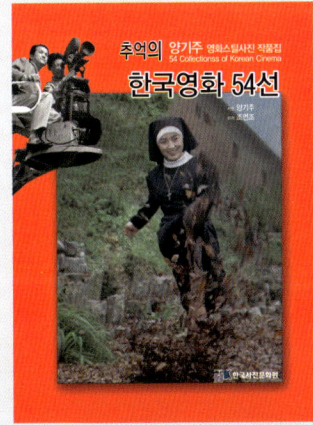

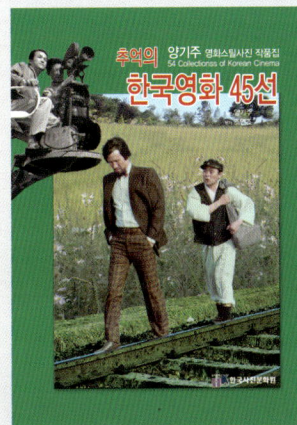

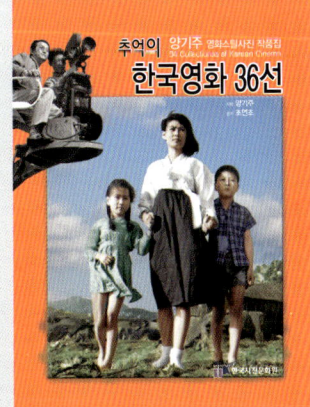

"인생은 짧고 예술은 길다"고 한다.
추억의 한국영화 257선을
전 6권으로 나누어 발간!!
흘러간 영화들을 다시 조명해
볼 수 있는
한국 유일의 양기주 작가의 작품집!!!

민족의 비극인 6.25전쟁의 실상을 사진과 함께 수록한 자료집

다시 보는
6.25전쟁戰爭 비화飛禍
1945. 8. 15 해방 ~ 1953. 7. 27 휴전 ~

글 : 김석학 / 유관종   편저 : 조연조

전 5권

각 권 38,000원

> "개전초기의 우수한 장비와 우악스러운 농민들을 훈련시킨 북한군에게 우리국군은 고전을 면치못하고 초기병력의 60~70%를 잃은 아픔을 겪어야 했다."

민족의 비극이 깃든 격량의, 세계 5대 전쟁 중의 하나인 6.25전쟁 비화는 우리 국민 모두가 읽어야 할 필독서!!

1950년 궂은비가 내리는 미명未明에, 북한이 적화 야욕을 위해 소련제 T_34탱크를 앞세우고 평화로운 조국 한반도 허리에 포탄을 퍼 부우며 총칼로 조국 산하를 피로 물들이고 상처투성이로 만든 지도 어언 6~70년의 세월이 흐르고 흐르려 한다. 다른 민족도 아닌 동족이 저지른 만행으로 생활 터전은 폐허가 되고 죽임을 당한 동족의 수와 유엔군의 수는 실로 헤아리기 어렵다.

6.25전쟁이 얼마나 처절한 싸움이었기에 세계 인류의 전쟁사에서 5대 전쟁 중의 하나였을까…이제 많은 세월이 흘러 그 상처들이 치유되었다고 하지만, 우리 민족의 가슴속에는 영원히 지울 수 없는 앙금으로 남아있다. 그리고 동작동 국립 현충원에, "중대장님 괴물怪物이 옵니다"고 외치며 탱크에 뛰어들고, 전선 이곳저곳에서 피 흘리며 전사한 청춘의 고혼孤魂 들과 이산의 아픔으로 고통을 당하는 수는 얼마인가.

남북한에서 이산가족 상봉을 한다고 하면서 피차 이 핑계 저 핑계로 지지 부진하는 것이 작금의 현실이다. 동족이 만나는데 무슨 이유가 있단 말인가? 고령의 이산가족들이 살면 얼마나 산다고 무조건 만나야 한다고 하지 않을 수 없다.

우리 국민은 6.25전쟁에서 역사상 가장 비싼 수험료를 내고 얻은 교훈은 자유가 얼마나 소중한 것인가를 배운 것이다. 비싼 수험료를 내고 터득한 체험에서 교훈을 찾지 못하는 국민은 망한다.